北京用友公益基金会"商的长城"重点项目
中华老字号非物质文化遗产传承及应用研究
（项目编号：2017-ZX09）

老字号非遗研究

王成荣　韩凝春　于继超◎著

九州出版社 JIUZHOUPRESS｜全国百佳图书出版单位

图书在版编目（CIP）数据

老字号非遗研究 / 王成荣，韩凝春，于继超著. --
北京：九州出版社，2021.8
　　ISBN 978-7-5225-0447-6

　　Ⅰ．①老… Ⅱ．①王… ②韩… ③于… Ⅲ．①老字号
－非物质文化遗产－研究－中国 Ⅳ．①F279.24

　　中国版本图书馆CIP数据核字 (2021) 第173249号

老字号非遗研究

作　　者	王成荣　韩凝春　于继超　著	
责任编辑	王海燕	
出版发行	九州出版社	
地　　址	北京市西城区阜外大街甲 35 号（100037）	
发行电话	（010）68992190/3/5/6	
网　　址	www.jiuzhoupress.com	
印　　刷	三河市兴博印务有限公司	
开　　本	720 毫米 ×1020 毫米　16 开	
印　　张	16.75	
字　　数	220 千字	
版　　次	2021 年 9 月第 1 版	
印　　次	2021 年 9 月第 1 次印刷	
书　　号	ISBN 978-7-5225-0447-6	
定　　价	58.00 元	

前　言

　　本书是北京用友公益基金会"商的长城"重点项目"中华老字号非物质文化遗产传承及应用研究"（项目编号：2017-ZX09）的最终成果，征得北京用友公益基金会的同意，予以公开出版。

　　为简明达意，书名定为《老字号非遗研究》。

一、关于研究对象

　　本书定义的"中华老字号非物质文化遗产"，是指主要以国家商务部认定的"中华老字号"作为保护单位的"国家级非物质文化遗产"项目，即以此作为主要研究样本；涉及个别企业虽未被认定为"中华老字号"，但具备中华老字号的基本特征，拥有国家级非物质文化遗产，也纳入本书研究范围。

　　中华老字号根植于中华传统文化和商业文化的沃土之中，历史悠久、文脉相承，在漫长的历史演进过程中，通过口传心授，传承和保留下来大量的非物质文化遗产，是非物质文化遗产传承的重要载体。

　　在我国入选联合国教科文组织非遗名录的40个世界级非物质文化遗产项目中，有5项为老字号非物质文化遗产项目，分别是南京云锦研究所传承的"南京云锦织造"、浙江龙泉官窑瓷业有限公司传承的"龙泉青瓷传统烧制技艺"、中国宣纸集团公司传承的"宣纸传统制作技艺"、江苏广陵书社传承的"中国雕版印刷技艺"、杭州西泠印社传承的"中国篆刻"，它们分别代

1

表了中国传统丝织、制瓷、造纸术、印刷术和篆刻艺术的最高工艺标准。

在我国国家级非物质文化遗产代表性项目——民间文学、民间音乐、民间舞蹈、传统戏剧、曲艺、杂技与竞技、民间美术、传统手工技艺、传统医药和民俗十大类项目中，其中在传统手工技艺、传统医药、民间美术三类中包含中华老字号非遗项目共 100 余项，其中手工技艺占绝大多数。这些非遗技艺主要包括祖传秘方与传统绝活、绝技、绝艺，其中蕴含着独特的经营谋略与商业习俗、经营理念与传统商业文化等。其主要特征：一是传统技艺所占非遗比例较大，工匠精神文化特征明显；二是一般是以字号、技艺、传承人为承载方式，有较为清晰的传承谱系脉络；三是具有独特的历史文化价值、科技价值和市场价值。其制作的内容包含了餐饮、食品、茶叶、酒业等生活日用的品类，也包含了景泰蓝、漆雕、团扇等充满美学理想的工艺品。

二、中华老字号非遗传承研究的意义

以往关于老字号的研究，主要集中在分析老字号兴衰的原因，强调老字号的制度改革、机制改革、产品创新和品牌建设问题，并在此基础上为振兴老字号献计献策，而相对忽视了历史文化价值、技术价值的挖掘；或者说以往老字号的研究相对重视品牌开发创新，而忽略了传统文化、技艺的保护与传承。这种局面的出现与老字号的生存环境及社会经济发展趋势息息相关。

随着工业化和城市化建设步伐的加快、人们生产生活方式的快速改变，加上外来文化、流行文化的影响和冲击，老字号非遗赖以生存的自然环境、文化环境和社会环境发生巨大变化，依靠手工生产和口传心授传承下来的技艺、习俗、文化传统等老字号非物质文化遗产正面临着传承危机。有的老字号企业的绝技由于自然环境的破坏，而陷入巧妇难为无米之炊的窘境；有的老字号企业的产品由于社会环境的变化，失去了市场空间，难以为继；有的老字号的技艺由于过度引进标准化流水线生产方式，使得传统技艺被取代而面临失传；而大部分老字号非遗技艺因面临着传承人老化严重、传承能力有限问题后继无人。

因此，认识中华老字号非遗的历史文化价值、科学价值和市场价值，唤醒人们的保护意识，推动非遗项目传承中问题的解决，促进应用性保护，这是一件意义重大、迫在眉睫的事。

三、本书的内容结构及创新点

本书依内容逻辑，共分以下八部分：

第一章，概述了中华老字号非遗的基本概念与内涵，**重点分析了老字号非遗的实用理性、自然和谐、隐性知识属性以及循环性和生物性等基本特征**，介绍了入选世界级非遗的五个中华老字号非遗的传承情况，阐述了老字号非遗笃守诚信的价值观、追求卓越的情怀、精益求精的精神、不循常规的创新文化以及中国味道的民族文化审美。

第二章，**重点从历史文化、地缘文化、家族文化、国粹文化、技术创新等视角，梳理了老字号非遗的生存机理**，旨在发现老字号非遗在历史传承中表现出来的文化形态和组织形态。

第三章，通过对百家中华老字号非遗传承谱系和传承情况的整体考察与分析，用典型案例，**着力从家传、师传、文传三个方面，阐明了老字号非遗传承的基本路径**。

第四章，集中从历史变迁、生活方式的变化与演进等方面，考证了老字号非遗失传的原因；又从外部环境变化、现代技术冲击、手工制作与现代流水线并存等视角，考察了老字号非遗传承中的创新发展问题，并对复兴中的高文化属性的传统工艺传承情况进行了分析。

第五章，**重点研究了老字号非遗的传承模式问题**，即在剖析老字号非遗传承过程基础上，**构建了老字号非遗技艺传承模型、多维传承培养模式**，论述了老字号非遗传承主体需要掌握的基本能力点。

第六章，**主要从保护传承、创新创意两个角度，构建了老字号非遗传承新生态的应用路径和方式。**

第七章，**从历史文化价值、技术价值和市场价值角度，重点讨论了中华老字号非遗价值的开发问题；**从非遗进课堂、实施非遗记录工程和开展非遗传承人培训三个方面，总结了中华老字号非遗的应用路径。

附录部分，收录了中华老字号国家级非遗名录、代表性中华老字号国家级非遗项目传承人、中华老字号非遗技艺传承与发展典型案例。

四、本书的研究方法

迷古者穷，识古者富。面对世代相传的珍贵遗产，只有正确地认识了它们，才知道价值所在，才会热爱珍惜，并继承传播，发扬光大。

第一，运用合理的实在论方法认识传统技艺。对于历史的认识，最容易犯的错误就是所谓"独眼"的观点，即用现代科学的范式去解读古代的历史事物。很明显，老字号非遗技艺，并不来自现代科学原理的直接应用，而是来自长期的经验积累、实用理性的创新和海量的试错检验；许多技艺并不存在于文字记载中，而是以口传心授的形式传承的隐性知识；技艺背后的世界观，不是对象化客观化的，而是与自然亲近，不违悟性的和谐自然观等等。

江晓原在《换一种思路看待中国古代的技术成就》一文中说："首先我们不能简单地以现代科学为标尺，去削足适履地衡量古代和现代的一切技术成就……在这些观念框架中，依托现代科学以外的其他理论对外部世界的描述，都被认为是毫无意义的'迷信'或'糟粕'。"[1] 著名物理学家霍金主张，对于外部世界，应"依赖模型的实在论"（model-dependent realism）。所谓模型，

---

[1]　江晓原 . 中国古代技术文化 [M]. 北京：中华书局，2017：5—6.

就是我们描述的外部世界图像。老字号非遗包含着传统的世界观与工艺原理，而这些观念原理则统摄了传统技艺、中药文化、工艺美术等的应用实践。与科学实验的控制性不同，老字号非遗的应用实践来自对于农业社会中自然物质及现象的海量观察，在物质实体的认识和自然现象的运用方面，积累了独特的丰富的成果。青蒿素的发现、古新星表制作有力地证明了这一点。

对于老字号非遗，不能简单地以科学的范式去理解它，甚至抛弃它，而应该继承发展和完善。比如老字号非遗的技艺口诀，其中含有大量的生产经验的积累；老字号非遗技艺的工艺流程，含有对气候、温度、生物空间等自然环境的经验性认识；老字号非遗的拜师仪式，具有鲜明的行业伦理教化色彩。如果我们以表达形式的陈旧而简单地对待它，会因此而失去许多这种形式所承载的隐性知识。即使将这些原则与形式看作简单的经验知识的目录分类，老字号非遗蕴含的世界观和工艺原理，就像是列好了目录的书架，而这些应用实践就像是一本本至少具有经验价值的各类书籍，如果我们不容分说，把书架破坏掉，那么具有大量经验价值的内容也就随之陷入杂乱无序的境地而被忽视。因此，本书以合理实在性为指导，从隐性知识的角度去认识老字号非遗的绝活、绝技、绝艺以及风俗、礼仪等，注重研究传承过程中价值观和传统精神的传递，深度挖掘老字号非遗的文化价值和技术价值。

第二，注重文献搜集与田野调查。对于100多家中华老字号非遗项目，课题组根据非遗的分布区域、自然环境、历史渊源、主要内容、基本特征、传统工艺与核心技术、传承情况、传承人情况等内容，搜集了大量文献，并进行了问卷调查，建立了完整的文字资料档案。

对于酿造、制茶、食品加工、造纸、木版水印、工艺品加工等重点领域，以及北京及其周边地区的老字号非遗项目采用田野调查、深度访谈等方式，观察、解剖老字号非遗技艺的生产过程、保护措施、传承人传承过程等具体内容，对部分典型非遗项目的工艺流程建立了视频档案，为老字号非遗技艺的传承能力考查，提供一手资料。

五、研究分工、致谢与研究展望

本书依托的基金项目管理单位为北京财贸职业学院。王成荣教授作为项目负责人，主持并组织了研究工作，拟定了研究大纲，规划了技术路线、研究方法；对课题报告进行了结构调整、内容补充完善与系统修改，并转改为书稿。韩凝春教授、于继超副教授作为课题组核心成员，承担了课题主要研究任务，是本书的主要撰稿人；于继超副教授同时承担了课题管理、结项以及图书出版等方面的具体工作。孙万军教授在课题申报、研究组织和数据库建设方面，做了大量工作。赖阳研究员、王剑研究员、何忠鹏讲师、王玉军讲师和首都经贸大学王肇博士、鹿瑶博士在重点问题讨论、相关问题研究、文献收集与整理以及论文发表上做出了贡献。课题组其他成员——原文化部非遗司司长马文辉、中国非遗保护协会非遗教育研究中心主任冯午生、中国全聚德（集团）股份有限公司原董事长邢颖和中国北京同仁堂（集团）股份有限公司原党委副书记陆建国参与了调研工作。王杜娟讲师对本书部分图表进行了加工修改。

本书得以顺利出版，得益于北京用友公益基金会的全额资助以及冯丽婕等管理人员的热心帮助，得益于拥有非遗技艺项目的老字号企业的鼎力支持，得益于中共北京市委党校孟凡驰教授、中国科学院大学赵红教授、首都经济贸易大学崔也光教授、北京大学周建波教授和国务院发展研究中心张一平高级经济师的指导，得益于北京财贸职业学院科研处在课题管理上提供的周到服务，以及九州出版社郝军启、王海燕编辑精益求精的编辑工作，在此，一并表示衷心感谢。

如果说老字号是企业的一个皇冠，那么，非遗则是皇冠上的一颗明珠。尽管我们研究团队关注、研究老字号逾三十年，主持过"中华老字号教学资源库""老字号向现代品牌转换的机制与对策研究""老字号的品牌再造研究""北京老字号品牌价值评价实证研究"等国家级项目和省部级科研课题的建设与研究;出版过《老字号品牌价值》《老字号品牌文化》《论道老字号》《京商老字号研究》《生态场·传承链:北京商业非物质文化遗产传承研究》《商道循之:中华老字号辑录》等多部专著、教材,发表过《老字号的历史传承与品牌创新》《老字号品牌价值评价模型》等50余篇学术论文,对同仁堂、全聚德、六必居、王致和、张一元、吴裕泰、北京饭店等十多家著名老字号做过个案研究咨询服务;参与了"中华老字号""北京老字号"的认定以及"中华传统技艺技能大师""北京老字号工匠"的评定工作;对部分老字号企业及其非遗传承进行过深入的调研,但是,对老字号非遗的研究还显肤浅,多为泛泛而论。此次承担关于老字号非遗的专项课题研究,深感老字号非遗玄妙精深,具有巨大的历史、文化、技术与艺术价值,值得深挖与深研。

本书的出版,是一个良好的开端。我们团队有信心进一步凝聚力量,在现有文献基础上,细化老字号非遗个案研究、深化其内在生存机理和发展规律研究,争取推出更高质量的研究成果。我们也坚信,伴随着中华文化的勃兴,老字号非遗会受到社会各界越来越多的关爱,老字号非遗研究、传承与应用将会展现出更加欣欣向荣的局面。

因水平所限,书中缺陷、不足,乃至错误在所难免,敬请读者批评指正。

作者

2021 年 8 月 18 日于北京

目　录

第一章　中华老字号蕴含丰厚的非物质文化遗产

中华老字号孕育于中华民族数千年灿烂文明沃土之中，历经数百年历史变迁和市场洗礼，迄今已成为民族瑰宝。它承载着东方的经营智慧和商业文明，创造了很多金字招牌和商业传奇，如"国药"同仁堂、"国酒"茅台等老字号品牌均享誉全国、蜚声世界。

特别是老字号世代相传的非物质文化遗产（简称"非遗"），成为中国商业史的活化石和民族记忆的背影。老字号非遗有一个鲜明的特点，即多为"传统技艺"。这些技艺是创造者和传承人借助于某种工具和环境条件，所创造和展示出来的绝活、绝技和绝艺。这些绝活、绝技和绝艺匠心独具、难以模仿、难以复制。保护具有"三绝"特色老字号非遗，实际上是在深化商业的历史记忆，发展商业文化的多样性，激发人们的商业智慧和创新精神，因此，研究中华老字号非遗的传承及应用，具有重要的学术价值和实践价值。

第一节　中华老字号与非物质文化遗产的基本概念

一、中华老字号

"中华老字号"（China Time-honored Brand）的基础是"老字号"。"老

字号"是中华商业史的活化石，是中国商业的重要组成部分。《现代汉语词典》（2005 年版）释义："老字号"是"开始年代久的商店"。通常，人们对老字号有约定俗称的基本概念和判断标准，即将有多年成功的经营历程，在一定区域内具有良好声誉的商号及其商品或服务称为"老字号"。一个老商号、一块老招牌，因其独特的经营方式和文化内涵得到大众的认可和信赖，在数十年或上百年、几百年间，与人们的生活相伴而生、长盛不衰，均可被称为"老字号"。

"中华老字号"是我国老字号的特有称谓。在老字号之前冠以"中华"二字，既突出体现了我国老字号的民族性，反映了老字号是中华民族的优秀资产，具有深厚的民族文化底蕴，又说明其是老字号的佼佼者，是中国众多老字号的典型代表。

我国政府高度重视老字号保护、传承和创新工作，国家层面先后两次认定"中华老字号"：一次是 1993 年原商业部认定挂牌的"中华老字号"企业有 1600 多家。第二次是 2006 年商务部下发《商务部关于实施"振兴老字号工程"的通知》（商改发〔2006〕171 号），宣布从 2006 年开始在全国范围内实施"振兴老字号工程"，并分两批认定了 1128 家中华老字号。

本书研究所涉及"中华老字号"概念，特指 2006 年以后由国家商务部认定的"中华老字号"。在国家商务部组织制定的《"中华老字号"认定规范》[①] 中，"中华老字号"是指历史悠久，拥有世代传承的产品、技艺或服务，具有鲜明的中华民族传统文化背景和深厚的文化底蕴，取得社会广泛认同，形成良好信誉的品牌。

"中华老字号"的认定条件是：

1. 拥有商标所有权或使用权；

2. 品牌创立于 1956 年（含）以前；

---

① 中华人民共和国商务部 ."中华老字号"认定规范（试行）（商改发〔2006〕171 号）[S].2006:1.

3. 传承独特的产品、技艺或服务；

4. 有传承中华民族优秀传统的企业文化；

5. 具有中华民族特色和鲜明的地域文化特征，具有历史价值和文化价值；

6. 具有良好信誉，得到广泛的社会认同和赞誉；

7. 国内资本及港澳台地区资本相对控股，经营状况良好，且具有较强的可持续发展能力。

对老字号的认定，在时间节点上以 1956 年而非以新中国建立的 1949 年为界，主要是由于新中国成立最初几年，百废待兴，民族工商业仍基本保留了原有发展模式和形态；1956 年实行公私合营后，工商企业发展产生了本质性影响，众多老字号或消亡，或合并，或获得注资后得到发展。因此，以 1956 年为界是符合社会经济规律和历史发展走向的。基于此，在界定、研究老字号时，通常以是否为 1956 年前开业，作为判断其是否为老字号的基本标准，"中华老字号"的认定标准，其时间节点自然是指 1956 年之前的老字号。值得注意的是，继国家商务部组织认定 1128 家"中华老字号"以后，还有一大批老字号未被认定为"中华老字号"，各地政府为了加强老字号的保护与传承，纷纷通过地方老字号协会等认定了一批地方老字号，如"北京老字号""上海老字号""津门老字号""江苏老字号""安徽老字号""浙江老字号""山东老字号""龙江老字号"等等。有些地方比照"中华老字号"的认定条件，坚持了 1956 年（含）之前的时间标准，有些则规定具有 50 年经营历史，即可认定老字号。对于后者做法，本书认为不够科学。

在漫长的历史进程中，中华老字号曾在我国的经济舞台上扮演了重要角色。其独特的经营理念、特色产品、特殊工艺、传统建筑等，是我国经济史、商业史上重要的财富和资源，许多方面在今天仍具有重要的社会经济价值；许多字号在今天仍耳熟能详，为我国社会经济建设做出了突出的贡献。如中医药行业的同仁堂、胡庆余堂、鹤年堂、达仁堂、世一堂、九芝堂、桐君阁、敬修堂、何济公、潘高寿、马应龙、白敬宇等；酒业的茅台、剑南春、杏花村、五粮液、泸州老窖、红星、龙徽、哈尔滨啤酒、青岛啤酒、张裕葡萄酒等；文化领域的荣宝斋、朵云轩、商务印书馆、中华书局、西泠印社、王星记、王一品斋、胡开文、戴月轩、杨柳青画社等；餐饮服务领域的全聚德、便宜坊、得月楼、松鹤楼、仿膳饭庄、狗不理、楼外楼、鸿宾楼、西安饭庄等；食品加工领域的恒顺、王致和、李锦记、起士林、冠生园、六必居、稻香村、采芝斋、桂发祥、果仁张等；零售服务领域的上海市第一百货商店、豫园商城，天津劝业场、老美华、北京瑞蚨祥、马聚源、内联升、南京新街口商场、中央商场；生活服务领域的四联美发、中国照相、大北照相、天胜照相、清华池浴池等。这些老字号在人们心目中就是国货名品、精品、"中国制造"的代表。如被誉为"国酒"的茅台，曾持续 14 次荣获国际金奖，被用于国宴、国礼，2009 年 5 月 25 日，"贵州茅台"限售股解禁，市值超过千亿；2018 年 1 月 15 日，贵州茅台每股股价最高触及 799.06 元，总市值跨过了万亿大关；2020 年 7 月 6 日，股价突破 1592 元，总市值站上 2 万亿高台。被誉为"国药"的同仁堂，既是经济实体又是文化载体，据同仁堂发布的 2018 年年报，2018 年实现集团营收 142.09 亿元，同比增加 6.23%；净利润 11.34 亿元，同比增加 11.49%。旗下子公司北京同仁堂国药有限公司 2018 年收入约 50.6 亿元人民币，净利润 6.78 亿元人民币，公司业务覆盖除内地外的 21 个国家和地区，海外零售终端达 81 家。同仁堂国药境外资产约 27.82 亿元（人民币），占公司总资产的 13.59%。"同仁堂中医药文化"被列入首批国家级非物质文化遗产名录，同仁堂集团还与国家汉办签署了联合推广同仁堂中医药文化的战略合作框架协议，运用孔子学院平台加大同仁堂文化的海外传播力度。恒顺醋业于 2000 年正式上市，目前其产品畅销 40 余个国家和地区，供应我国驻外 160 个国家的 200 多个使（领）馆，落户中国南极长城考察站和北京人民大会堂。这些老字号传承、承载了中国千百年来的商业文化，是我商业文化的精髓所在，在市场经济高度发展的今天，老字号在社会经济建设和改革开放中依然发挥着不可替代的作用，对促进消费、开拓市场、繁荣城市发挥了积极的作用。

本报告以具有非物质文化遗产的国家级中华老字号企业（商务部认定）为主要研究样本，涉及个别企业虽然没有参与两次认定，但符合中华老字号的基本概念，也纳入本报告研究范围。

二、非物质文化遗产

非物质文化遗产 (Intangible Cultural Heritage) 的概念是与物质文化遗产相比较而提出来的。为了推动世界各国对非物质文化遗产进行有效保护，2003 年 10 月，联合国教科文组织第 32 届大会通过了《保护非物质文化遗产公约》[①]，作为对《保护世界文化和自然遗产公约》的补充。《保护非物质文化遗产公约》把非遗定义为被各群体、团体，有时为个人视为其文化遗产的各种实践、表演、表现形式、知识体系和技能，及其有关的工具、实物、工艺品和文化场所。根据该公约，非遗包括以下方面：

1. 口头传统和表现形式，包括作为非物质文化遗产媒介的语言；

2. 表演艺术；

3. 社会实践、仪式、节庆活动；

4. 有关自然界和宇宙的知识和实践；

5. 传统手工艺。

自《保护非物质文化遗产公约》于 2006 年 4 月生效以来，保护非物质文化遗产全球缔约国已达到 146 个。世界非物质文化遗产是全人类的文化财富，联合国教科文组织的专门委员会每年都会审议各国申报的遗产，然后

[①] 《保护非物质文化遗产公约》(the Convention for the Safeguarding of Intangible Cultural Heritage) 于 2003 年 10 月在联合国教科文组织第 32 届大会上通过，2006 年 4 月生效。

决定是否将其列入世界非物资文化遗产名录。目前联合国教科文组织编制了"人类非物质文化遗产代表作名录""急需保护的非物质文化遗产名录"和"优秀实践名册"三项人类非遗名录。截至 2018 年底，我国入选联合国教科文组织的非遗名录的项目已达 40 个，也是目前世界上拥有世界非物质文化遗产数量最多的国家。

中国作为《保护非物质文化遗产公约》的缔约国之一，高度重视非遗保护与传承工作。中华人民共和国第十一届全国人民代表大会常务委员会第十九次会议于 2011 年 2 月 25 日通过并公布《中华人民共和国非物质文化遗产法》（自 2011 年 6 月 1 日起施行）。该法在《保护世界文化和自然遗产公约》基础上，从中国实际出发，把非遗进一步界定为"各族人民世代相传并视为其文化遗产组成部分的各种传统文化表现形式，以及与传统文化表现形式相关的实物和场所。"具体包括以下项目：

1. 传统口头文学以及作为其载体的语言；

2. 传统美术、书法、音乐、舞蹈、戏剧、曲艺和杂技；

3. 传统技艺、医药和历法；

4. 传统礼仪、节庆等民俗；

5. 传统体育和游艺；

6. 其他非物质文化遗产。

属于非遗组成部分的实物和场所，凡属文物的，适用《中华人民共和国文物保护法》的有关规定。

从概念上看，非物质文化遗产不同于物质文化遗产。物质文化遗产一经形成，便以物质形态得以留存，具有不可复制、不可替代的特点，并且一旦损毁，难以复原。物质文化遗产的典型代表，如中国的长城、故宫。而非物质文化遗产则可以通过口传心授等方式得以表现和传承，不仅是可重复的，也是可再生的，会随着社会和历史的发展而有所发展和变化。非物质文化遗产的典型代表，如中国的京剧、昆曲等等。

　　为了提高对文化遗产保护的重视并规范文化遗产保护工作，2005 年，国务院发布了《关于加强文化遗产保护的通知》。《通知》决定从 2006 年起，将每年六月的第二个星期六作为我国的"文化遗产日"，并明确提出，要逐步建立"国家 + 省 + 市 + 县"的 4 级非物质文化遗产名录体系，以切实做好非物质文化遗产的保护、管理和合理利用工作。目前，在国家非物质文化遗产保护工作的推动下，各省、直辖市、自治区也都建立了自己的非物质文化遗产保护名录，并逐步向市、县扩展。

　　国家级非物质文化遗产名录，是经中华人民共和国国务院批准，由文化部确定并公布的非物质文化遗产名录。自 2006 年到 2017 年 12 月，国务院已先后批准并向社会公布了 5 批国家级非物质文化遗产保护项目。从第 2 批公布的名录开始，国家级非物质文化遗产保护名录中增加了扩展项目名录。所谓扩展项目，即前一批或前几批已经申报成功并公布的名录项目，在后续的申报过程中，又有其他地区或单位申报同一项目并再次申报成功的，由于申报的项目相同，因此，后面以不同地区或单位为主体申报成功的名录项目，就作为前面已经申报成功的相同名录项目的扩展项目。比如，在第一批名录中，以中国中医科学院和中国中药协会作为申报单位，将"中医传统制剂方法"作为申报项目成功申报，因此，在第二批及以后批次的名录中，其他地区和单位再次申报的"中医传统制剂方法"相关项目就一律被列入了扩展项目。具体来说，比如，在第二批名录中，以江苏雷允上药业有限公司为申报单位的"雷允上六神丸制作技艺"成功入选"中医传统制剂方法"扩展项目目录，而在第 3 批名录中，上海雷允上药业有限公司的"六神丸制作技艺"则仍然可以扩展项目再次入选。2014 年 12 月，国务院在发布最新一批即第四批国家级非物质文化遗产名录时，依据《中华人民共和国非物质文化遗产法》的表述，正式将"国家级非物质文化遗产名录"名称调整为"国家级非物质文化遗产代表性项目名录"。

表 1-1 我国公布的 5 批国家级非物质文化遗产项目情况

时间	批次	项目数量
2006.5.20	1	518 项
2008.6.14	2	510 项
2011.6.10	3	191 项
2014.7.16	4	153 项
2017.12.28	5	1082 人（代表性项目传承人）

表 1-2 第三批国家级非物质文化遗产名录中涉及"中华老字号"企业的

项目名单

序号	编号	名称	类型	保护单位
1	Ⅷ-73	徽墨制作技艺（曹素功墨锭制作技艺）	扩展项目	上海周虎臣曹素功笔墨有限公司
2	Ⅷ-99	蚕丝织造技艺（杭州织锦技艺）	扩展项目	杭州都锦生实业有限公司
3	Ⅷ-115	手工制鞋技艺（老美华手工制鞋技艺）	扩展项目	天津老美华鞋店有限责任公司
4	Ⅷ-124	民族乐器制作技艺（上海民族乐器制作技艺）	扩展项目	上海民族乐器一厂
5	Ⅷ-147	花茶制作技艺（吴裕泰茉莉花茶制作技艺）	扩展项目	北京吴裕泰茶业股份有限公司
6	Ⅷ-152	黑茶制作技艺（下关沱茶制作技艺）	扩展项目	云南下关沱茶（集团）股份有限公司
7	Ⅷ-160	传统面食制作技艺（天津"狗不理"包子制作技艺）	扩展项目	狗不理集团股份有限公司
8	Ⅷ-160	传统面食制作技艺（稷山传统面点制作技艺）	扩展项目	稷山赵氏四味坊传统面点传习中心
9	Ⅷ-193	中式服装制作技艺（龙凤旗袍手工制作技艺）	新增项目	上海龙凤中式服装有限公司

续表

序号	编号	名称	类型	保护单位
10	Ⅷ-193	中式服装制作技艺（亨生奉帮裁缝技艺）	新增项目	上海亨生西服有限公司
11	Ⅷ-193	中式服装制作技艺（培罗蒙奉帮裁缝技艺）	新增项目	上海培罗蒙西服公司
12	Ⅷ-200	毛笔制作技艺（周虎臣毛笔制作技艺）	新增项目	上海周虎臣曹素功笔墨有限公司
13	Ⅷ-204	仿膳（清廷御膳）制作技艺	新增项目	北京市仿膳饭庄有限责任公司
14	Ⅷ-207	五芳斋粽子制作技艺	新增项目	五芳斋集团股份有限公司
15	Ⅸ-4	中医传统制剂方法（达仁堂清宫寿桃丸传统制作技艺）	扩展项目	天津中新药业集团股份有限公司
16	Ⅸ-4	中医传统制剂方法（定坤丹制作技艺）	扩展项目	山西广誉远国药有限公司
17	Ⅸ-4	中医传统制剂方法（六神丸制作技艺）	扩展项目	上海雷允上药业有限公司
18	Ⅸ-4	中医传统制剂方法（致和堂膏滋药制作技艺）	扩展项目	江苏大众医药连锁有限公司
19	Ⅸ-4	中医传统制剂方法（朱养心传统膏药制作技艺）	扩展项目	杭州朱养心药业有限公司
20	Ⅸ-4	中医传统制剂方法（漳州片仔癀制作技艺）	扩展项目	漳州片仔癀药业股份有限公司
21	Ⅸ-4	中医传统制剂方法（马应龙眼药制作技艺）	扩展项目	马应龙药业集团股份有限公司
22	Ⅸ-4	中医传统制剂方法（桐君阁传统丸剂制作技艺）	扩展项目	太极集团重庆桐君阁药厂有限公司

第二节　中华老字号是非物质文化遗产传承的重要载体

根据《保护非物质文化遗产公约》，非物质文化遗产的最大特点是不脱离民族特殊的生活生产方式，是民族个性、民族审美习惯的"活"的显现。它依托于人本身而存在，以声音、形象和技艺为表现手段，并以身口相传作为文化链而得以延续。

一、中华老字号非遗技艺的基本情况

中华老字号作为根植于中华传统文化和历史商贸活动的重要资源，历史悠久、文脉相承，在漫长的历史发展过程中，中华老字号通过口传心授，传承和保留下大量的非物质文化遗产，是非物质文化遗产传承的重要载体。在我国已入选联合国教科文组织非遗名录的 40 个世界级非物质文化遗产项目中，就有 5 项老字号非物质文化遗产项目，分别是南京云锦研究所传承的"南京云锦织造"、浙江龙泉官窑瓷业有限公司传承的"龙泉青瓷传统烧制技艺"、中国宣纸集团公司传承的"宣纸传统制作技艺"、江苏广陵书社传承的"中国雕版印刷技艺"及杭州西泠印社传承的"中国篆刻"，分别代表了中国传统丝织、制瓷、造纸术、印刷术及篆刻艺术的最高工艺和标准。在我国国家级非物质文化遗产代表性项目名录十大类别（分别为民间文学、民间音乐、民间舞蹈、传统戏剧、曲艺、杂技与竞技、民间美术、传统手工技艺、传统医药和民俗十类）中，传统手工技艺和传统医药两类也包含大量老字号非物质文化遗产项目。研究中华老字号非物质文化遗产及其传承、研究把握中华老字号非物质文化遗产的生存机理、凝练中华老字号非遗项目文化内涵，就是研究中华民族特有的精神价值、思维方式、想象力和文化意识，从中揭示中华民族的生命力和创造力。对于继承和发扬民族优秀文化传统、增进民族团结和维护国家统一、增强民族自信心和凝聚力、促进社会主义精神文明建设都具有重要而深远的意义。同时，也有助于促进中华老字号文化及企业的传承、创新和发展，是保护中华民族非物质文化遗产的一个重要途径。

表 1-3 我国入选联合国教科文组织的非物质文化遗产项目情况

年份	名称	名录名册
2018	藏医药浴法	亚太地区人类非物质文化遗产代表作名录
2016	二十四节气	亚太地区人类非物质文化遗产代表作名录
2013	中国珠算	亚太地区人类非物质文化遗产代表作名录
2012	福建木偶戏传承人培养计划	亚太地区最能体现《公约》原则和目标的计划、项目和活动
2011	赫哲族伊玛堪	亚太地区急需保护的非物质文化遗产名录
2011	中国皮影戏	亚太地区人类非物质文化遗产代表作名录
2010	中医针灸	亚太地区人类非物质文化遗产代表作名录
2010	京剧	亚太地区人类非物质文化遗产代表作名录
2010	麦西热甫	亚太地区急需保护的非物质文化遗产名录
2010	中国水密隔舱福船制造技艺	亚太地区急需保护的非物质文化遗产名录
2010	中国活字印刷术	亚太地区急需保护的非物质文化遗产名录
2009	羌年	亚太地区急需保护的非物质文化遗产名录
2009	中国传统木拱桥营造技艺	亚太地区急需保护的非物质文化遗产名录
2009	黎族传统纺染织绣技艺	亚太地区急需保护的非物质文化遗产名录
2009	中国篆刻①	亚太地区人类非物质文化遗产代表作名录
2009	中国雕版印刷技艺②	亚太地区人类非物质文化遗产代表作名录
2009	中国书法	亚太地区人类非物质文化遗产代表作名录
2009	中国剪纸	亚太地区人类非物质文化遗产代表作名录
2009	中国传统木结构营造技艺	亚太地区人类非物质文化遗产代表作名录
2009	南京云锦织造③	亚太地区人类非物质文化遗产代表作名录
2009	端午节	亚太地区人类非物质文化遗产代表作名录
2009	中国朝鲜族农乐舞	亚太地区人类非物质文化遗产代表作名录
2009	格萨（斯）尔	亚太地区人类非物质文化遗产代表作名录

---

① "中华老字号"申报入选联合国教科文组织的非物质文化遗产项目。
② 同上。
③ 同上。

续表

年份	名称	名录名册
2009	侗族大歌	亚太地区人类非物质文化遗产代表作名录
2009	花儿	亚太地区人类非物质文化遗产代表作名录
2009	玛纳斯	亚太地区人类非物质文化遗产代表作名录
2009	妈祖信俗	亚太地区人类非物质文化遗产代表作名录
2009	中国蒙古族呼麦	亚太地区人类非物质文化遗产代表作名录
2009	南音	亚太地区人类非物质文化遗产代表作名录
2009	热贡艺术	亚太地区人类非物质文化遗产代表作名录
2009	中国传统桑蚕丝织技艺	亚太地区人类非物质文化遗产代表作名录
2009	蒙戏	亚太地区人类非物质文化遗产代表作名录
2009	龙泉青瓷传统烧制技艺 [1]	亚太地区人类非物质文化遗产代表作名录
2009	宣纸传统制作技艺 [2]	亚太地区人类非物质文化遗产代表作名录
2009	西安鼓乐	亚太地区人类非物质文化遗产代表作名录
2009	粤剧	亚太地区人类非物质文化遗产代表作名录
2008	古琴艺术	亚太地区人类非物质文化遗产代表作名录
2008	昆曲	亚太地区人类非物质文化遗产代表作名录
2008	蒙古族长调民歌	亚太地区人类非物质文化遗产代表作名录
2008	新疆维吾尔木卡姆艺术	亚太地区人类非物质文化遗产代表作名录

表 1-4 我国中华老字号国家级非物质文化遗产项目情况

老字号类别	老字号数	总占比（%）	拥有非遗技艺的老字号数	拥有非遗技艺的老字号占同类老字号比例（%）
医药类	118	10.96	27	22.88
茶叶类	30	2.79	8	2.67
酒类	131	12.16	15	11.45
百货零售业	20	1.86	0	—

---

[1] "中华老字号"申报入选联合国教科文组织的非物质文化遗产项目。

[2] 同上。

老字号类别	老字号数	总占比（%）	拥有非遗技艺的老字号数	拥有非遗技艺的老字号占同类老字号比例（%）
居民服务类	146	13.56	7	4.79
食品制造业	291	27.02	20	6.87
餐饮类	188	17.46	14	7.45
服装鞋帽类	41	3.81	8	19.51
传统工艺类	24	2.23	22	91.67
其他类	88	8.17	1	1.14
总计	1077	100	122	—

二、老字号非遗技艺的实用理性特征

每一个老字号非遗项目都承载着历史的真实与记忆，都是"活态"的历史性表达。所谓"贪古者穷，识古者富"，面对世代相传的珍贵遗产，我们只有正确地认识了它们，才知道价值所在，才会热爱珍惜，继承传播。对于历史的认识，最容易犯的错误就是所谓"独眼"的观点，即用现代的视角去解读古代的历史事物。江晓原在《换一种思路看待中国古代的技术成就》[①]一文中说："首先我们不能简单地以现代科学为标尺，去削足适履地衡量古代和现代的一切技术成就……其次，我们有必要反思我们看待外部世界的现行方式——这种方式至今还被许多人想当然地认为是看待外部世界最好最'科学'的方式……在这些观念框架中，依托现代科学以外的其他理论对外部世界的描述，都被认为是毫无意义的'迷信'或'糟粕'。"很明显，对老字号非遗技艺，我们不能用现代科学的眼光去分析解构，技艺并不来自现代科学原理的直接应用，而来自于经验的积累、实用理性的创新和试错检验；许多技艺并不存在文字记载中，而是以口传心授的形式传承的隐性知识；技艺背

---

① 江晓原.中国古代技术文化 [M].北京：中华书局，2017:5—6

后的世界观，不是对象化、客观化的，而是与自然亲近，不违悟性的和谐自然观等等。除此之外，非遗技艺属于历史的一部分，"历史作为一种理想化的集体记忆，总是在被不断地改写。所谓古史，就是书契之前的史。而作为凭借记忆和口口相传的东西 (oral tradition)，更容易被不断地重新解构又重组，以符合传承者的需要。这种不断的解构与重组就是所谓'古史是层累地造成的'"。① 我们知道，老字号非遗技艺是经过血缘、业缘、地缘等关系代代相传下来的，在传承过程，那些口传心授的内容，也难免受到代代传人的层累建构的影响，因而产生知识的扭曲和噪声。在处理老字号非遗技艺的时候，需要借鉴中国古代史研究的古史层类学说②，关注技艺产生及其传承的时代，运用理性的眼光，合理地认识历史的真相。

（一）还原历史中的老字号非遗技艺：历时性与共时性的认识

非遗技艺有一个活态传承的特点，从历史传到今天，始终在有序的经营活动中存在。技艺的合理性时刻受到历史中的市场竞争的考验，而市场竞争就像皮鞭，非理性的非实用性的神秘色彩的行为，会受到市场的惩罚而受限，而竞争中的优胜者则获得正反馈，把技艺流传下来，所以说从历时性的角度，即非遗技艺的历史中的变化、动态的结构看，老字号非遗技艺是由于经历竞争检验而接近历史的真实，其中为了实用目的的理性创新活动显得尤为重要，通过追溯历史中的创新活动。从生成的角度看待非遗技艺，能够避免构成角度的简单化进步解释。从共时性的角度来看，老字号非遗技艺的存在结构是区域性或者个体性的。有些老字号非遗技艺是地方知识团簇中的一个单位，比如酿酒技艺、造纸技艺等。有些老字号非遗技艺是以个体知识的形式而存

---

① 王明珂.华夏边缘——历史记忆与族群认同 [M].北京：社会科学文献出版社，2006.

② 顾颉刚先生提出的古史研究学说，意为研究历史，不能仅关注史料所述之史实，更要首先关注史料本身的时代。按照最一般的理解，史料之时代距所述史实之时代越近，则其可信度越高。而越晚出的史料，较之早期的史料，往往时代更加久远，事迹更加详细，体例更加完整。但这反而证明了其中窜入了大量的伪造的内容。

在的，比如餐饮制作技艺等。区域性知识的技艺扩散传播的速度较快，开发交流的程度比较大，技艺进化的速度会比较快，技艺垄断性比较弱。而个体性知识则相反，扩散传播的速度较慢，开发交流的程度比较小，技艺进化的速度会比较慢，个体的技艺垄断性比较强。因此，从共时性的角度分辨技艺的存在结构，即是团簇式的还是个体式的，如果是团簇式的，则能够根据个体的共性来模拟还原历史真相。如果是个体性的则只能从时代的相近专业行业的参考系来模拟还原历史真相。

（二）老字号非遗技艺的特点：自然和谐与实用理性

老字号非遗技艺是中华传统文化的优秀代表。李泽厚先生认为中国文化具有实用理性的特质："所谓'实用理性'就是它关注于现实社会生活，不做纯粹抽象的思辨，也不让非理性的情欲横行，事事强调'实用'、'实际'和'实行'，满足于解决问题的经验论的思维水平，主张以理节情的行为模式，对人生世事采取一种既进取又清醒冷静的生活态度。它由来久远，而以理论形态去呈现在先秦儒、道、法、墨诸主要学派中。"[1] 华觉明认为："传统技艺具有可简称为'三品四性'的本质特征，即：实用的品格、理性的品格、审美的品格，手艺的人性、个性、能动性和永恒性。传统技艺的这些本质特征，对应地决定了它们拥有的固有价值，诸如其民生价值、经济价值、学术价值、艺术价值、人文价值、历史价值和现代价值……所有手艺都是基于人们对自然和人工自然的理性认知，都得合乎物理学、化学、生物学或其他学科的客观规律，或知其然而不知其所以然，或知其然又知其所以然。无论属于哪一层次，其为理性之认知。这就是手艺的理性品格。"[2] 我们通过对老字号非遗技艺的考察，认为老字号非遗技艺是为了某种目的进行的生产性实践，其实用理性的文化特质是创新的动力，而非遗技艺存在的理性品格则是创新的成果。

① 李泽厚. 实用理性与乐感文化 [M]. 上海：上海三联书店，2005:8—15.
② 华觉明. 中国手工技艺 [M]. 郑州：大象出版社，2013:1—16.

目前，中华老字号非遗项目主要集中在传统技艺、民间艺术和中药文化等方面，其中传统技艺占绝大多数。老字号非遗脱胎于农业文明，其天人合一的创造理念，使非遗技艺具有较高的关于气候、材料等生态物质的融合性；老字号非遗技艺不见诸文本之上，而是将高超的技艺能力藏身于传承人的落手落脚的生产操作中，属于隐性知识的范畴；老字号非遗技艺穿越历史而来，是技术创新赋予了其具有了血脉不断的生命力；一个工艺品器物的完成，既需要娴熟的技艺，也需要独特的设计能力，这种设计能力源自独特的审美能力。因此从老字号非遗技艺中的生态环境的理解、隐性知识、创新性和审美能力等方面，对老字号非遗技艺的价值进行深入的解析，对老字号非遗技艺的传承能力进行分析并提出相应的建议。

（三）老字号非遗技艺的种类：从生活到理想

中华老字号企业拥有非遗技艺100多种，其制作的商品包含了餐饮、食品、茶叶、酒业等生活日用的品类，也包含了景泰蓝、漆雕、团扇等充满美学理想的工艺品。我们根据把老字号非遗技艺与华觉明等主编的《中国手工技艺》中的技艺分类相对照，比较老字号非遗技艺的涉及范围和领域集中度，结果如下表。

表1-5 老字号非遗技艺与中国手工技艺对照表

手工技艺大类	手工技艺小类	老字号非遗技艺	老字号
工具器械制作	农具、手工机械和简单机械	弓箭制作技艺	聚元号
	仪器仪表	万安罗盘制作技艺	吴鲁衡
	乐器	上海民族乐器制作技艺	敦煌
	日用生活和民俗用具	制扇技艺、常州梳篦	王星记

续表

手工技艺大类	手工技艺小类	老字号非遗技艺	老字号
农畜矿产品加工	酿造技艺	黄酒酿造技艺、蒸馏酒传统酿造技艺、老陈醋酿造	沈永和、女儿红、塔牌绍兴黄酒，贵州茅台、衡水老白干、红星二锅头、益源庆、美和居老陈醋
	制茶技艺	绿茶、花茶、乌龙茶、红茶制作技艺等（绿茶制作技艺太平猴魁、绿茶制作技艺·六安瓜片、绿茶制作技艺·黄山毛峰、六堡茶制作技艺）	猴坑、徽六、谢裕大、梧州茶厂
织染绣	综合类（含丝、麻、毛、棉织）	北京宫毯织造技艺	北京宫毯
	织锦和缂丝	杭州织锦技艺、南京云锦木机妆花手工织造技艺	杭州都锦生、吉祥云锦
	印染	蓝印花布印染技艺	浙江丰同裕
	刺绣、堆绣和挑花	湘绣	金彩霞
陶瓷烧造		龙泉青瓷烧制技艺、石湾陶塑技艺	浙江龙泉青瓷官窑、哥窑瓷业、新石湾美术陶瓷
金属采冶和加工	锻铁	剪刀锻制技艺、龙泉宝剑锻制技艺	王麻子、张小泉
	金银细金工艺	金银细工制作技艺	南京宝庆银楼、上海老凤祥
雕塑	石雕	厦门漆线雕技艺	蔡氏漆线雕
	石刻	金石篆刻	西泠印社
	玉雕	扬州玉雕	扬州玉雕厂
	泥塑	泥塑·惠山泥人	惠山泥人厂
髹漆	漆器	雕漆技艺	北京雕漆厂
	漆画	扬州漆器髹饰技艺	扬州漆器厂
造纸术和笔墨砚制作	纸	宣纸制作技艺	"红星"牌
	墨	徽墨制作技艺	老胡开文墨厂

续表

手工技艺大类	手工技艺小类	老字号非遗技艺	老字号
印刷	雕版	木版水印技艺	荣宝斋、朵云轩
刻绘	木版年画	杨柳青年画	天津杨柳青
特种技艺及其他	书画装裱修复技艺	装裱修复技艺（古字画装裱修复技艺）	荣宝斋

注：古代技术分析没有关注生活的问题，如饮食文化和商业服务内容。而老字号非遗技艺则占据了古代技术分析的较大范围。

三、老字号非遗技艺自然和谐的特征

《考工记》云："天有时，地有气，材有美，工有巧。合此四者，然后可以为良，材美工巧，然而不良，则不时，不得地气也。"在古人的理念中，一件良器的完成除了能工巧匠，也离不开地理环境和原材料的先天条件。

（一）自然和谐，不违物性

在非遗技艺的制作理念上，遵从天人一体的观念，注重自然天成之感。所谓"制器尚象"，自然万象是其灵感之源：从手工艺的器物制作上、从物料选材到造型设计，都体现出与自然相亲近的特征。比如，建筑工匠的口传有几句口诀：秘诀之一是"挑选四神相应的宝地"。一般建筑寺庙的时候，都有先"挑选四神相应的宝地的习惯"。这说的是：东青龙，南朱雀，西白虎，北玄武。这些都是作为寺庙的保护神而存在的。秘诀之二是"建寺庙时木头的方位要跟生长的方位相同"。我们通常讲究要立着用木料，就是要保持它生长时的状态。秘诀之三是"搭建木结构建筑不依赖尺寸而依赖木头的习性"。这反映出中国传统技艺中不违物性、崇尚自然的特点。

绍兴黄酒的酿造仰赖自然，按"天有时、地有气、材有美、工有巧"的造物法则，即天时——冬天酿造；地气——鉴湖的水；材美——精白糯米；工巧——酿酒师的工匠精神。其制作技艺已传承千年，以一年为一个生产周

期，各酿制环节严格遵照时令节气：三伏天精制自然培养的白药，农历八月制麦曲，立冬开始投料发酵，立春开榨煎酒。[①]

绍兴黄酒酿造技艺是绍兴的先民们在理解自然、适应自然、改造自然中，尤其是对于"酶"的驾驭上，水平绝对是一流的，成绩亦是斐然的。去糟粕存精华，化腐朽为神奇，是大自然赋予绍兴先民们的驾驭自然、自我发展的生存本能。经过几十代、上百代人的薪火相传，创造创新发展，对于微生物的驾驭能力和水平日趋成熟，炉火纯青。不经意间酿出了世上三大古酒之一的中国黄酒，稍不留意，微生物的应用技术差点成了中国的第五大发明（日本的坂口谨一郎有言：若中国有第五大发明，必将是中国的酒药）。此类融化于绍兴人血液中的酿技，成了世界上公认最为复杂、最为经典、最为成熟的微生物发酵技术，而由此引申出来的酿制技艺，则是当仁不让地登上了第一批国家非物质文化遗产的目录。酿酒的灵感即是人类从自然现象中受到启发，创造发明的，那么它后天的酿制，同样是依天道行运的法则，一步一步地发展完善而来：水是自然所赐的水，米是自然所赐的米，麦曲则按自然要素发酵的麦曲。绍兴黄酒，它的酿制过程中处处体现了这种按自然规律办的思维，按"道"既是生物之源，也是生成万物之根本的哲理，一代一代的酿酒师、能工巧匠不忘初心，专志专注，不断完善工艺，积累经验，提高质量，才酿出了声誉远播的东方美酒。[②]

（二）自然中选材，绘事后素

手工艺的一个基本特征是以材料和技术为主体。古人造物多从自然中选择材料。中华老字号非遗注重选材的重要性，在医药行业的例子有同仁堂。其店训"炮制虽繁必不敢省人工，品味虽贵必不敢减物力"说明了在用料与做工的诚信坚守。同仁堂在用料方面的讲究、在这方面的投入，实在不是一

---

① 潘兴祥. 绍兴黄酒酿制技艺诠释 [J]. 北京：中国酒，2017(09):62—65.
② 傅建伟. 黄酒中的"道法自然"[J]. 北京：中国酒，2019(06):30—41.

般企业所能做到的。比如制药的陈皮，需要广东新会所产，白芍则必须产自浙江东阳，丹皮只用安徽芜湖的，"十大名药"之一的乌鸡白凤丸所用的人参，产地只认吉林。如此等等，即使是和药用的蜂蜜，也只用枣花蜜，而且还必须是来自河北兴隆的。

在食品行业，六必居的酱菜之所以出名，是与它选料精细、制作严格分不开的。六必居酱菜的原料，都有固定的产地。这些产地的农户，往往世代相传，成为六必居的老供应户。譬如黄豆选自马驹桥，其特点是粒大、饱满、色黄、皮薄、油性大。白面选用京西涞水县一带小麦，自己加工磨成细白面。

全聚德烤鸭之所以成为北京烤鸭的精品代表，驰名中外，是因为它具有以下三个特点：首先是它具有优质的原料北京填鸭。其次是它的加工设备先进。最后是它的成品风味独特。鸭胚，北京烤鸭原来所用的原料是北京填鸭，鸭子肥大，全身白色，每天定时由技术工人将用莜麦面和其他营养物调好的饲料，一团团地塞入鸭子食道中，鸭子几乎不会自己进食了，由此也衍生出"填鸭式教学"这种说法。作为鸭胚的北京鸭生长时间有严格的规定，有一种说法是只用生长 45 天的鸭子。由于人们口味的改变，过于肥腻的鸭肉已不受欢迎，烤鸭店都已改用瘦肉型鸭。鸭子洗剥干净后，肚内灌上水，泄殖腔用铁针穿插封住。烤制时鸭体完整，由于肚内水的冷却作用，让鸭肉口感嫩滑。

在酿造行业，酱香型白酒酿造讲究"水、土、气、生"。对于茅台酒的酿造原料主要由三个部分组成：水、曲和酿酒原料。这三个部分都是极难复制：水，取至于赤水河；曲，用本地的冬小麦制造；酿酒原料，采用当地糯性高粱。酒好水一半，赤水河作为茅台酒的酿酒用水符合这一标准。茅台镇地处川南黔北交界的山区，远离大中城市，至今未受工业化污染，其地层由形成时间在 7000 万年以上的侏罗垩系紫色砂页岩、砾岩组成，广泛发育着酸碱适度的紫色土壤，砂质和砾石，具有良好的渗水性，甘洌的泉水汇入赤水河中，为茅台酒酿造提供了取之不尽、用之不竭的优质水源。1972 年，周恩来总理指示："在茅台河上游一百公里范围内不能建工厂，特别是化工厂。"① 赤水河是一条自然生态环境保护比较完好的河流，曾被国际饮水资源保护组织授予"爱一滴水就是爱全世界"的水资源保护杰出贡献奖。红缨子高粱是酿造茅台独特口味的重要因素。与普通高粱相比，本地"红缨子"糯高粱颗粒较小、皮厚、扁圆结实，干燥耐蒸煮、耐翻拌，其水分 <13.0%，蛋白质 >12.0%，干粒重 >35.0g/1000 粒，淀粉含量 >60%，其中支链淀粉含量远远高于普通高粱，占总淀粉的 99%。其吸水量低，耐蒸煮，不易糊化，这些条件满足了茅台酒逐步糊化，多次蒸煮、翻拌、发酵的需要。茅台酒用高粱皮厚，并富含 2% ~ 2.5% 的单宁，通过茅台工艺发酵使其在发酵过程中形成儿茶酸、香草醛、阿魏酸等茅台酒香味的前体物质，最后形成茅台酒特殊的芳香化合物和多酚类物质等。这些有机物的形成与茅台酒高粱及地域微生物群系密切相关，也是茅台酒幽雅细腻、酒体丰满醇厚、回味悠长的重要因素。高粱的品种和质量对最终形成茅台酒的风格影响很大。比如山西老陈醋，其山西省地方标准（DB 14/84—1999）表达的定义是："以特定的原料和工艺酿制，区别于一般食醋和其他特色醋的食用醋。该产品以高粱、麸皮、水为主要原料，以稻壳或谷壳为辅料，以大麦、豌豆为原料所制得的大曲作糖化发酵剂，经酒精发酵后采用固态醋酸发酵，再经熏醅、陈酿等工艺酿造而成的食醋，统称为山西老陈醋。"由此可见，老陈醋的原料与工艺同等重要，是山西老陈醋的特色之一。

　　驰名中外的金华火腿，原料选用金华猪即两头乌作为金华火腿的原材料。金华两头乌头部、颈部及臀部的皮毛均为黑色，躯干四肢为白色，背部下凹，后身较高，鼻直，面少皱纹，头型大小适中，耳大下垂，看上去像小熊猫，也被称为"中华熊猫猪"。金华猪本身具有较强的耐寒耐热能力，成

---

① 张帆，杨文明，程晨 . 三省共护赤水河 [N]. 人民日报 .2018-07-25.

熟早，小母猪一般在 105 日就已成熟，6 个月就可配种产仔了，优质母猪产性能可持续到 8 至 9 岁，生产小猪仔可达 20 胎。而且皮薄骨细，头小肢细，可食用部分多，肉质品质好，猪肉颜色鲜红，系水能力强，富含肌内脂肪，肌肉细嫩多汁，肉味鲜美。

与区域自然条件密切相关的材料，具有一定的优势，形成垄断性，这使得老字号企业的产品在竞争中形成了一道"护城河"，能够在多年的市场竞争中保持基业长青。从生产者角度来看独特的优势，也是一种限制条件。一方面，独特的原材料资源，也减少了选择的空间。而选择独特的先天优势和充分利用先天优势条件则体现了知识的创新。

在酒醋等酿造行业，传统技艺一直采用固态发酵的方法，这是我国古代技术对世界文化的独特贡献，与现代技术的液态发酵相比，传统技艺属于清洁生产，环境友好。由于普遍采用现代液态发酵工业，在我国工业废水COD 总量中，轻工行业的工业废水占 2/3，其中发酵工业废水的 COD 仅次于造纸工业而稳居第二，成为一个大的污染工业，环境制约已成为发酵工业发展的限制因素。这时人们又不约而同地把眼光投向了古老的固态发酵技术，因为这种技术具有节水、节能的独特优势，且没有废液产生，属于清洁生产技术。

四、老字号非遗技艺属于隐性知识

（一）隐性知识的特质

迈克尔·波兰尼（Michael Polanyi）认为，手工实践是通过身体感觉获得的技艺，这种高度具身化、难以言说、难以用逻辑分析的思维加以研究的知识，属于默会性知识，又称隐性知识。[①] 隐性知识指的是我们知道却难以

---

① [英]迈克尔·波兰尼著，许泽民译. 个人知识——迈向后批判哲学 [M]. 贵阳：贵州人民出版社，2000：73.

言述说明的知识，与语言文字、图画表格、数字符号之类可表示的显性知识相对，具有隐含性、复杂性、个体性、情境性等特点。[①] 隐性知识具有以下特质：

1. 隐性知识是高度个人化的知识。与个体的不可分离性是具有隐性特征知识资源的本质。具有隐性特征的知识来自个体对外部世界的判断感知，是源于经验的，源于个体与课题长期互动中的主观感受，这种判断与感觉具有极强的个性。

2. 隐性知识具有难于流动性。因为隐性知识难以用系统的、编码的语言清晰表达出来，只可意会不可言传，由于未编码，因而难以模仿，难以传递。

3. 隐性知识是通过经验获得的。波兰尼认为，隐性知识主要是通过一个人的行动看出来，而不是通过个人对他所知道的东西所做的解释表现出来。

4. 隐性知识是一种无意识的认知能力 (Cognitive Competences)，如关于语言知识的能力。从技能和认识角度可将隐性知识分为两类：一类是技能方面的知识，包括那些非正式的，难以表达的技能技巧、经验和诀窍等；另一类是认识方面的隐性知识，包括洞察力、直觉、感悟、价值观、心智模式和文化习俗等。根据我们对中华老字号非遗技艺的考察，发现传统非遗技艺的隐性知识存在于价值观、技术原理、操作技艺、生产情境和职业伦理等方面。

（二）行业神：传统伦理的塑造和教化

我国传统社会各行各业均信奉行业神，又称为祖师爷。行业神被认为与行业的福祸兴衰密切相关，是古代从业者的精神寄托。尊崇祖师爷是手工艺者入行的操守，在重要的节庆、开工、收徒、满师等日子，都会供奉祭拜，并作为行规代代传承。很多以神灵作为行业神，如铁匠业信奉火神、太上老君，玉器业信奉白衣观音，造纸业信奉文昌帝君等，都有利于建立各行业威

---

① [日] 竹内弘高，野中郁次郎著，李萌等译 . 知识创造的螺旋 [M]. 北京：知识产权出版社，2006：50.

信。一些行业神则是被称为"知者"的现实人物，如木匠先师鲁班、造酒先师杜康真人等。所谓："知者创物，巧者述之，守之世，谓之工。百工之事，皆圣人之作也。"① 这些才华横溢的人物在社会初期以手工艺的智慧对所在行业的发展贡献卓越，推动了社会的文明进步。民间崇拜乃至神话了他们，使其最终成为行业神。一方面，面对来自社会和自然环境不确定风险的威胁，各行业从业者求神保佑、祈福禳灾的诉求非常强烈；另一方面，在存在差序结构的社会体系中，通过祖师神的身份塑造以提高自身的社会地位。② 行业神还有一个重要的功能就是通过公开的信仰活动，发挥潜移默化的作用，实现商人对传统伦理文化的积极吸纳与利用。③

（三）口诀：技艺原则的洞察与感悟

技术原理是指在工作过程中技术事实推导、概括、提炼出来的规律性的认识。在传统技艺中存在的技术原理，并不是以公式、图纸等形式存在的，而是以心法、口诀等形式存在的技艺原则的洞察与感悟。从民间技艺口诀的内容出发，联系民间艺术造物活动的目的、形态及所处的环境进行分析，民间技艺口诀的产生和形成主要基于两个方面的因素：一是艺人出于提高造物的效率和质量以及方便传承的目的，对工艺实践经验的总结；二是民间艺术与其他阶层艺术的交流，包括贵族、文人阶层的造物思想和艺术取向对民间工艺的渗透，以及民间艺人对上层艺术形态、技巧的借鉴。④ 民间技艺口诀几乎存在于所有的民间艺术造物品类中，所包含的内容丰富多样，衣、食、住、行、用各方面相关的各个行当中，都有技艺口诀流传。这是由民间艺术的技艺性特征决定的。就民间技艺口诀的技艺规范而言，艺诀往往简练概括

---

① 汪小洋. 中国百神图文志 [M]. 上海：东方出版中心，2009：4.
② 邓庆平、王崇锐. 中国的行业神崇拜：民间信仰、行业组织与区域社会 [J]. 济南：民俗研究，2018(6):119—132+156.
③ 李和承. 明代传统商人与职业神 [J]. 厦门：中国社会经济史研究，2002(1):39—45.
④ 王涛. 民间技艺口诀研究 [D]. 济南：山东大学，2009：5.

地总结技艺要领，然后用凝练的语言表达出来。比如传统古家具制作工艺有一些传承技艺规范要求，一般是按着传统俗语行话进行要求的，这也是鉴别传统匠人工艺标准的一个尺度。[①] 比如漆器行业工艺要求，俗语：三分家具七分油。这是说制作家具工艺只占三分，油漆的工艺要占七分，强调了油漆的重要性。俗语口诀：腿斜不出凳面头。这里的凳子是指一般长凳或是四叉凳。凳子的面与腿脚关系，侧面的斜度，不能超出凳面。

技艺口诀的概括性特征，便于民间技艺的传播。民间各行业的技艺有繁有简，但都有关键点和要领，如果掌握这些关键要领则会事半功倍，减少心力和物力的损耗，如把握不当则很容易出现偏差。俗话说"真传一句话，假传万卷书"，说的就是这个道理。在六堡镇，制作六堡茶的每一道工艺都有口诀。

采茶：

雨天不采晴天采

提手采茶满竹筐

午后山阴过岭脚

赶紧收工把家还

拣茶：

采回茶叶先萎凋

粗幼老嫩细细挑

茶梗烂叶丢屋角

---

① 路玉章. 传统古家具制作技艺 [M]. 北京：中国建筑工业出版社，2007：12—13.

有芽没芽要分镶

炒茶：

　　高温快炒来杀青
　　茶杈摆拢有真经
　　一边兜来一边抖
　　炒到嫩绿变暗青

揉茶：

　　揉捻尤需卑心机
　　又要匀来又要黏
　　推压粘卷辨茶气
　　一箕斤半最适宜

烘茶：

　　一早又把茶来烘
　　熟茶入甑灶烧红
　　边整形来边干燥
　　勤搓密翻不放松

堆茶：

揉完往往到三更

熟茶且留箕中墩

沤堆沤出甘香醇

明早饭后再揉阵 ①

（三）绝活：心手合一的时光修炼

一般而言，对一件事情、一个行当有常识性的认知，算是拥有了一般能力。通过一定程度的刻意练习，拥有了一定的技术，则拥有了专业能力。而非遗技艺则更进一步，不仅仅拥有了专业能力，而且由于解决了手工操作的难题和矛盾，能够实现心手合一，完成了真正伟大的作品或者服务。匠人的手工操作一般是运用手、眼等肢体完成复杂高难度的动作。在人类的肢体里面，手是最灵活的，能够随意做出各种各样的动作。科学研究表明，这些动作，加上手抓东西的方式，以及手的触觉，影响了我们的思维。如庄子的庖丁解牛讲道："庖丁为文惠君解牛，手之所触，肩之所倚，足之所履，膝之所踦，砉然向然，奏刀騞然，莫不中音，合于桑林之舞，乃中经首之会。" ② 厨师给文惠君宰杀牛牲时候，可谓全身并用，手、肩、脚、膝协同操作，产生了像音乐、舞蹈一样的强烈的节奏，达到了手工操作的较高境界。手工操作往往需要手指之间、手—腕—前臂、手眼之间的协同工作。实际上，身体不同部位的协调是有其生理基础的。大脑中间有个胼胝体，它是连接大脑左右运动皮质的纽带，这个纽带在两者之间传送控制身体动作的信号。

心手合一指的是心之所想，手之所至，实现了实践操作与主体意识之间

---

① 梁直. 六堡茶之韵 [M]. 桂林：漓江出版社，2015:43.

② 庖丁解牛典故出自《庄子·养生主》。

的共时性连接，中国清代思想家魏源曾说过："技可进乎道，艺可通乎神。"[①]
讲的就是技艺的较高境界。同样的，桑内特认为，匠人们的手在触摸工艺材
料，他们的脑子同样在思索如何完成和这材料的互动，"思维和情感是包含
在制造的过程之内的"。[②]当今的神经科学证明，眼睛、大脑和双手的神经系
统是相通的，所以摸、握和看能够同时发挥作用。比如说有些做手艺活的人
手上会长出老茧，这些老茧在定位触摸时发挥了特殊的作用。按道理说，变
厚的皮层会降低触觉的灵敏度，但实际情况恰好相反，老茧对神经末梢起到
保护作用，从而使人们能够更果断地进行这种探索的动作，"老茧之于手，
就像变焦镜头之于摄像机"[③]。

以西湖龙井的炒制工艺为例，我们尝试解析下手工操作神乎其技背后的
心理学和解剖学的意涵。西湖龙井茶是中国名茶，通过长期生产实践，西湖
龙井茶区的茶叶栽植和制作逐渐形成了选育良种、勤耕栽培、精细采摘、科
学炒制等一系列茶叶生产经验，特别是在炒制过程中摸索出了一套具有鲜明
技术特色的炒制工艺，其中包括抖、带、挤、甩、挺、拓、扣、抓、压、磨
等龙井茶炒制"十大手法"。如果把全程的炒茶动作分解开来，大体可以归
纳为12种手法，即抖、搭、拓、捺、甩、抓、推、磨、压、荡、扣、扎。

各种手法的作用如下：

抖——作用是散发叶内水分，青锅、辉锅时都要用上。

搭——作用是使茶叶变宽、扁，主要用在青锅及辉锅中茶叶下锅阶段。

拓——作用是把锅中的茶叶托于手中，便于抖，也能使茶叶变扁平，青
锅与辉锅均要用上。

甩——作用是使茶叶从锅边上落到锅底，自然排列整齐，并使发软的叶

---

① （清）魏源．默觚．古微堂集。
② [美]理查德．桑内特．匠人[M].上海：上海译文出版书，2015：10.
③ [美]理查德．桑内特．匠人[M].上海：上海译文出版书，2015：86.

片在滚动中包住芽头。同时，也使手中的茶叶进行里外交换，以及起到整理茶叶条索的作用，使茶叶条索整齐均匀。甩主要用于青锅。

捺——作用是使茶叶光洁、滑润、扁平。青锅、辉锅均要用上。

抓——作用是使手中的茶叶里外交换，整理条索，把茶叶抓紧、抓直。抓主要用在辉锅和低档茶的青锅。

推——作用是使茶叶光、扁、平，只用于辉锅。

磨——作用比推更强，使茶叶更加扁平、光滑。磨只用于辉锅。

压——作用是双手用力压扁茶条（右手压着茶时，则左手压在右手上；左手压着茶时，则右手压在左手上），压多与磨结合进行，促使茶叶更加扁平、光滑。压只用于辉锅。

荡——作用是使黏结在锅壁上的茶叶落入锅底。在青锅和辉锅时，茶叶（特别是碎片）在下锅阶段很容易粘在锅壁上，这时，用手按着茶叶在锅壁上荡一个圆圈，就能把粘在锅壁上的茶叶全部荡落到锅底。另外，在青锅或辉锅的起锅时，用手按着茶叶荡一个圆圈，就能将整锅的茶叶一下子集于手中一次性抹进畚箕里，使出叶干净、利索。

扣——作用是使茶叶条索紧直均匀。用于低档茶的青锅及辉锅。

扎——作用比扣更强，使茶叶条索更加紧直匀齐。用于低档茶的青锅和辉锅。

龙井茶炒制中，12 种炒制手法不是依次单独使用的，而是互相结合穿插进行的，不管是青锅还是辉锅，不论是高档茶还是低档茶，都要用到其中的某几种手法。炒制龙井茶，不但要学会手法，还要掌握好手势，手势掌握不好，要想炒好龙井茶是很困难的。手势不好可能会被锅烫伤。炒高级龙井茶辉锅的手势，是大拇指叉开、四指微张，五个指头都要微微弯曲（炒中、低级龙井茶时，只是弯曲度更大一些）。控制火候与手法正确是炒好茶必备的两点。炒茶开始的时候温度不能太高，要维持在 200℃左右，接下去才慢慢提升些温度，发现温度高后又要马上降下来。炒的时候十大手法要按顺序来进行，不能把顺序弄反了，用劲要灵巧，该用劲的时候就要用劲，该轻的时候则需要少用劲。炒得好的茶颜色会比较鲜艳，外形也比较美观，像一把利剑一样又扁又锋利，因为炒的时候叶子会一点点缩进去，茶叶泡出来也不会散开。

龙井茶的技艺难点在于要在高温下短时间内完成茶叶的炒制，为了在高温下完成茶叶的脱水、整形等功能，需要复杂灵活的手部动作来完成，而要实现十大手法则需要手指、手掌和手腕的参与，实现手部的控制、手部的预判和操作速度（节奏）的控制。炒茶技艺在长期的摸索中，形成了特殊的手形，手形与其理解成手的形状，倒不如说是寻找一种手放松的状态更为贴切。炒茶的手形是为了实现手部在一种松弛的状态下，能够大胆地触摸、手握、抓取、压实高温中的茶叶，顺利的完成手部动作变换。其中手指是对于温度最为敏感的区域，五只弯曲的手指是一种触摸高温的本能收缩的修正，目的是为了手部能够本能地大胆地触摸高温的铁锅。为了保持茶型的完整均匀，各个手指之间的力量要均衡，这需要力量强的手指需要做好控制，而弱的手指需要加强。手掌的动作主要是捺、磨、压等，手掌的力量需要根据实际情况来控制，而根据神经科学研究，[①]平均分配力量模式，涉及的同侧以及高级神经活动加强，需要更多的注意力和更为复杂、持续的视觉和体感信息的快速整合。炒茶的拓、搭、抖、荡等动作，则需要前臂—手腕—手掌的参与，前臂负责力量的控制，手腕则负责方向的灵活，而手掌则通过接触茶叶完成操作。在前臂—手腕—手掌的运作中，预判能力对茶叶的处理和松开来说是至关重要的。手臂组合必须做出预判，就像伸手去抓茶叶一样，在接触前的几秒，手臂组合便已经做好下一步的准备，也就是准备松开绷紧的肌肉，让抓去了茶叶的手掌降低了力道，顺利过渡到抖、荡等动作。而在炒茶过程中，

---

① 张阳.手指力量的神经肌肉调节机制初步研究 [D].重庆：重庆大学，2011：5.

连续的预判形成了速度的把握，整个操作过程就像节奏良好的音乐篇章。

五、老字号非遗工艺的循环性、生物性

只要生产和分配过程依赖于传统的能源——人力、畜力及风力，就难以创造庞大的生产量和交易量，个人拥有并经营的小企业就足以处理生产及分配过程中每一环节的最高日常活动量。① 老字号非遗主要是依赖于人力、畜力等自然力的传统生产，传统技艺几乎都诞生于作坊式企业，与现代大规模生产企业的工艺要求不同。现代企业的技术工艺存在于生产标准和规范框架里，呈现于职业经理人和雇佣工人的生产管理过程中，而老字号的传统技艺的知识是经验性的和默会的，包含在手工业实践者的身体中，存在于家族邻里的社区关系中。如果说现代企业的生产工艺具有可分性、模块化的特点，那么老字号非遗技艺则有生物性、不可分割性的特点。首先老字号非遗技艺具有自然环境和人文环境的普遍依赖性，比如酿造过程中自然力的应用，微生物环境的利用。其次老字号非遗技艺具有个体的依赖性，技艺具体是存在于每个个体中的，而每个个体的技艺是有特点的有差异的。比如景泰蓝、漆雕等工艺品大师的作品的价值就在于不可复制性。这两种依赖使得老字号非遗技艺需要土壤的培养，具有环境脆弱性。从产品上分析，可分割性的工艺会分为几个模块，而每个模块都有一定的标准，完成了每个模块的标准则完成了合格的产品。但是老字号非遗的产品强调的不是标准化，而是更好地发挥了材质的作用，达到了阴阳五行所要求的各种性质之间的平衡。比如陶瓷制作技艺与现代工艺产品的归整划一相比，传统工艺烧制的陶瓷形态各异，富于变化。传统手工陶瓷制作工艺的瓷器在烧制过程中，由于窑内温度发生变化，陶器在窑炉中的"氧化—还原"反应因温度、氧分的含量等因素不同，导致陶瓷局部表面釉色发生的不确定性自然变化，产生不可预见的梦幻色彩，

---

① ［美］小阿尔弗雷德·钱德勒，重武译. 看得见的手：美国企业的管理革命 [M].1987：14

形成可遇而不可求的"窑变"。

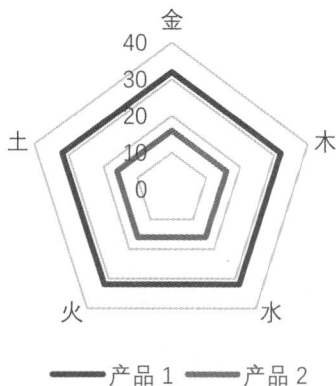

图 1-1 老字号非遗产品平衡性示意图

如图 1-1 所示，产品 1 与产品 2 都达到了平衡要求，虽然性质的数量会不同，但并不影响它们都是好的产品。模块化可以促进分工，增加产品标准化、规模化生产。缺点是模块化标准化以后，就意味着在产品的追求上达到了顶点，产品的个性化创新就此死亡。因此我们应该辩证地对待非遗非标准化的东西，有的需要标准化，有的要坚守非标准化。有的能够用现代技术替代的繁重的体力劳动，不具有核心价值的工艺，必然会被替代。而有些现代技术不能赋予的，体现技术创造力、产品个性化的工艺，则应该保留。

王弼注通行本《道德经》第十六章，"夫物芸芸，各复归其根"，是说天下万物种类繁多，生生不息，各自复归于其本根，天道循环往复，周而复始，不知停息。将宇宙中和地球上生命进程与变化过程理解为一种循环，这在中国哲学中非常普遍。明代科技著作《天工开物》的作者宋应星还在一般意义上推导出，天道循环中的阴阳"长"与"消"有一种密切的平衡性。[①] 传统技艺遵从天道循环、阴阳消长的哲理，并没有进化理论的时间单向度的概念，在工艺中的表现为多次的重复操作。比如茅台酱香型白酒的制作有九十道工

---

① ［德］薛凤著，吴秀杰、白岚玲译 . 开工万物：17 世纪中国的知识与技术 [M].南京：江苏人民出版社，2015：217.

序，其中重复之处甚多，如两次投料，两种发酵，七次取酒，八次加曲、堆积、入窖发酵，以及九次蒸煮。如果把母曲与母糟也算进来，那应该是跨越年代，甚至十年百年千年的重复。可以说重复是茅台酒制作最显著的特点之一。[①] 俗话说千年窖，万年糟，就是这个道理。同样的，在许多老字号非遗食品类技艺中，老汤具有重要的作用。比如德州扒鸡老汤对产品滋味贡献度较大，是决定产品品质的重要因素。今天用的汤，可能是上周的老汤，每次煮肉的时候留一些老汤，下回煮肉的时候，把上次留的汤放里面。然后再留为下次留一些，于是老汤就这么一次一次地循环。

业内人士都知道，做好绍兴黄酒的重中之重是一年一度的酒药生产。在酒药生产的过程中，除了要掌握好气温、水分和原料的粗细程度，更关键的一点是对上年选择留下来的娘药（母坯菌种）挑选——在生产工艺中属于菌类接种过程，这是最为关键的基因工程，也是黄酒生产中神秘的基因传承，娘药能够决定当年生产的绍兴黄酒发酵力的强弱以及酒质的变化与质量指数。

第三节 中国五项世界级中华老字号非遗项目

一、南京云锦织造技艺

（一）发展概况

南京云锦是中国优秀丝织文化的杰出代表，因其绚丽多姿，美如天上云霞而得名。南京云锦历史悠久，纹样精美，配色典丽，织造细致，是中国纺织品的集大成者，浓缩了中国丝织技艺的精华，代表了中国丝织工艺的最高

---

① 龙隆，冯苏宝. 茅台密钥——茅台酱香型白酒价值建构 [M]. 北京：中国大百科全书出版社，2014:245.

成就，有"寸锦寸金"之誉。

南京云锦始于东晋，盛于明清，至今已有近 1600 年历史（公元 417 年东晋在建康设立专门管理织锦的官署——锦署，被看作南京云锦正式诞生的标志），与成都的蜀锦、苏州的宋锦、广西的壮锦并称"中国四大名锦"，且位于中国四大名锦之首，元、明、清三朝均为皇家御用品贡品。

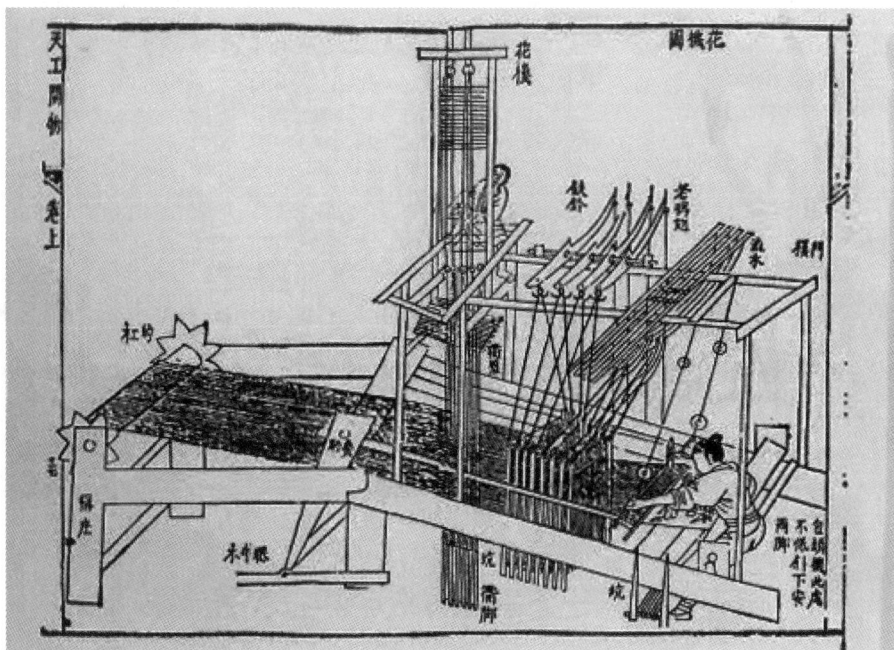

图 1-2 明朝宋应星《天工开物》所载的南京云锦小花楼提花机图

（南京云锦织造工具主要为大花楼木质织机，俗称花楼机，其结构与《天工开物》所绘"花机图"类似）

（二）传承字号

传承南京云锦木机妆花手工织造技艺的中华老字号为"南京云锦研究所"。其前身为 1954 年南京文化局成立的"云锦研究工作组"。1956 年 10月，周恩来总理曾指示："一定要南京同志把云锦工艺继承下来，发扬光大。"①1957 年云锦研究所成立。2006 年，南京云锦研究所有限公司 (注册商标 : 吉祥牌) 入选第一批"中华老字号"，南京云锦研究所还被国家质检总局核批为首批地理标志使用企业，也是文化部批准的国家级非物质文化遗产生产性保护示范基地。

（三）非遗项目

南京云锦木机妆花手工织造技艺是中国古老的织锦技艺最高水平的代表，于 2006 年列入中国首批非物质文化遗产名录，并于 2009 年 9 月成功入选联合国《人类非物质文化遗产代表作名录》。2009 年 8 月《地理标志产品云锦》国家标准（GB/T 21930-2008）发布，并于当年 10 月 1 日实施。

图 1-3 南京云锦织造场景

---

① 南京云锦申报世界"非遗"成功 [EB]. 中国日报 - 中国在线 .http://www.chinadaily.com.cn/zgzx/2009-10/01/content_8758892.htm.

南京云锦的诞生应归功于苏州的缂丝，它实际是苏州缂丝衍生出来的附属品。南京云锦木机妆花是中国 4700 多年丝绸织造史、300 多年的织锦历史中，唯一流传至今尚不可被机器取代，挖花盘织必须凭记忆编织的传统手工织造工艺。

南京云锦是用长 5.6 米，宽 1.4 米，高 4 米的传统大花楼木织机，由拽花工和织手两人相互配合手工操作织造出来的。织机由 1924 个机件组成，拽花工坐在织机上层，负责提升经线，织手坐在机下，负责织纬，妆金敷彩。每天产量约为 5 厘米，所以弥足珍贵。南京云锦研究所刚研制出的新夏装，一件衣服只有 49.5 克，一两都不到。南京云锦可以在一个服装层面上表现绢、绸、罗、缎、纱，可以将金、银、孔雀羽织进，这些都是别的服装面料无法做到的。

南京云锦主要特点是逐花异色，通经断纬，挖花盘织，从云锦的不同角度观察，绣品上花卉的色彩是不同的。由于被用于皇家服饰，所以云锦在织造中往往用料考究、不惜工本、精益求精。云锦是用金线、银线、铜线及蚕丝、绢丝，各种鸟兽羽毛等用来织造的，比如皇家云锦绣品上的绿色是用孔雀羽毛织就的，每个云锦的纹样都有其特定的含义。如果要织一幅 78 厘米宽的锦缎，在它的织面上就有 14000 根丝线，所有花朵图案的组成就要在这 14000 根线上穿梭，从确立丝线的经纬线到最后织造，整个过程如同给计算机编程一样复杂而艰苦。

南京云锦，技艺精绝，文化艺术蕴义博大精深。色彩艳丽，晕色和谐，民族纹样，奇异变幻，自然天成。它具有鲜明的中国吉祥文化的深厚底蕴。皇帝御用龙袍上的正座团龙、行龙、降龙形态，代表"天子""帝王"神化权力的象征性。与此相配的"日、月、星辰、山、龙、华虫、宗彝、藻、火、粉米、黼、黻"的十二章纹，均有"普天之下，莫非皇土，统领四方，至高无上"的皇权的象征性。祥禽、瑞兽、如意云霞的仿真写实和写意相结合的纹饰，以及纹样的"象形、谐音、喻意、假借"等文化艺术造型的吉祥寓意纹样、组合图案等也无一例外。云锦的纹样图案，表达了中国吉祥文化的核心主题的设计思想是："权、福、禄、寿、喜、财"六字要素，表达了人们祈求幸福与热情向往。为此，南京云锦纹样服饰不但具有珍稀瑰宝、昂贵的历史文物价值，也是雅俗共赏、典藏吉祥如意的民族文化象征。

二、龙泉青瓷传统烧制技艺

（一）发展概况

龙泉青瓷是出产于浙江省龙泉市的地理标志产品，具有典雅、端庄、古朴、青淳之特色，以瓷质细腻、线条明快流畅、造型端庄浑朴、色泽纯洁斑斓著称于世。龙泉青瓷始于晋代，北宋时初具规模，宋元之际进入鼎盛时期，龙泉成为全国著名的瓷业中心。

龙泉青瓷分"哥窑"和"弟窑"：哥窑瓷品以紫口铁足、釉裂成纹、幻变见长；釉层饱满丰厚，釉色清灰淡雅，素有"金丝铁线"之美称。瓷器古色古香，庄重典雅，被视为瓷中珍品。弟窑则以晶莹润泽的青釉闻名天下。白胎厚釉、光泽柔和、温润如玉，其有棱线处，微露白痕为"出筋"，脚呈红色为"朱砂底"，被誉为"青瓷之花"。

（二）传承字号

传承龙泉青瓷传统烧制技艺的中华老字号为浙江龙泉官窑瓷业有限公司，2006年被商务部认定为首批中华老字号。其发展始于嘉庆十五年（公元1810年）浙江龙泉八都木岱村的"赖永顺"字号，赖氏先祖赖永魁潜心研复南宋官窑青瓷工艺，在龙泉青瓷走向衰落之时带动龙泉青瓷业复兴。目前该字号传承人为青瓷世家第八代传人赖建平。

（三）非遗项目

龙泉青瓷传统烧制技艺是烧制技术与艺术表现的完美结合。2009年9

月，龙泉青瓷传统烧制技艺被正式列入《人类非物质文化遗产代表作名录》，成为全球唯一入选"非遗"的陶瓷类项目。

龙泉青瓷传统烧制技艺是以中国浙江龙泉一带的瓷土、紫金土、石灰石和石英等为原料，以手工拉坯成型技术、家传配料方法，用窑炉高温（1310℃左右）烧制青瓷的一种传统手工技艺。龙泉青瓷以铁作主要呈色剂，釉面基本色调呈青绿色，发色纯正、釉面类玉为目标。龙泉青瓷分哥窑和弟窑两大类，哥窑青瓷以黑胎开片，弟窑青瓷以白胎不开片，釉色以粉青、梅子青为显著特征。

龙泉青瓷传统烧制技艺具体工艺流程有粉碎、淘洗、陈腐、练泥、拉坯、晾干、修坯、装饰、素烧、上釉、装匣、装窑、烧成等多道工序。

图 1-4 龙泉青瓷制作场景

特色传统技术：

青釉配制技术：制釉的主要原料为紫金土、瓷土、石英、石灰石、植物灰。配制过程是将上述原料分别焙烧、粉碎、淘洗后按比例混合制成釉浆。好的釉配方需要数百次试验才能成功，多以师徒或家族相传，秘而不宣。

厚釉装饰技术：采用多次施釉的方法，将坯体晾干、素烧、施釉，然后再晾干、素烧、施釉，如此反复三至四次，最后烧制成温润如玉的厚釉青瓷。青瓷装饰技法还有刻花、划花、印花、贴花、剔花、镂空、捏塑、堆塑、点彩、露胎等。

青瓷烧成技术：龙泉青瓷烧成过程分烘干、氧化、恒温、还原、高火氧化、降温六个阶段。厚釉青瓷烧成难度大，温度偏高或偏低，都达不到如玉的效果。艺人们借助温度计，结合观察火焰颜色及其他长年积累的经验控制烧成温度、时间与气氛。

图1-5 龙泉青瓷古窑

三、宣纸传统制作技艺

（一）发展概况

造纸术为中国古代四大发明之一，宣纸是我国传统手工纸品的杰出代表，居文房四宝之首。宣纸以安徽宣城而得名，但宣城本身并不产纸，而是周围诸地产纸，皆以宣城为散集地的原因。"宣纸"一词最早出现在《历代名画记》一书中，该书有"好事者宜置宣纸百幅，用法蜡之，以备摹写……"[①]的记载。宋代宣纸需求量大增，宣州各地所产宣纸供不应求。元代经济文化的发展，尤其是绘画的繁荣，使得宣纸获得极大的发展空间，宣纸制造工艺趋于成熟。18 世纪后期，泾县宣纸在国际展览中获奖并传人欧美各国，泾县宣纸的年产量近千吨。

（二）传承字号

中国宣纸集团公司是传承宣纸传统制作技艺的老字号企业。前身为成立于 1951 年 7 月的泾县宣纸联营处，以"红星"为封刀口印，因此其产品也称为红星牌宣纸。1996 年以中国宣纸股份有限公司为独家发起人，募集设立安徽红星宣纸有限公司，在深交所发行并上市"红星宣纸"股票。1998 年12 月，"红星牌"宣纸被认定为中国驰名商标。2002 年，"红星牌"宣纸获首批原产地域保护。2006 年，企业入选首批中华老字号企业名录。2011 年，被命名为首批国家级非物质文化遗产生产性保护示范基地。

（三）非遗项目

2006 年，宣纸传统制作技艺入选首批国家级非物质文化遗产。2009 年9 月，入选人类非物质文化遗产代表作名录。

宣纸生产历史悠久，是传统手工纸的典型代表。从原料加工到成纸多道工序全由手工完成，长期以来宣纸生产技艺全靠师徒传承，世代相传。宣纸

---

① （唐）张彦远. 历代名画记。

以榆科落叶乔木青檀皮和精选沙田稻草为原料，先分别制成皮料浆和草料浆，然后按不同的比例混合，添加纸药猕猴桃藤汁，抄制不同品种的宣纸。整个生产过程有 100 多道工序，主要包括：

1. 皮料制作工序：

砍条、蒸料、浸泡、剥皮、晒干、水浸、渍灰、腌沤、灰蒸、踩皮、腌置、踩洗、碱蒸、洗涤、撕选、摊晒、碱蒸、洗涤、摊晒成燎皮、鞭皮、碱蒸、洗皮、压榨、拣皮、做胎、选皮、舂料、切皮、踩洗、淘洗、漂白成檀皮纤维料。

2. 草料制作工序：

选草、切草、捣草、破节、埋浸、洗涤、渍灰、堆积、洗涤、日光晒干成草坯、蒸煮、洗涤、日光摊晒、蒸煮、洗涤、日光摊晒制成燎草、鞭草、舂料、洗涤、漂白成草纤维料

3. 配料：

将草纤维料与檀皮纤维料按一定比例混合，棉料配比是 40% 皮料 +60% 草料，净皮为 60% 皮料 +40% 草料，特种净皮是皮料 +20% 草料，纯皮为 100% 皮料。再经筛选、打匀、洗涤，制成混合纸浆。

4. 制纸：

将混合纸浆配水，配胶（加猕猴桃藤汁），再经捞纸、压榨、焙纸、选纸、剪纸、包装为成品。宣纸成品要求达到纸质绵韧、手感润柔，纸面平整、有隐约竹帘纹、切边整齐洁净的要求。

图 1–6 宣纸青檀皮碓皮工艺

图 1–7 六尺宣纸捞制揭帘工艺

图 1-8　宣纸传统制作技艺国家级传承人邢春荣展示晒纸技艺

四、中国雕版印刷技艺

（一）发展概况

雕版印刷是最早在中国出现的印刷形式，在印刷史上有活化石的美称。雕版印刷大约出现在公元 3 世纪的晋朝，东晋时，工匠们将印章和拓印二者结合在一起，将印章变成一个大版面，上面蘸好墨，按照拓印的方法，将纸铺于版上进行印刷，这就是早期的雕版印刷。

世界上最早的雕版印刷术出现在唐朝，宋代雕版印刷发展到全盛。著名的《大藏经》，有雕版 13 万块，历时 12 年制成。

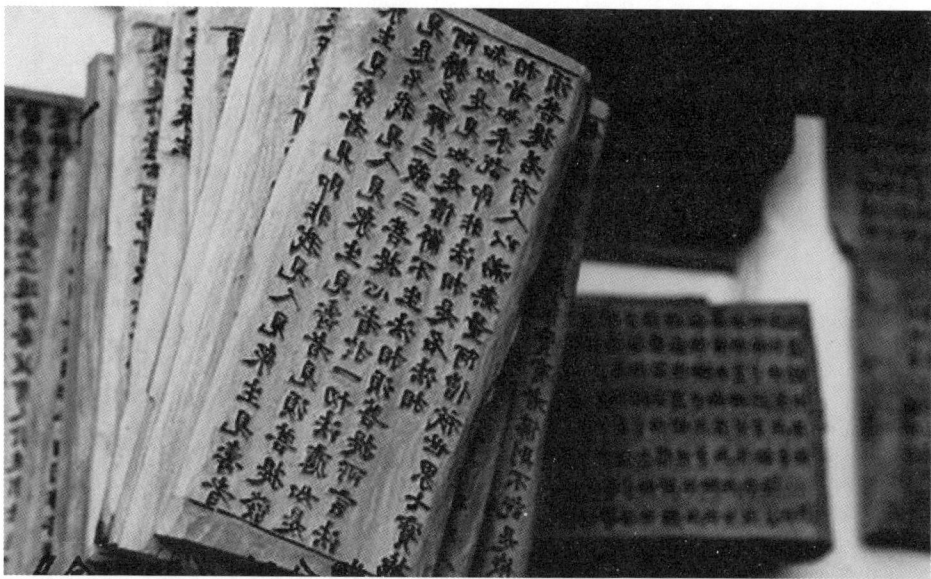

图1-9 英国大英博物馆展出的唐朝《金刚经》雕版（现存最早的雕版）

（二）传承字号

扬州是我国雕版印刷术的起源地，也是目前国内唯一一个保存有全套古老雕版印刷工艺的城市，目前传承中国雕版印刷技艺的老字号是江苏广陵书社。该字号前身为成立于1958年的广陵刻印社，集合了散落于扬州周边地区的刻书艺人，承担古板片的征集、收藏、整理、保护等工作，并从事古籍的整理和出版。1978年定名为江苏广陵古籍刻印社，1999年更名为"广陵书社"。2018年2月根据《关于开展"扬州老字号"认定工作的通知》被认定为扬州老字号。

（三）非遗项目

雕版印刷技艺古称版刻、梓行、雕印等，是指将文字、图像反向雕刻于木板，再于印版上刷墨、铺纸施压，使印版上图文转印于纸张的技艺。该技艺在书写和设计上有较高美学要求，雕版的关键要控制刀速和走刀的方向，特别讲究粘、编、折等操作技巧，整个流程散发着古朴典雅的文化气息。

2006 年 5 月，雕版印刷技艺被国务院列入第一批国家级非物质文化遗产名录。2009 年入选人类非物质文化遗产代表作名录。

传统雕版印刷技艺流程极为复杂，大致可分为备料、雕版（含写样）、刷印与套色装帧四个环节。每个环节又包含若干道工序，每道工序又因其印刷种类的要求不同而有所变化。如备料环节包括制版、备纸、备墨等工序；雕版环节包括写版、校正、上版、雕刻等工序，其下又分若干子工序，如板材的选择就分为选材、锯解、浸沤、干燥、刨平、刨光等子工序；写版环节则分为刮板、上样、刻版、敲空、修版等子工序。每一道工序均具有严苛的技艺要求和标准，以雕刻环节子工序刮板上样为例，要将待刻的木板正面朝上放在台子上，用稀糨糊在木板上薄而均匀地刷一遍，然后将校对好的誊写纸写有文字或绘有图案的一面向下平放在刷有糨糊的木板上，用棕毛刷在誊写纸背面由中间向四周轻刷，将粘贴誊写稿纸时压在纸下的空气泡全部赶出，使誊写稿纸与木板紧密粘贴，若气泡过大，或不易赶出。上版质量的高低直接影响到刊刻效果，如果誊写稿纸与木板黏合得不牢固，在刊刻时该处纸张浮起，会造成下刀不准；如果誊写纸贴偏，则刊印出的字或图案等也必然会偏移。

五、中国篆刻

（一）发展概况

中国篆刻是书法（主要是篆书）和镌刻（包括凿、铸）结合来制作印章的艺术，中国篆刻艺术发源于春秋战国时代（公元前 770 ～前 221），明清时达到鼎盛。篆刻艺术既强调中国书法的笔法、结构，也突出镌刻中自由、酣畅的艺术表达，于方寸间施展技艺、抒发情感，篆刻艺术作品既可以独立欣赏，又在书画作品等领域广泛应用。

（二）传承字号

传承中国篆刻艺术的老字号是西泠印社。西泠印社是中国成立最早的印学社团，以"研究印学、保存金石、兼及书画"为宗旨，以篆刻书画创作的卓越成就和丰富的艺术收藏享誉海内外，被誉为"印学研究中心""天下第一名社"。

西泠印社创立于 1904 年（清光绪三十年），王福庵、丁辅之、叶为铭、吴石潜等金石名家相聚于杭州西湖，结社于孤山南麓西泠桥畔，"人以印集、社以地名"，取名"西泠印社"。自此，西泠印社跨越百年，历任社长吴昌硕、马衡、张宗祥、沙孟海、赵朴初、启功、饶宗颐均为学术泰斗，艺术大师，文化名人。

当前西泠印社是民政部登记的国家级艺术社团，是国务院认定的国家重点文物保护单位、国家级非物质文化遗产，国家商务部首批重新认证的"中华老字号"，拥有国家级的中国印学博物馆和国家级专业出版社。2006 年，"金石篆刻（西泠印社）"成为首批国家级非物质文化遗产代表作。2009 年，由西泠印社领衔申报的"中国篆刻艺术"成功入选联合国教科文组织"人类非物质文化遗产代表作"。

图 1-10 西泠印社的新概念印章·紫砂物语 / 作品选①

---

① 图片来源于西泠印社官网和孔夫子旧书网。

（三）非遗项目

以篆刻刀法为例，篆刻的刀法，有基本刀法和辅助刀法。基本刀法是冲刀法和切刀法，辅助刀法是帮助填补冲切刀法的不足而使用的刀法，种类、名目较多。仅辅助刀法就不下 20 种，包括埋刀法、涩刀法、轻刀法、舞刀法、飞刀法、覆刀法、迟刀法、复刀法、反刀法、挫刀法、铲刀法、单刀法、双刀法、正刀法、侧刀法、正入法、侧入法、双入法、单入法、补刀法等。

第四节　中华老字号非遗的文化内涵

如上所述，中华老字号非物质文化遗产具有深厚的文化底蕴。其产生、发展源于中华民族在漫长的历史发展进程中，是不同的社会经济环境下多种文化因子共同作用、互相碰撞、综合影响的结果，特有的历史文化、地缘文化、家族文化、国粹文化乃至品牌文化、企业文化等对中华老字号非物质文化遗产的形成和发展产生深刻影响，也将我们民族的诸多文化特质内化于中华老字号非遗技艺及产品，凝练为老字号非遗的文化内涵。

老字号非遗文化体系深厚，来自不同行业、代表不同门类、源于不同地域、面向不同消费对象的非遗项目通常具有不同的文化内涵，如拥有国家级非遗项目"张小泉剪刀锻制技艺"的张小泉剪刀，秉承 340 余年前创始人张小泉立下的"良钢精作"家训，以此作为张小泉企业文化的核心理念，该企业"质量为上，诚信为本"的经营宗旨和"用心去做每一件事"的企业精神皆源于此。我国四大名酒之一泸州老窖酒传承近 700 年，历经 23 代传人，创造了"窖藏酿制"酿酒法，拥有国家级非遗"泸州老窖酒传统酿造技艺"和物质文化遗产"1573 国宝窖池群"。在泸州老窖酒传统酿造技艺的传承和发展过程中，不仅有一代代酿酒人师徒相承、口口相述的不懈传承，有从工艺到生产、经营的不断研究创新，也有巴蜀酒文化的涵养，为此企业形成了"天地同酿、人间共生"的企业哲学，在生产管理上提出"传承祖法，酿酒大家"的理念。同为医药类老字号，同仁堂以"同修仁德、济世养生"为核心理念，其文化中具有深厚的儒家文化"天下大同"济世理想和"仁者爱人"的价值观；鹤年堂则取法道家，其字号名称取自《淮南子·说林》"鹤寿百岁，以极其游"，也取汉族民俗"松鹤延年"之意，同时合乎创始人丁鹤年之名。其国家级非物质文化遗产"鹤年堂中医药养生文化"，也以古法养生法传承为要。正如明代抗倭名将戚继光为鹤年堂题写的匾额——"调元气""养太和"，鹤年堂非遗文化的核心是鹤寿养生。

老字号非遗文化内涵中尽管有诸多个性，但基于中华民族共同的传统美德、人文精神和家国情怀，在价值观、发展理念、经营思想等方面也存在大量共性。通过百家老字号非遗文化的综合考察，我们认为主要表现在以下方面：

一、笃守诚信的价值观

诚信是中华老字号企业传承千百年经久不衰的价值核心，也是中华老字号非遗的核心文化内涵。诚信的价值观融入非遗技艺的每一项流程、每一个细节，一定意义上，中华老字号非遗文化也是诚信文化。

中华老字号非遗文化的发展中，留下大量关于诚信的记录。胡庆余堂将经营核心浓缩为"戒欺"二字。清光绪四年四月胡雪岩亲笔书写"戒欺"匾额作为店训并告诫全员："凡百贸易均着不得欺字，药业关系性命，尤为万不可欺。""戒欺"的理念表现在国家级非遗项目"胡庆余堂中药文化"的各个层面，如交易行为坚持"真不二价"，原来采买和药品生产坚持"采办务真，修制务精"。"戒欺"是胡庆余堂之所以成为"江南药王"并饮誉120年的立业之本。同仁堂作为国药第一家，历史上更是始终恪守"炮制虽繁必不敢省人工，品味虽贵必不敢减物力"的古训。据记载，同仁堂炮制紫雪丹时，古法要求使用金锅银铲，没有金锅，乐家东家就收集女眷们 100 两的金首饰，放在锅中与药料同熬，使金元素入药，提高疗效。为确保同仁堂出品的药品疗效恒定，同仁堂不管炮制什么药，都是该炒的必炒，该蒸的必蒸，该炙的必炙，该晒的必晒，该霜冻的必霜冻，该存放的必存放，绝不偷工减料。如虎骨酒制成后，必须先放在缸里存放两年再行售卖，再造丸要密封好，要严格存满一年才能卖。这种做法费时费力，占用设备、占用库存，但同仁堂绝不为了短期利益让技艺变形，让同仁堂这块金字招牌褪色。他们甚至留下了"修合无人见，存心有天知"的古训，反映了强烈的诚信观和自律意识。

北京餐饮以烤鸭闻名，历史上在京城众多烤鸭店中唯有全聚德与便宜坊得以发展、壮大，在很大程度上得益于这两个老字号始终坚持远远高于行业普遍标准的质量标准，一种坚持传承挂炉烤鸭、焖炉烤鸭非物质文化遗产技艺。以便宜坊为例，其焖炉烤鸭的烤制从选鸭、制坯、烤制、片鸭数十道环节均有严格甚至苛刻的工艺要求，如鸭子原料只选生长地点在四面环山、冬暖夏凉、填食过程占生长期 1/4（以便宜坊独特配置纯天然饲料填食）、生长期为 39 至 42 天、体重 6—6.2 斤的北京填鸭，以确保便宜坊出品的焖炉烤鸭体型均匀、品质均衡，品相绝佳。片鸭环节片出的鸭肉需呈杏叶状，形状、大小、厚度均一致，计片出 108 片左右，片后鸭架干净，皮肉一体须占总量的 80%。便宜坊"蔬香酥"烤鸭在净膛净油净脂之后的泡水环节，坚持只用弱碱性的纯净水，而不用价格便宜但具有酸性的自来水。正因为坚持诚信至上，便宜坊历经百年，成为北京乃至中国焖炉烤鸭行业的标杆企业。

数百年矢志不渝，始终坚守诚信、唯真、务实的价值观，千锤百炼，经风沐雨才锻铸了今天代表中华民族文化的非物质文化遗产。

二、追求卓越的非遗情怀

传承数百年的中华老字号非遗均具有远远高于同侪的严苛标准和不断追求卓越的价值追求，代表了行业的至高标准，体现了卓越文化。

考察百家中华老字号非遗技艺，我们发现其中包含了大量诸如"讲究""正宗""原汁原味""分寸"等等提法，无不体现了对至真至高标准的卓越追求，老字号非遗创造卓越，坚持卓越，形成卓越。

传承至今的老字号非遗大多与百姓生活相关，即便是一碟酱菜，也有非同寻常的讲究。据六必居老人回忆：民国年间老北京的名酱园六必居所用酱菜的原料，都有固定的产地。这些产地一般都有几十年以上的历史，这些产地的农户往往世代相传，成为六必居的老客户。如制作白糖蒜，选用长辛店李村李恩家或赵辛店范祥家种的"白皮六瓣"，每头重一两二三，七八头就一斤。夏至前三天起出来，不然就会老。买的时候要带泥，以保持新鲜；制作甜酱萝卜，选用广安门外一户姓王的种的萝卜。这种萝卜不同于一般的小萝卜，它个儿不大，长得像蒜头，做出的酱菜不糠不良，又脆又嫩，别有风味；制作甜酱包瓜的香瓜，选自永定门外小红门牌坊村王光益家种的"八道黑"，制作甜酱瓜的白瓜，选自小红门一带的老洋瓜，在六七成熟、瓜子还不太显时摘下，摘早了肉薄，摘晚了皮厚，腌制出来都不好吃；莴笋选自广安门外太平桥乡湾子村韩文亮家种的青葛笋，要一斤一条；黄瓜选自安定门外前花园一带的五寸秋黄瓜，不仅要顶花带刺，还要挂白霜。此外，南郊海慧寺的五寸白根小萝卜、通县的宽叶老韭菜、广安门外大小井村的甘螺、丰台卫墙校的青扁豆等等，都各具特色。到了收获季节，就由这些老客户赶着大车送货上门。六必居在收购原料时，按质论价，优质高价。为了保证腌制酱菜的酱的质量，六必居精选河北丰润县马驹桥出产的黄豆和通州永乐店的金粒黄豆为原料，取其饱满、色黄、油性大的特点；白面则选用京西涞水县出产的一等小麦，加工磨成伏地面（重罗的细白面）。由于这种小麦黏性大，特别适宜制作甜面酱。在清朝和民国年间六必居鼎盛的时代，北京有中鼎和、西鼎和、北鼎和、天义顺等大批酱园，六必居酱菜能够成为其中的佼佼者，成为百姓餐桌上离不开的特色，首先离不开其对品质和口味的卓越追求，也正因此，"六必居酱菜制作技艺"被列入国家级非物质文化遗产名录（第二批遗产编号：Ⅷ–158）。

以糕点制作闻名的北京稻香村也是如此。据记载，民国时期稻香村所用食材用料讲究正宗，核桃仁要山西汾阳的，因为那里的桃仁色白肉厚，香味浓郁，嚼在嘴里甜；玫瑰花要用京西妙峰山的，因为那里的玫瑰花花大瓣厚，气味芬芳，而且必须是在太阳没出来时带着露水采摘下来的；龙眼要用福建莆田的；火腿要用浙江金华的。做工讲究"凭眼""凭手"，例如熬糖何时可以端走全凭师傅的经验，早一分钟没到火候，晚一分钟火候又过了，完全"凭眼"把握；"凭手"则是指将熬好的糖剪成各种形状，全是手工活儿。

涉及读书人所用的文房四宝，讲究就更多了。以精制湖笔闻名的湖州王一品斋湖笔选料极为严谨精细。"笔之所贵在于毫"，对笔料毛的产地、采集季节及部位均有严格要求。如山羊毛、山兔毛选自太湖流域地区。狼毫笔所用的黄鼠狼尾毛，除本地外，还要到东北采集。笔管料除青梗竹管从浙江安吉山区采集外，其他竹质笔管，则要去我国的中部和西部一带，采办有天然花纹、挺拔端直的湘妃竹类。山羊毛、山兔毛和竹笔管，均须在冬季采集，称为"三冬"。制笔时的选料也极为精细。如一支"七紫三羊"所用的紫毫，只能用野兔背脊上那一小撮弹力特佳的毛。每千只山兔仅有紫毫一两上下，故有"紫毫之价如金贵"之说。北京的湖笔制作老字号戴月轩制笔工艺同样讲究，即便普通的羊毫笔用毛，每只山羊平均只出三两笔料毛，有锋颖的只有六钱（指笔头尖端一段透亮的部分），需要优中选优，因此挑毛是羊毫笔制作的重要工序之一。没有一只羊身上的毛发长得一样长一样直且粗细相同，但羊毫笔要求的却是每根毛必须一模一样。师傅们需要一根一根地精挑，紧盯着灯光下几乎呈纯白色的羊毛，瞅准不透明的，小镊子一夹，一抽，把废毛一根根地挑出来。这不仅需要极大的耐心，更需要千锤百炼的经验和好眼力。

追求卓越的态度和情怀成就了中华老字号非遗文化，使一碟酱菜、一块糕点、一支毛笔、一杯清茶等等，这些百姓生活中看似寻常的事物获得了跨越百年的持久的生命力。

三、精益求精的工匠精神

工匠精神实质是一种高标准的职业操守，其最本质的内涵应该是精益其道、精益求精的敬业精神。能够流传至今的中华老字号非遗，均具有精益求精的工匠精神。

如老字号红螺食品生产的北京果脯脱胎于宫廷食品。小小的果脯制作顺应四时，7大步骤、27道工序，对应不同品种工艺极其讲究，绝活绝艺众多。去皮讲究"去净外皮不带肉"，切分讲究"一刀切"，果坯入糖讲究"先掖锅"，化糖讲究"勺提一条线，勺舀不粘连"，移果讲究每出一锅一"掏缸"，制作好的果脯要"不流糖、不定糖"等，每一道工艺后面都有诸多讲究，失之毫厘谬以千里。

```
                    ┌─────────────┐   不合格   ┌─────────┐
                    │ 1. 选料     │──────────→│ 拒 收   │
                    └─────────────┘           └─────────┘
                          │
                        分级
┌─────────────┐ ⎧     清洗
│ 2. 原料初加工 │ ⎨     去皮            原料初加工是果脯加工的第一
└─────────────┘ ⎩   二次清洗          个重要环节,决定了果脯制成品块
                        切分            型的美观程度与产品质量。水果去
                    去籽巢、花把        皮讲究"去净外皮不带肉",切分讲
                                        究"一刀切"等。
      清洗、护色就是要去掉初加工
  过程中产生的褐变,保持水果表皮    ┌─────────────┐
  原色,用0.5%的盐水清洗,清洗时   │ 3. 清洗护色 │    过去各个果脯作坊"果浆"
  间严格控制,根据果料大小不同在    └─────────────┘  的配置被视为秘方,由煮制不
  半分钟到2分钟内不等。                │            同果脯糖液按照一定比例混合
                             制"果浆"  配置。由于煮制后的糖液含有
  ┌─────────────┐         ⎧           大量果汁成分,因此使果脯果
  │ 4. 酵香     │         ⎨ 入缸酵香   香芬芳。此外酵香后的水果经
  └─────────────┘         ⎩           煮制糖液浸入充分,保证果脯
   "饴糖"其配方保密,由高粱米、  ┌─────────────┐ 品质。
  大麦、等5种粮食配以蜂蜜发酵而   │ 5. 制作饴糖 │
  成,配方保证制成果脯不返砂、不    └─────────────┘
  流糖,且对果脯保留原果香、提升       │
  风味起到至关重要的作用。           化糖液
                                       煮制          糖制的目的是要将充分溶解及
                                    打入凉糖液      转化的糖分均匀地渗透于果肉组织
                                  二次打入凉糖液    中,置换果蔬组织中的水分,提高
  ┌─────────────┐ ⎧          三次打入凉糖液    产品的含糖量。其中对于"糖液"
  │ 6. 糖制     │ ⎨              出锅          的制作则是其中的关键所在。"糖
  └─────────────┘ ⎩           移果、掏缸      液"的好坏决定了在糖制过程中果
                                     浸泡          脯中还原糖的比例,这不但决定了
                                     捞缸          果脯的营养价值,也决定了果脯制
                                                    成后是否能够做到"不流糖、不定
                                     烘烤          糖"。
                                     倒屉 ←────── 每隔6小时重复一次
  ┌─────────────┐ ⎧             翻屉
  │ 7. 烘制     │ ⎨              出房
  └─────────────┘ ⎩             抠屉

                                   去除杂质
  ┌─────────────┐ ⎧             分级
  │ 8. 整形成品  │ ⎨            整形包装
  └─────────────┘ ⎩            检验出厂
```

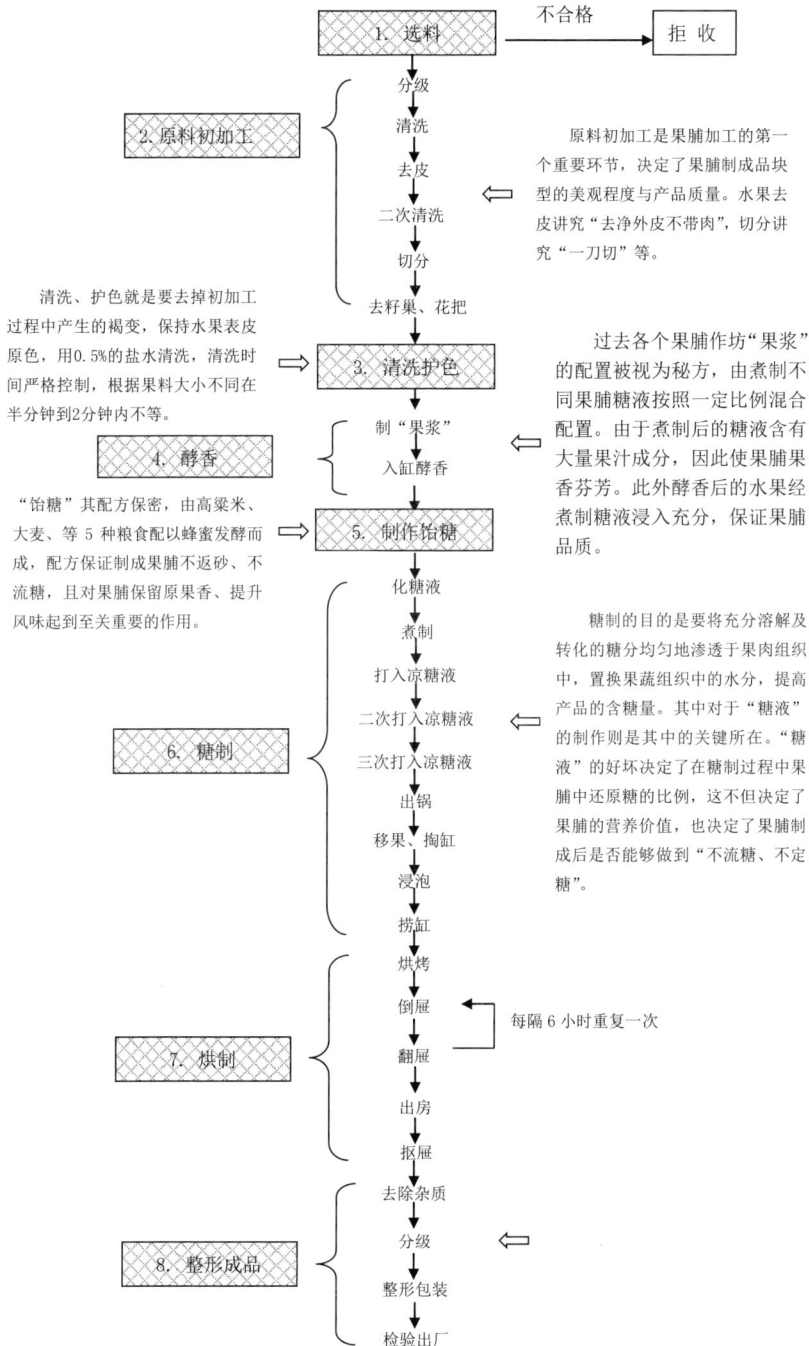

图 1-11 红螺果脯制作工艺流程及要求

荣宝斋木版水印技艺为首批国家级非物质文化遗产，该技艺集绘画、雕刻和印刷为一体，根据水墨渗透原理显示笔触墨韵，既可用以创作体现自身特点的艺术作品，也可逼真地复制各类中国字画，是中华民族伟大智慧的结晶。荣宝斋非遗传承人利用木版水印技艺，为国家留下了一批国宝级书画作品。最有代表性的是《韩熙载夜宴图》木版水印作品。《韩熙载夜宴图》是五代南唐画家顾闳中唯一传世作品，全景再现了五代南唐大臣韩熙载放纵不羁的夜生活，是我国古代工笔重彩人物画中的经典之作。《韩熙载夜宴图》木版水印复制工作始于 1959 年，完成于 1979 年，实际耗时 8 年。项目复制工作难度极大，每一个人物的每一处细节都需要大量套版印制，如韩熙载的细密的胡髯就需要四五块套版才能体现胡髯繁简、虚实、浓淡的线条层次。质感鲜明的仕女裙一处就需要 56 块套版加以印制。在长达三米多的画卷上，共出现了 46 个人物，衣着、布置、神态，无一不要求极致精确。为此，荣宝斋非遗传承人共勾描、刻版 1667 套，复制 35 幅。作品完成后，安全形神兼备、惟妙惟肖地再现了《韩熙载夜宴图》的精髓，印制完成的作品，被故宫博物院定为"次真品"。[①] 可以说，没有精益求精的工匠精神，就没有传世的荣宝斋木版水印技艺，就没有《韩熙载夜宴图》、《簪花侍女图》(唐·周昉)、《踏歌图》(宋·马远) 等一批艺术杰作的再现，荣宝斋木版水印技艺当之无愧标的了我国雕版印刷术的技艺峰值。

---

① 唐小山.繁华精妙三百年——从《韩熙载夜宴图》品荣宝斋木版水印技艺 [J]. 北京：文化月刊 . 2015(31)：58—61.

图 1—12 荣宝斋木版水印作品：李可染《牧归》

图 1-13 荣宝斋木版水印作品：徐悲鸿《竹雀》

在我国老字号非遗中，特别是工艺类非遗项目中，精益求精的工匠精神是成就技艺、创立品牌的基础。如被列入国家首批非物质文化遗产代表作名录的扬州玉雕，由中华老字号江苏扬州玉器厂传承。扬州玉器素有"天下玉，扬州工"的美誉。玉石质地坚硬缜密，硬度为摩氏 4 至 8 度，手工雕琢技术复杂，难度极大。扬州玉雕制作工艺在千年传承中，汲取扬州文化特色，擅长运用阴刻线、深浅浮雕、立体圆雕、镂空雕等多种技法融于一体，形成了"浑厚、圆润、儒雅、灵秀、精巧"的基本特征和"秀丽典雅、玲珑剔透"的艺术特色。传世作品清代的《大禹治水》选用新疆青白玉为材，扬州玉雕大师以剔地起突的雕琢法，巧妙地结合玉材形态，生动地再现了大禹率领下大众开山的壮阔场面，形神兼备、动感十足的人物与遍山古木苍松、重峦叠嶂，流泉飞瀑相得益彰，构图宏伟，气势磅礴。该作品重约 5330 公斤，高

224 厘米，耗时 6 年，用工时 15 万个，耗银 15000 余两，体现了中国玉雕工艺的至高水平。[①]

图 1-14　扬州玉雕代表作《大禹治水》玉山

精益求精的工匠精神是中华老字号的立身之本，是中华老字号非物质文化遗产传世之魂，也是今天传承和创新中华民族非遗文化的精神基础。

四、不循常规的创新文化

正如前文所述，持续创新能力是我国老字号非物质文化遗产传承的基本能力点，是老字号能够跨越历史发展走到今天的能力内核，也是非物质文化遗产能够传承至今的文化内核。故步自封、抱残守缺的企业是难以长盛不衰

---

① 杨晓光. 玉中之王：《大禹治水图》玉山 [J]. 北京：文史参考（现更名为《国家人文历史》）. 2010(2): 88—89.

而成为老字号的，即使拥有超卓的非遗技艺，也必然因为缺乏传承能力而湮没于历史的洪流中。

通过对若干老字号非遗技艺的考察，我们发现老字号非遗在形成和发展过程中并不墨守成规，一定意义上，技艺是在不同的文化和社会土壤中不断生长的，创新的文化基因根植于技艺形成发展的全过程，不循常规的创新文化是中华老字号非遗文化的基本内涵。

如苏州餐饮名店松鹤楼"松鼠鳜鱼"，是代表苏帮菜制作技艺的经典名菜。据说松鹤楼的"松鼠鱼"因乾隆皇帝第四次下江南时亲临品尝而得名，当时乾隆爷吃的松鼠鱼是用鲤鱼烹制的，相对肉松软质粗，现在的松鹤楼在继承松鼠鳜鱼传统制作技艺的基础上，将鲤鱼改为质地鲜美、皮厚肉紧的鳜鱼，使这盘名菜成为真正脍炙人口的松鹤楼首席名肴。

传承焖炉烤鸭技艺的便宜坊集团为了更好地传承非遗技艺，建立了焖炉技艺传承保护、菜品研发推广两个工作室，在秉承焖炉烤鸭传统工艺基础上，通过大师集体研发，成功开发出"花香酥"系列烤鸭（茶香、枣香，莲香）和"蔬香酥"专利烤鸭，形成"1416"经典烤鸭，"花香酥""蔬香酥""傲韵"烤鸭系列，结束了北京烤鸭在工艺和口味上数百年品种单一的历史，在2005年第6届国际美食节上，便宜坊焖炉烤鸭获餐饮最高奖项"金鼎奖"。为了节约并利用绿色能源、提高烤鸭效率，以焖炉烤鸭技艺国家级传承人白永明大师为代表的技术团队经过多年研发，不断调整创新鸭炉建造技术和工艺，改进燃料，成功研发出轻型鸭炉，在保证烤制效果的前提下，将鸭炉重量由 10 吨缩减为 0.8 吨，进而又成功研发出可移动组装电气两用鸭炉和"DIY"鸭炉，实现鸭炉能源多样化。在焖炉烤鸭产品创新基础上，便宜坊集团还重新挖掘整理推出了盐水鸭肝、水晶鸭舌、芥末鸭掌、葱烧海参、酒香鸭心、干烧四宝、肉丝拉皮、酥香鲫鱼、醋熘鱼片、浓汁鱼肚、乌鱼蛋汤等招牌菜，深受顾客欢迎。目前，便宜坊已形成以便宜坊焖炉烤鸭为龙头，以精品鲁菜为基础，拥有众多自主知识产权的"便宜坊菜系"。

传承不止，创新不绝。不循常规的创新文化塑造了中华老字号及其能够传世的技艺和文化，使中华老字号能够满足社会主流生活方式需求，与时代同行，与社会发展同行；使老字号非物质文化遗产经过历史的洗礼依然能够得到今天 80 后、90 后甚至 00 后年轻人的喜爱。坚持创新、持续创新是促进中华老字号及其非物质文化遗产不断传承发展的基本逻辑。

五、中国味道的民族文化审美

尽管众多的中华老字号非遗项目内容不一、服务对象不一、外在表现形式不一，但我们认为老字号非遗在文化审美上皆有共同之处，都体现了中国味道的民族文化审美。

如传承湖笔制作技艺的戴月轩制作的湖笔强调"三义""四德"。其中"三义"指精、纯、美——百余道工序操作都要一丝不苟谓之"精"；选料严格规范谓之"纯"；笔头形、色及配合的笔管、刻书、装潢等高度完美统一谓之"美"。"四德"指毛笔的"尖、圆、齐、健"。"尖"指笔锋尖如锥状不开叉，利于点撇钩捺；"齐"指笔毛垂直整齐，散开后顶端平齐无参差，吸墨饱满，吐墨均匀；"圆"指笔头浑圆匀称，不凹不凸，书写园转如意；"健"指笔毛健挺，不脱不败，书写时收放自如，富有弹性，收笔后笔头回复锥状如初，且笔毛经久耐用。这"三义""四德"，体现了湖笔制作技艺的独特性和精湛性，既是一种标准，又是一种审美，是基于中华民族文化的优雅圆融、收放自如的民族文化审美。

传承"老凤祥金银细金制作技艺"的百年老字号上海老凤祥，由历史上知名的郑氏十七房后人郑熙于 19 世纪中叶创建。郑氏十七房系五代时郑氏一支南迁后世居之地，传六世之后，分居十七房，繁衍成族，聚族而居，形成近 700 年历史的古村落，是闻名遐迩的江南望族聚居地。在现存我国最大规模的明清建筑村落之一——浙江镇海郑氏十七房，依然可以随处看到马头墙、石雕、牌坊、墙河环城、绿水垂柳、家家有埠、宅中有街的宗族聚居的文化景观。老凤祥银楼商标就来源于郑氏十七房建筑中处处可见的马头墙和凤凰元素，凤凰意味着祥瑞，飞翔的凤凰羽翼与错落有致的带有凤凰元素的马头墙异曲同工，体现了慎终追远、吉祥如意的文化审美。

图 1-15 浙江镇海郑氏十七房古建筑遗存

技艺绝伦的南京云锦作为一种高大上的艺术精品，在文化审美上传递着底蕴深厚的中国味道。无论是着色、造型、纹饰还是内容、寓意，均有特定内涵。如配色上，通常鲜明强烈，具有庄重、典丽、明快、轩昂之气。除皇帝袍服和御用织料使用黄地色外，多用大红、深蓝、宝蓝、墨绿等深色作底色，主体花纹配色多用红、蓝、绿、紫、古铜、鼻烟、藏驼等深色装饰。这种着色风格与中国宫殿建筑的彩绘装饰艺术是一脉相承的。南京云锦每一种织物、每一款服饰均具有典型象征意义，如皇帝御用龙袍上的正座团龙、行龙、降龙形态，和与此相配的"日、月、星辰、山、龙、华虫、宗彝、藻、火、粉米、黼、黻"的十二章纹，无不代表了君权神授，体现了"普天之下，莫非王土；率土之滨，莫非王臣"的至高皇权。南京云锦在元、明、清三朝皇室御用龙袍、冕服，官吏士大夫阶层礼服等应用的范畴里，是最华贵、最精美并且代表身份底蕴的艺术精品，体现了浓烈的民族文化审美。

以国家级非物质文化遗产杨柳青木版年画为代表的中华民俗文化，同样深具中国味道。由玉成号、杨柳青画社等老字号传承的杨柳青木版年画通常取自我国民间喜闻乐见的题材，如历史故事、神话传奇、戏曲人物、世俗风情以及山水花鸟等，既有《麒麟送子》《五子夺莲》《文姬归汉》等传统题材，也有《农家忙》《文明娶亲》等现代生活场景，构思巧妙、线条流畅、色彩鲜明典雅，也同样体现了浓厚的民族文化审美。

民族的才是世界的，拥有共同的中国味道的民族文化审美使中华老字号非物质文化遗产在世界非遗文化中独树一帜，传递着古老而现代的中华文化的声音。

第二章　中华老字号非遗的生存机理

中华老字号非遗根植于中华民族文化的土壤之中，其形成、发展、传承、创新不是无源之水、无木之本。研究中华老字号非物质文化遗产的生存机理，有利于我们推根究源，把握其文化特质和发展逻辑，从一个侧面领悟中华民族的文化精髓，更好地继承和发扬中华民族的优秀文化因子。

中华老字号非遗是在中华民族漫长的历史发展进程中，在不同的社会经济环境中多种文化因子共同作用、互相碰撞、综合影响的结果。考察百家中华老字号非物质文化遗产的传承脉络，我们认为特有的历史文化、地缘文化、家族文化、国粹文化对中华老字号非物质文化遗产的形成和发展影响深刻。其表现的强弱、角度不同，使不同区域、不同字号、不同行业的老字号非遗呈现出不同的文化特质。以下选取部分典型老字号，分别从历史文化、地缘文化、家族文化和国粹文化几个角度分析、把握中华老字号非物质文化遗产的生存机理。

第一节　基于历史文化视角

如前所述，中华老字号非物质文化遗产是民族文化的"活"的显现，以声音、形象和技艺为表现手段，并以身口相传作为文化链而得以延续，是"活"的文化，是有顽强生命力的文化。中华老字号非物质文化遗产"活"在当下，也"活"在历史中，每一个老字号非物质文化遗产的形成、发展都是社会历史发展中无数偶然中的必然。

中华老字号非物质文化遗产的产生和形成均深受其所处的历史文化环境影响，是历史大视野下，社会经济的发展、移民文化、人文的兴盛、名人文化的影响、市井文化的传统和繁荣等因素综合作用的结果，从中华老字号非物质文化遗产的发展传承可以看到清晰的历史文化烙印，也成就了中华老字号非物质文化遗产深厚的文化底蕴。以下重点就历史文化的传承脉络、文化的交流与融合、人文文化的底蕴与影响三方面加以阐述。

一、中华老字号非遗历史文化有脉可循

以绍兴黄酒酿制技艺的发展和传承为例，该技艺 2006 年 5 月 20 日经国务院批准列入第一批国家级非物质文化遗产名录（项目编号Ⅷ–60），传承该技艺的老字号企业是浙江古越龙山绍兴酒股份有限公司等老字号酿酒企业。

绍兴黄酒酿制技艺历史可追溯至上古时期。江南沿海广袤之地，部落众多，史有"百越"之称。河姆渡史迹证实，越地在母系氏族社会已有酿酒业发端。"龙山"，即卧龙山，是春秋战国时期越国都城王宫所在地，以"古越龙山"命名字号及产品，标识着其历史渊源。

古籍《吕氏春秋》和《左氏春秋》中都可见关于绍兴黄酒的记载。

《左氏春秋》记载越王为增加国家人口、补充兵力和劳力，曾采用过一系列奖励生育的政策和措施。"生丈夫，二壶酒，一犬；生女子，二壶酒，一豚。"（越语篇）

《吕氏春秋》"卷九季秋纪第九顺民"篇中，有"越王苦会稽之耻，欲深得民心……有酒流之江与民同之"的说法。记载越王勾践出师伐吴时，把百姓奉献的酒倒在河的上游，与将士们迎流共饮，于是士气大振的事迹。可见当时越国的酿酒业已经相当普及。

绍兴酒正式定名于宋代，并开始大量进入皇宫。明洪武二十七年（1394年）官方准民自设酒肆；正统七年（1442年）改前代"酒课"为地方税，此

后又采取方便酒商贸易、减轻酒税的措施，因此促进酒的流通。绍兴文人徐渭在《兰亭次韵》诗中记载："春来无处不酒家"，可见当时绍兴酒业之发达。总体上看，明清时期是绍兴酒发展的高峰期，品种繁多，质量上乘，规模较大，当时人们有"越酒行天下"的说法，清代的《调鼎集》中的"酒谱"篇，较全面地反映了当时的黄酒酿造技术。

南京云锦的产生和发展也有清晰的文脉。南京丝织业最早可追溯到三国东吴（公元222年至公元280年）时期，东晋（公元317年至公元420年）末年，大将刘裕北伐，灭后秦后，将长安的百工全部迁到建康（今南京），其中织锦工匠占很大比例。后秦百工中的织锦工匠继承了两汉、曹魏、西晋和十六国前期少数民族的织锦技艺。公元417年，东晋在建康设立专门管理织锦的官署——锦署，被看作南京云锦正式诞生的标志。

从元代开始，云锦一直为皇家服饰专用品。明朝时织锦工艺日臻成熟和完善，并形成南京丝织提花锦缎的地方特色。清代在南京设立过江宁织造府、江宁织造局以及江宁织造署。江宁织造府是清代专门制造御用和官用缎匹的官办织局；江宁织造局是织办绸缎纱罗等物的尚衣局公所，又称织染局；而江宁织造署是康熙六次南巡五次驻跸之处。江宁织造府的丝绸产品仅供皇帝和亲王大臣使用。江宁织造府多由大清皇帝亲信的八旗内务府大臣负责，称为"江宁织造部院"，其地位仅次于两江总督。《红楼梦》作者曹雪芹的曾祖父、祖父、伯父和父亲先后四代在金陵担纲江宁织造达59年之久。[①] 没有这段历史，就不会创造南京云锦历史上织造工艺的最高成就，也很可能没有《红楼梦》这一恢宏巨著。

中华餐饮作为我国国粹，是集聚老字号最多的行业门类。我国老字号餐饮文化及非物质文化遗产的发展，有着深厚的历史渊源。

如南宋都城临安（今杭州）的餐饮文化，就直接承接了北宋汴京的餐饮

---

① 吴新雷，黄进德. 江宁织造府与红学 [J]. 北京：红楼梦学刊. 2009(3):19—34.

文化。南宋小朝廷偏安一隅，商品经济发展刺激了餐饮业的发展。据记载，南宋临安府的酒楼，大都仿效汴京，重视门楼装潢宏丽与店内摆设精致，有官办酒楼和民办酒楼之分。《武林旧事》卷六《酒楼》记录了当时户部点检所开办的 10 家官办酒楼，如和乐楼、中和楼、太和楼、和丰楼、春风楼、西楼、太平楼、丰乐楼、南外库、北外库、西溪库等。这些酒楼，"每库设官妓数十人，各有金银酒器千两，以供饮客之用。每库有祗直者数人，名曰：'下番'"。临安的民办酒楼，富丽可与官楼相比，著名的也有十余家，每楼各有十余小阁，酒器悉用银，以竞华侈。除豪华酒楼外，还有称为酒肆或酒家的普通酒店，以及满足不同人士需求的各种特色小酒店。据耐得翁《都城纪胜·酒肆》记载，临安的小酒店有包子酒店、宅子酒店、花园酒店、直卖店、散酒店、肥羊酒店等多种名目，各有绝技，如肥羊酒店主要零卖羊肉食品，大骨龟背、烂蒸大片、羊杂鸡四软、羊择四件等。

明清时期是我国餐饮文化迈上一个新高度的历史时期，现存我国多数餐饮老字号均发端于明清时期。明代玉米、马铃薯，甘薯等高产作物的引进，丰富了我国人民的食物结构。明中叶以后，社会上奢靡之风日盛，在餐饮上表现明显。

谢肇淛在《五杂俎》中记载："今之富家巨室，穷山之珍，竭水之错，南方之蛎房，北方之熊掌，东海之鳆炙。西域之马奶，真昔人所谓富有小四海者，一筵之费，竭中家之产不能办也。"[①] 这种历史文化背景，助推了餐饮业的繁荣，使大量餐饮字号应运而生，北京的便宜坊、柳泉居、大顺斋均为在明代就兴起的老字号。

二、文化的交流与融合产生"化学变化"

研究显示，诸多中华老字号非物质文化遗产的产生、发展与传承，是历

---

① （明）谢肇淛.五杂俎："卷十一"。

史上文化碰撞、交流、融合，汇各家之长的结果。通过文化的交流与融合，在革故鼎新的过程中，催生了"化学变化"，即能量的变化、能级提升，产生了具有更优品质、更好生存能力、更大市场价值与社会价值，并能够传承发展的非物质文化遗产。典型的例子如餐饮中川菜和粤菜的发展。

首先看川菜。秦灭巴蜀，魏建蜀国，给蜀地带来了中原的饮食习俗。明代晚期辣椒传入中国。清代"湖广填四川"，以湖广为首，陕西、河南、山东、云南、贵州、安徽、江苏、浙江等省百姓大量移民四川，既带进了他们原有的饮食习惯，同时又逐渐被四川的传统饮食习俗所同化。川菜汇集新的食材，并吸收各地之长，实行"南菜川味""北菜川烹"，发扬传统，不断改进提高，形成风味独特、并广受全国各地群众喜爱的川菜菜系。

再看粤菜。粤菜的传承有两大源流：

一是传承于中原的汉民族餐饮文化。自秦汉开始，中原汉人不断南迁进入广东，不仅带来了先进的工艺技术，也带来了"烩不厌细，食不厌精"的中原饮食风格。中原饮食制作的技艺、炊具、食具和百越农渔丰富物产结合，粤菜由此发展起来。到了唐宋时期，中原各地大量商人进入广州，广州的烹调技艺迅速得到提高。唐代诗人韩愈被贬至潮州时，曾在诗中描述了潮州人食鲨、蛇、蒲鱼、青蛙、章鱼、江瑶柱等数十种食材。南宋时，据说众多御厨和官府厨师来到广州，也极大提高了当地的烹调技艺。到了明清，广州的饮食文化进入了高峰。据清道光二年（1822 年）的有关记载："广州西关肉林酒海，无寒暑，无昼夜。"[①]

二是吸取世界饮食文化的精华。广州市是我国历史悠久的通商口岸城市。汉武帝时期，就有中国船队从广州出发，远航至东南亚和南亚诸国通商贸易；唐代开始，广州成为我国主要的进出贸易口岸，是世界有名的港口；宋、元

---

① （清）温训 . 登云山房文稿。

之后，广州成为内外贸易集中的口岸和港口城市；明清时期，广州更是特殊的开放口岸，较长时间内曾是全国唯一的对外贸易港口城市。商业对外贸易的发达，带动了餐饮业的发展，粤菜广泛吸收欧美、东南亚的烹调技术和餐饮文化，因此留下了较鲜明的西方烹饪的痕迹。

茅台酒的发展和传播，则得益于历史上商人文化的交流。贵州茅台镇本是赤水河边的一个小渔村，后来因运盐周转，逐渐形成了川盐销往贵州的仁怀口岸。茅台村由此开始形成一个川盐销黔的转运站和货物集散地，陕西、山西盐商云集于此。陕西、山西商人把陕西西凤酒、山西汾酒的美味种子播撒到了茅台村，再与当地的水质、传统酿酒技艺相结合，生产出传世的茅台国酒。

据 1939 年张肖梅主编的《贵州经济》记载："茅台酒之沿革及制造，在满清咸丰以前，有山西盐商郭某，来茅台地方，仿照汾酒制法，用小麦为曲药，以高粱为原料酿造一种烧酒。后经陕西盐商宋某、毛某先后改良制法，以茅台为名，特称茅台酒。"该记载说明了陕商、晋商对茅台酒诞生、发展的贡献，也说明历史上茅台酒酿制技艺吸收了山、陕名酒的先进工艺，文化的交流和融合造就了我国酒业第一品牌。由老字号企业贵州茅台酒股份有限责任公司传承的茅台酒酿制技艺也是我国第一批国家级非物质文化遗产（项目编号Ⅷ–57）。

表 2-1 若干代表性中华老字号国家级非物质文化遗产的文化交流融合情况

非遗项目	老字号企业	文化交流融合情况	效果
同仁堂中医药文化	中国北京同仁堂（集团）有限责任公司	乐氏祖传秘方与宫廷秘方、古方、民间验方结合	中华国药
茅台酒酿制技艺	贵州茅台酒股份有限公司	山、陕名酒酿制技艺与贵州茅台水质、传统酿酒技艺结合而成	中华国酒

非遗项目	老字号企业	文化交流融合情况	效果
北京二锅头酒传统酿造技艺	北京红星股份有限公司	山西传统酒业酿制技艺与北京口味相结合，创新工艺而成	北京酿酒技艺的飞跃，京酒标志性品牌
培罗蒙西服制作技艺	上海培罗蒙西服公司	中国传统裁缝技艺与欧美西服裁剪技艺融合，具有海派西服特色	中国服装行业知名品牌
便宜坊焖炉烤鸭技艺	北京便宜坊烤鸭集团有限公司	源于南京烧鸭，与鲁菜风味结合，受北京餐饮文化浸染	中国焖炉烤鸭代表
陈李济传统中药文化	广州白云山陈李济药厂有限公司	创始人家族陈、李两姓的信义文化与传统中医药文化结合	被誉为"全球最长寿药厂"

三、人文文化的底蕴与影响使老字号非遗具有聚集效应

中华老字号及其所承载的非物质文化遗产，在一定意义上代表了历史上社会公认的审美标准、技艺标准，是特定时期高品质生活方式的代表，蕴含了丰厚的人文文化底蕴，其产生、发展、传承也离不开历史上特定的人文文化环境。

我国老字号集聚的城市北京、西安、南京、苏州、杭州、广州、扬州等都是历史上人文底蕴深厚的历史文化名城，在这些城市老字号中产生、发展、传承了大量震古烁今的非物质文化遗产。这些非物质文化遗产的产生、发展和传承同样离不开其所赖以生存的人文文化环境。

以北京为例，作为具有 860 多年建都史的历史古都，北京历史上聚集了大量官员和士人，仅参加科举考试的各地举子就是庞大的群体。据《北京市宣武区志》记载："至清光绪三十年（1904 年）科举考试终止，先后在京举行科考 201 科，全国各地进京应试的举子达 120 多万人次。"也正因为有这庞大的深受儒家文化涵养的文化群体，使北京成为全国的人文高地，也推动了北京文化产业的发展。最典型的是琉璃厂书业和古玩业的发展。琉璃厂位于北京和平门外，从明朝初期开始就享有"九市精华萃一衢"的美誉。清朝时期，各地来京参加科举考试的举人大多集中住在这一带，各地的书商也

纷纷在这里设摊、建室、出售大量藏书。繁华的市井、便利的条件，形成了"京都雅游之所"，使琉璃厂逐渐发展成为京城最大的书市，成为人文荟萃的文化街市，与文化相关的笔墨纸砚，古玩书画等等，也随之发展起来，形成了浓厚的文化氛围。位于琉璃厂的荣宝斋，前身为创建于清朝康熙十一年（1672 年）的松竹斋，1894 年改名为荣宝斋，取"以文会友，荣名为宝"之意。荣宝斋所传承的木版水印技艺是中国特有的一种古老的手工印刷技术，用这种方法印制出来的中国画酷似原作，可以达到"乱真"的地步，鲁迅、郑振铎先生见后曾称它为琉璃厂诸笺肆中之"白眉"。2006 年，荣宝斋木版水印技艺入选第一批国家级非物质文化遗产（项目编号Ⅷ–77）。

图 2-1 木版水印制作过程——勾描

图 2-2 木版水印制作过程——刻版

图 2-3 木版水印制作过程——印刷

扬州是我国历史上社会经济繁荣的标志地。隋唐时扬州处于京杭大运河南北中段的港口枢纽，文化鼎盛，盐商云集，商品交易发达，时称"扬一益二"，可谓富甲天下。据沈括《梦溪补笔谈》卷三记载："扬州在唐时最为富盛，旧城南北十五里一百一十步，东西七里十三步。"扬州城市规模在唐代仅次于国都长安和东都洛阳。宋元时期，扬州领衔的江淮文化处于长江文化与黄河文化交流的过渡地带，是连接中国南北文化的走廊与桥梁，文化繁盛，商业经济发达，扬州多盐商巨富，时称"人生不愿万户侯，但愿盐利淮西头"（元·杨维桢《盐商行》），司马光诗反映扬州"万商落日船交尾，一市春风酒并垆"（《送杨秘丞通判扬州》）。清乾隆时期，扬州经过清初的战乱破坏而重新繁荣。在文化上，扬州学派为乾嘉汉学的重要分支，在经学、小学、校勘学等方面都取得了突出的成就，将乾嘉汉学推向顶峰；在交通上扬州是中部各省食盐供应地，也是清政府漕粮运输的咽喉之地；在消费上以盐商为主的巨富阶层崇尚奢侈消费，形成精致奢靡的消费文化。据《清稗类钞》记载，乾隆年间，两淮八大盐商之首黄均太家资累万，生活豪奢，他的一碗蛋炒饭要花费 50 两银子，当时市价一石稻谷（120 市斤）才 500 文，按 1500 文兑换 1 两银子，一碗蛋炒饭能兑换 150 石稻谷（18000 市斤）。[①] 正是基于灿烂的历史文化和高度繁荣的消费文化，使扬州成为中华老字号的集聚之地，至今仍保留了富春茶社、谢馥春、扬州漆器厂、扬州玉器厂、三和四美酱菜等一批中华老字号。扬州也是我国存留非物质文化遗产多且集中的城市，共有联合国教科文组织"人类非物质文化遗产代表作"3 项、国家级非物质文化遗产名录 19 项、江苏省非物质文化遗产名录 46 项、扬州市非物质文化遗产名录 206 项、县（市、区）级非物质文化遗产名录项目 237 项，共有国家级传承人 17 名、省级传承人 82 名、市级传承人 278 名。

---

① 　根据当时银米价格折算。

表 2-2 扬州的代表性中华老字号国家级非物质文化遗产

项目名称	项目类别	老字号企业	代表性传承人
扬州玉雕	传统美术	扬州玉器厂	顾永骏
扬州漆器髹饰技艺	传统技艺	扬州漆器厂	赵如柏
雕版印刷技艺	传统技艺	广陵古籍刻印社	陈义时
富春茶点制作技艺	传统技艺	富春茶社	徐永珍

有 2500 多年历史的古城绍兴素称"文物之邦、鱼米之乡"，文物衣冠甲于东南，绍兴也称酒乡，具有悠久的黄酒酿造历史。早在公元 304 年，晋代上虞人嵇含所著的《南方草木状》中就有记载："女儿酒为旧时富家生女、嫁女必备之物。"这一在民间俗称为"花雕嫁女"的习俗沿袭至今。生了女儿就埋花雕酒，女儿出嫁时拿来喝的风俗，这种酒就叫"女儿红"，后来生儿子的家庭也同样埋酒，叫"状元红"。悠久的民俗文化也融入了绍兴的老字号文化，我国黄酒业十大品牌中的前五大品牌所属老字号均为绍兴酒业老字号，分别是始创于 1664 年的古越龙山（浙江古越龙山绍兴酒股份有限公司）、始创于 1743 的会稽山（会稽山绍兴酒股份有限公司）、创建于 20 世纪 50 年代的塔牌（浙江塔牌绍兴酒有限公司）、创建于 1919 年的女儿红（绍兴女儿红酿酒有限公司），这些老字号传承了国家级非物质文化遗产"绍兴黄酒酿制技艺"，通过规模化生产，让"女儿红""状元红"绍兴酒香飘万家。其中绍兴女儿红酿酒有限公司，以"父亲的酒窖，为爱珍藏女儿红"为主题，专注生产女儿红酒，现已形成六大产品系列，年产量达 5 万吨。

第二节　基于地缘文化视角

一、商帮因素

历史上地域文化对我国商业文化具有重要影响，以区域地缘文化为基础，形成了晋商、徽商、陕商、福建商、广东商、江右商、洞庭商、宁波商、龙游商、山东商等十大商帮及代表不同商业文化的京商、沪商、津商等区域性商业，也形成了大批中华老字号，承载了大量非物质文化遗产。中华老字号非物质文化遗产多具有较鲜明的商帮文化特质。如南京云锦的产生和发展与南京的城市史密切相关，后来的兴旺也与洞庭商帮的发展有关。清代，"精明能干，无物不营，无地不去"的"钻天洞庭"——洞庭商，为南京云锦的发展提供了优越的贸易条件。[①]鼎盛时期，南京云锦织造拥有 3 万多台织机，近 30 万人以此和相关产业为生，是当时南京最大的手工产业，使南京成为织锦工匠聚集、织锦工艺集大成之地和织锦品贸易重镇。[②]

历史上，没有"京商帮"的提法，但京商帮是客观存在的。其他商帮相对具有地域性，即从某一地域走出去的商人群体；京商帮却不同，他是由各地商帮中的精英在京城这一特殊的都城市场集聚、融合而成。在京商帮中，也诞生了众多老字号，形成了丰富的非物质文化遗产。（见表 2-3）

表 2-3 入选第一批、第二批国家级非物质文化遗产的北京老字号

序号	项目名称	申报单位
1	同仁堂中医药文化	中国北京同仁堂（集团）有限责任公司
2	荣宝斋木版水印技艺	荣宝斋
3	北京景泰蓝制作技艺	北京市珐琅厂有限责任公司
4	剪刀锻制技艺	北京栎昌王麻子工贸有限公司

---

① 洞庭商帮钻天洞庭 [N]. 北京：中华工商时报 .2015-04-08.

② 地理标志 云锦 [EB/OL]. 国家地理标志网 . 2017-03-15.

续表

序号	项目名称	申报单位
5	京作硬木家具制作技艺	北京市龙顺成中式家具厂
6	全聚德挂炉烤鸭技艺	中国全聚德（集团）股份有限公司
7	便宜坊焖炉烤鸭技艺	北京便宜坊烤鸭集团有限公司
8	盛锡福皮帽制作技艺	北京盛锡福帽业有限责任公司
9	内联升手工布鞋制作技艺	北京内联升鞋业有限公司
10	张一元茉莉花茶窨制工艺	北京张一元茶叶有限责任公司
11	王致和腐乳酿造技艺	北京王致和食品集团有限责任公司
12	六必居酱菜制作技艺	北京六必居食品有限公司
13	东来顺涮羊肉制作技艺	北京东来顺集团有限公司
14	鸿宾楼全羊席制作技艺	北京鸿宾楼餐饮有限责任公司
15	月盛斋酱烧牛羊肉制作技艺	北京月盛斋清真食品有限公司
16	北京烤肉制作技艺	聚德华天控股有限公司烤肉宛饭庄
17	天福号酱肘子制作技艺	北京天福号食品有限公司
18	都一处烧麦制作技艺	北京前门都一处餐饮有限公司
19	北京二锅头传统酿制技艺（红星）	北京红星股份有限公司
20	北京二锅头传统酿制技艺（牛栏山）	北京顺鑫农业股份有限公司牛栏山酒厂
21	"菊花白"酒酿制技艺	北京仁和工业有限公司
22	北京宫毯织造技艺	北京地毯五厂
23	金漆镶嵌髹饰技艺	北京金漆镶嵌有限责任公司
24	鹤年堂中医药养生文化	北京鹤年堂医药公司
25	古字画装裱修复技艺	荣宝斋
26	古籍修复技艺	中国书店

二、地域因素

"十里不同风，百里不同俗。"中华老字号非物质文化遗产受地域因素影响是十分明显的。特别是老字号集聚的食品加工、餐饮类非物质文化遗产，其形成和传承与所属地域有密切关系。

表 2-4　商务部认定的前两批中华老字号的行业分布情况

行业类别	第一批企业数量/个	第二批企业数量/个
食品加工	173	281
餐饮住宿	96	14
零售业	51	41
医药业	43	2
服务业	20	0
其他	47	7

以食品加工行业的茶业老字号为例，商务部认定的第一批 430 家中华老字号企业中，地域分布相对集中。如安徽有 8 家，北京有 4 家，北京的茶业老字号张一元的"张一元茉莉花茶窨制技艺"、吴裕泰的"茉莉花茶制作技艺"均为国家级非物质文化遗产（分别于 2008 年、2010 年入选）。从北京老字号茶商的发展史看，北京茶业老字号多源于徽州。历史上北京茶商多有徽州背景，原因有三：一是因为徽州山区盛产名茶，尤其是以休宁、歙县所产的松罗茶为最。茶叶贸易逐渐成为徽商最早经营，也是其经营的主要行业之一。在京经商的安徽茶商也多利用徽州的特产名茶，以徽州为生产基地，保证了稳定的货源和质量；二是因为徽州的经商传统，在明成化、弘治年间，经商已经成了徽州的一种社会时尚。歙县、休宁尤其突出，男人经商的几乎占 7/10。茶商是徽州商帮的支柱行业商之一；三是安徽商人善于因地制宜，能根据北京本土的口味需求窨制茶叶，如北京人爱喝茉莉花茶，吴裕泰茶庄就以销售自拼茉莉花茶为主要特色，其窨制的茶叶具有"香气鲜灵持久，滋味淳厚回甘，汤色清澈明亮，耐泡"的特点，受到北京人的普遍喜爱。据记载，清乾隆年间，徽州人在北京开设的茶行就有 7 家，茶商字号共 166 家，小茶店达数千家。徽州茶商多为婺源（今属江西）人和绩溪人。清末北京的著名茶庄，如森泰、吴裕泰、张一元等都是安徽人经营的。由此可见，北京茶业老字号与安徽茶业老字号一脉相承，其非物质文化遗产的产生和发展有

独特的地域文化根基。

食品加工行业的酒业酿造领域，也是老字号非物质文化遗产集中的类别。五粮液酒传统酿造技艺、水井坊酒传统酿造技艺、剑南春酒传统酿造技艺、古蔺郎酒传统酿造技艺、沱牌曲酒传统酿造技艺、茅台酒酿制技艺等均为国家级非物质文化遗产。这些非遗的产生与其所在地域及地域文化有着不可分割的联系。如五粮液产生于四川宜宾，宜宾自古为多民族杂居的地区，聚居此地的各族人民依托世代承传的习俗和经验，曾经在不同的历史时期，酿制出了各具特色的历史美酒。目前有史可考的，诸如先秦时期僚人酿制的清酒、秦汉时期僰人酿制的蒟（枸）酱酒、三国时期鬆鬆苗人用野生小红果酿制的果酒等。南北朝时期（公元 420 年至 589 年），彝族人采用小麦、青稞或玉米等粮食混合酿制了一种咂酒，开启了采用多种粮食酿酒的先河。唐代，戎州（今宜宾）官坊用四种粮食酿制了一种"春酒"。宋代宜宾绅士姚氏家族私坊酿制"姚子雪曲"，采用玉米、大米、高粱、糯米、荞子五种粮食酿制而成，是五粮液最成熟的雏形。明朝初年，宜宾人陈氏继承了姚氏产业，总结出陈氏秘方，今天五粮液用的就是"陈氏秘方"。五粮液酒传统酿造技艺源于宜宾，千百年来传承有自，是特定地域多民族融合、民间酿造技艺融合的结果。[①]

茅台酒酿制技艺的产生、发展和传承也有深厚的地缘文化环境。茅台酒出产于我国西南省份贵州，司马迁的《史记》中就记载了赤水河畔的酿酒史，《史记·西南夷列传》记载：公元前 130 多年，汉武帝刘彻饮到来自夜郎（今黔北一带）所产的名酒"枸酱"，情不自禁地赞曰"甘美之"。以后便有了汉武帝派大将唐蒙到贵州开辟夷道，专门绕道茅台所在的仁怀的历史，此后便有了"汉家枸酱为何物？赚得唐蒙益部来"的说法。茅台古称益部，而枸酱，经考证为仁怀赤水河一带生产的用水果参加食粮经发酵酿制的酒。

---

① 五粮液酒文化 [J]. 上海：上海企业. 2011(12):7.

　　唐宋时期，贵州赤水河畔茅台一带所产的大曲酒，已经成为朝廷贡品。至元、明期间，茅台镇杨柳湾一带陆续兴建起了规模化的酿酒作坊，当时茅台已首创了独具特色的酿酒工艺——"回沙"。至明末清初，仁怀地域的酿酒业达到村村有作坊的规模。在此期间，茅台回沙酱香型白酒已臻成型。康熙四十二年（1703 年）前后，茅台白酒的品牌开端涌现，以"回沙茅台""茅春""茅台烧春"为标记的一批茅台佳酿，成为贵州白酒的精品。乾隆年间贵州总督张广泗向朝廷奏请开修疏浚赤水河道以便川盐入黔，促使茅台酿酒业更加旺盛。嘉庆、道光年间，茅台镇上专门酿制回沙酱香茅台酒的烧房已有 20 余家，以"偈盛酒号"和"大和烧房"最负盛名。道光二十年（1840 年），茅台白酒的产量已达 170 余吨，有"家唯储酒卖，船只载盐多"的民谣。①

　　我国食醋行业的前五大品牌"恒顺""东湖""水塔""保宁""天立"均为老字号，也均承载了深具地缘文化渊源的食醋文化。

表 2-5 中国食醋行业前五大品牌非遗技艺情况

品牌	创始年份	老字号企业	非遗技艺	非遗级别
恒顺	1840	江苏恒顺集团有限公司	镇江恒顺香醋酿制技艺	国家级
东湖	1368	山西老陈醋集团有限公司	山西老陈醋酿制技艺	国家级
水塔	明永乐年间	山西水塔老陈醋股份有限公司	水塔老陈醋传统酿制技艺	国家级
保宁	936 年	四川保宁醋有限公司	保宁醋传统酿造工艺	省级
天立	清乾隆年间	天津市天立独流老醋股份有限公司	独流老醋酿造技艺	省级

　　如"东湖"是山西老陈醋的代表。山西制醋的历史据传已不少于 4000 年。北魏贾思勰《齐民要术》中总结的 23 种制醋法中，"作米酢法"便是

---

　　①　出自（清）陈熙晋《咏茅台酒》。全诗："村店人声沸，茅台一宿过。家唯储酒卖，船只载盐多。处处青杠树，潺潺赤水河。明朝具舟楫，孤梦已烟波。"

"山西老陈醋"的酿制方法。公元前 8 世纪晋阳（今太原）已有醋坊，春秋时期晋阳一带的民间醋坊已遍及城乡，其中又以梗阳（今清徐）醋为佳。明洪武元年（1368 年），梗阳"美和居"醋坊创造"熏蒸法"，结合传统酿醋工艺特点，创造了独特的生产工艺，生产出口味醇厚、香、酸，而且醋香扑鼻的食醋。明中期，美和居醋入贡宁化王府，随后被选入宫中，成为贡品。此后，美和居"熏蒸法"渐渐传入民间，所生产的食醋又称老陈醋。清顺治年间，美和居发展至鼎盛，生意遍及大江南北。1956 年，"美和居"等 21 家醋坊联合成为山西曲醋厂，是"东湖"品牌的前身。计划经济年代，"东湖"作为唯一山西老陈醋生产厂家，一直独家承担全国老陈醋的生产调拨任务。目前，"东湖"醋仍采用固态发酵工艺，是山西醋行业唯一保留制曲车间的公司。[1]

老字号餐饮文化的产生及非物质文化遗产传承也有浓厚的地域文化色彩。以山西省非物质文化遗产"药膳八珍汤"为例，"药膳八珍汤"又名太原清和元头脑，是山西太原有一家名为"清和元"的老字号经营的地方风味名吃。据传，"头脑"是明末清初山西著名思想家、政治家傅山先生所创，是用羊肉、羊髓、酒糟、煨面、藕根、长山药、黄芪、良姜共八种食材和药材混合煮成的汤，故又称为"八珍汤"。依据太原地区的传统，吃"头脑"讲究时令，上市时间是头一年的"白露"节气至第二年的"立春"节气。过去，太原人吃"头脑"必须天不亮就起来，俗称"赶头脑"，人们清晨起来喝上一碗头脑，既充饥活血，又取得滋补之效。这一碗滋味醇厚、带着太原人家乡味道记忆的"头脑"，也通过老字号清和元传承下来。

从非物质文化遗产的产品特性看，中华老字号产品大量为具有原产地（地理）标志的产品，具有突出的原产地特征（如具有地域特色的原材料、

---

① 历史的沉淀——中国陈醋之乡山西美和居 [J]. 太原：品牌研究，2019(3)：48—50.

特殊地域的自然生长环境和空间特征、特定地域专有的传统工艺、特定地域的生产经营者，以及产品所包含的特殊地域的人文历史传统），也充分体现了老字号非遗的地域文化特质。如我国第一个原产地域保护产品为浙江绍兴酒（2000 年 1 月）。绍兴地处江南水乡，属于四季分明的亚热带气候，区域内河网交织、湖泊众多，优越的自然和地理环境，非常适宜酿酒时有益菌种的繁育，也造就了绍兴老字号黄酒独特的风味，也为国家级非物质文化遗产绍兴黄酒酿制技艺的传承、发展创造了独特的地域环境。又如中国十大名茶之一六安瓜片是国家质检总局认证的"地理标志产品"，六安瓜片制作技艺为国家非物质文化遗产，传承企业为中华老字号安徽省六安瓜片茶业股份有限公司。六安瓜片产于皖西大别山地区，产量以六安最多，品质以金寨齐山村最优。齐头山是大别山的余脉，海拔 804 米，位于大别山区的西北边缘，与江淮丘陵相连，全山为花岗岩构成，林木葱翠，怪石峥嵘，溪流飞瀑，烟雾笼罩，这种独特的地理气候环境为极品瓜片名茶提供了绝佳的自然生态环境。根据国家质量监督检验检疫总局公告 [2007] 第 222 号批准范围，六安瓜片地理标志产品保护范围为安徽省六安市 5 个区县 26 个乡镇现辖行政区域，于东经 115° 20′ —117° 14′，北纬 31° 01′ —32° 40′ 之间。[①]

---

① 地理标志产品 六安瓜片 [P]. 安徽省地方标准 .DB34/T 237-2011.

图 2-4 六安瓜片制作技艺流程

表 2-6 部分具有原产地地理标志的老字号非遗项目

非遗项目	老字号企业	原产地地理标志
绍兴黄酒酿制技艺	浙江古越龙山绍兴酒股份有限公司	浙江绍兴酒 (GB/T 17946–2008)
茅台酒酿制技艺	贵州茅台酒股份有限公司	贵州茅台酒 (GB/T 18356–2007)
宣纸制作技艺	中国宣纸股份有限公司	宣纸 (GB/T 18739–2008)
镇江恒顺香醋酿制技艺	江苏恒顺集团有限公司	镇江香醋（GB/T18623–2011）
云南白药制作技艺	云南白药集团股份有限公司	云南白药（国家质检总局公告2001 年第 30 号批准）
六安瓜片制作技艺	安徽省六安瓜片茶业股份有限公司	六安瓜片（DB34/T 237—2011）
西凤酒酿制技艺	陕西西凤酒股份有限公司	西凤酒（GB/T 19508–2007）
泸州老窖酒传统酿制技艺	泸州老窖股份有限公司	国窖 1573（GB/T 22041–2008）
郫县豆瓣传统制作技艺	四川省郫县豆瓣股份有限公司	郫县豆瓣（GB/T 20560–2006）

第三节　基于家族文化视角

我国历史上创业、存续和发展的工商业老字号，绝大部分在 1956 年公私合营前均属于家族制企业，具有典型的家族文化特征。以家族为单位开展工商业经营活动、创办、发展工商业字号，是家族重要的社会经济活动，也是延续家族文化传承的重要内容。非物质文化遗产作为家族文化传承的核心内容，因此也具有典型的家族文化特质。

这种文化特质表现在中华老字号非物质文化遗产传承的多方面，如家族文化的排他性，有利于非遗技艺的完整传承和保护。以历史上由钱氏家族创立并传承的广东药业老字号敬修堂为例，在 200 年的发展中，钱氏家族牢牢把控了敬修堂名药回春丹、宝婴丹等药的"秘方"，也造就了传承至今的广东省非物质文化遗产"敬修堂传统中药文化"。

中华老字号非物质文化遗产的发展传承中，家族文化特质有着特别积极的意义。

一、信誉与质量保证

重信誉、重然诺，坚守严苛的质量标准，是众多拥有非物质文化遗产的老字号屹立千百年的压舱石，而传承不绝的家族文化在其中起到关键作用。

（一）安宫牛黄制作技艺

拥有两项国家级非物质文化遗产——"同仁堂中医药文化"（Ⅸ–7）和"安宫牛黄丸制作技艺"（Ⅸ–4）的同仁堂始建于 1669 年，自 1723 年开始供奉御药，历经八代皇帝 188 年，传承 300 多年，成为我国国药的第一品牌。同仁堂自创立以后，一直实行家族式管理，由乐氏家族管理企业。在药业生产经营上，乐家历代族人始终恪守"炮制虽繁必不敢省人工，品味虽贵必不敢减物力"的古训，树立"修合无人见，存心有天知"的自律意识。在乐氏家族管理上，针对药品质量有一系列严格的管理制度，如乐家的带头人每天都要"上会"，到柜上或制药厂去巡视，现场解决问题。对于制药的关键环节配料，要称取配制丸散膏丹需用的贵重药材，如牛黄、麝香、人参等分量分厘不能差，乐家的带头人务必亲自操作或在旁监督。为杜绝假冒伪劣药品，历史上相当长一个时期同仁堂不设分号。

以安宫牛黄丸为例，安宫牛黄丸是清代名医吴鞠通（1758—1836）根据古方"牛黄清心丸"多次调整加减药味制成，距今已有200多年传承史。

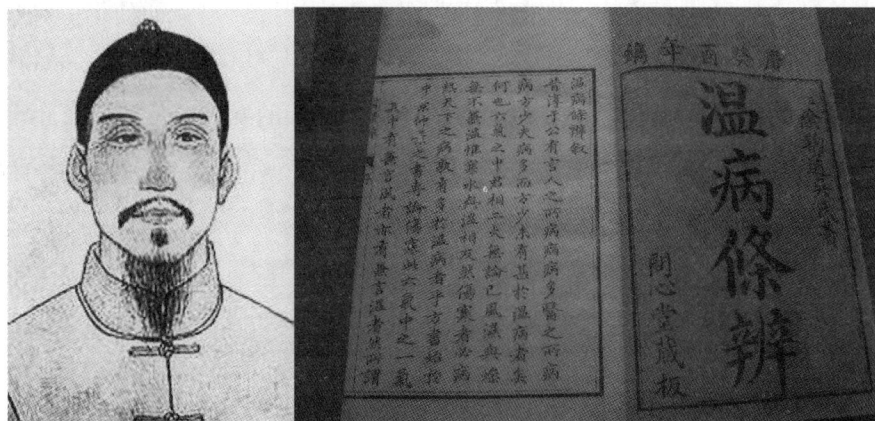

图 2-5 清代名医吴鞠通及所著《温病条辨》

同仁堂第二代传人乐凤对这一名方的药剂配制加以规范，编入《乐氏世代祖传丸散膏丹下料配方》，安宫牛黄丸从此成为同仁堂的"镇店名药"。安宫牛黄丸具有"清热解毒、醒神开窍"的作用，长期以来被奉为中药"温病三宝"之首，是传统药物中最负盛名的急症用药。

图 2-6　天然牛黄、20 世纪 80 年代同仁堂安宫牛黄丸

据考察，安宫牛黄丸选材极为严苛，采用牛黄、郁金、犀角、黄连、朱砂、栀子、雄黄、黄芩各一两（37.30 克），冰片、麝香各二钱五分（9.325克），珍珠五钱（18.65 克）11 味珍贵药材配料而成。安宫牛黄丸制作工艺非常繁复严格，先将 11 味药材打碎、混匀和坨，然后手工制成每粒重 3 克的丸，再给药丸包上金箔，然后将穿上"黄金甲"的安宫牛黄丸装进蜡丸，最后在每个蜡丸上用牛角盖上金章，一套完整的手工工序才算完。其中粉末制作、混匀和坨、和蜜浸润、金衣包裹、蜡丸密封，每道工序均有严格标准，有些环节在不同的季节也会采取不同的措施。最终做到蜜丸入口即化，口不留渣，确保疗效。

有关安宫牛黄丸，有几则小故事，说明其神效。1976 年唐山大地震时，卢桂兰从废墟下被救出后，伤口感染、高烧昏迷、生命垂危。北京医疗队的医生把安宫牛黄丸调成糊状，从卢桂兰的口中灌入，灌下两丸即退烧，挽救了她的生命。这在当时被称为奇迹。2004 年冬，香港著名主持人刘海若在英国遭遇车祸，致严重脑外伤，一直处于深度昏迷状态，当地医院诊断为终生植物人，回国后住进北京宣武医院，在医生积极治疗，并施以安宫牛黄丸后，刘海若奇迹般地苏醒了。2005 年 4 月 30 日，一名歹徒劫持一对母子，上海特警果断击毙了歹徒。但不幸的是，被劫持的 3 岁男孩在解救过程中脑部意外受伤，最终靠安宫牛黄丸进行促醒治疗，拯救了孩子垂危的生命。

（二）雷允上六神丸制作技艺

拥有国家级非物质文化遗产——雷允上六神丸制作技艺（IX -4）的药业老字号雷允上，是由苏州名医雷大升（字允上）在清雍正年间开办的老字号，家族字号以"雷诵芬堂"为堂号。雷氏家族对药品的制作与管理有极为严格的规定。民国年间要求店内贵重药品尚未分装的半成品，均存放在银行保险库中，由经理掌管其中一把钥匙，提货时必须经理亲自在场清点入册后方可出库。贵重原料的进货，规定由供货方携带样品在约定时间内各家同时到店并各报价格，由经理指定进货负责人会同验品师严格检验，择优选用。

六神丸自清代同治初年一经问世就享有盛名，其独特的微丸制作技艺是雷允上独到的。雷允上所处的时代正是吴门医派温病学派日趋成熟的时代，医家在对温热病治疗的实践中发明了剂量很少但很有效的治疗方子，其中最具代表性的就是六神丸。雷允上六神丸是由珍珠粉、犀牛黄、麝香、雄黄、蟾酥、冰片六味药为主要成分，以百草霜为衣，配伍精制而成。六神丸自清代同治初年一经问世就享有盛名，其独特的微丸制作技艺是雷允上独到的，包括对原药材的处理，都有其独特的特点。六神丸从选材到泛丸到最后成型均是以人工来完成。泛丸是中药的传统工艺，但要泛制成如六神丸这样小如芥子的丸药，一般的中药行业是做不到的。因此，国家将六神丸的处方、工艺均作为保密的要点。历代传人一脉相承，一直保护了它原真的工艺传统。

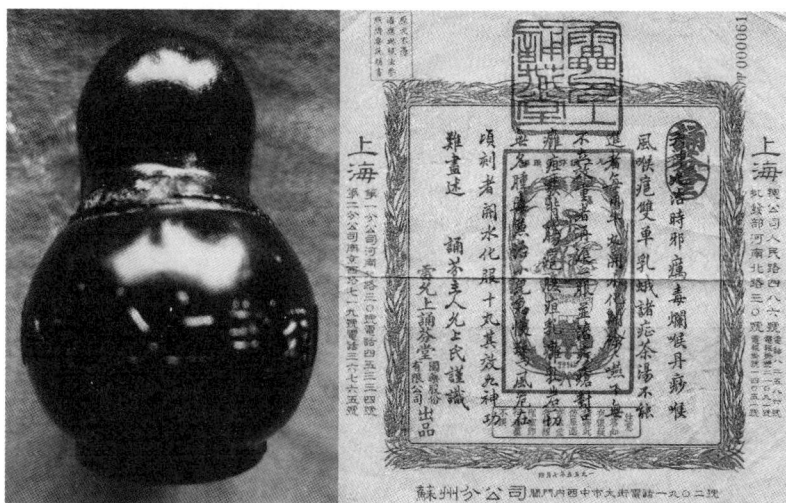

图 2-7　雷允上六神丸的产品及介绍图

（三）其他国家级非遗制作技艺

老字号家族坚持质量标准的事例不胜枚举。

历史上由赵氏家族经营的六必居，始终坚持"黍稻必齐，曲蘖必实，湛之必洁，陶瓷必良，火候必得，水泉必香"的"六必"标准和精神，其所拥有的国家级非物质文化遗产"六必居酱菜制作技艺"正传承和体现了这种标准和精神。

图 2-8　六必居店面、工具图与产品

历史上由郑氏家族创办的老凤祥，作为珠宝首饰专营字号，坚持"成色准足、款式新颖、公道诚信"，经过160多年发展品牌历久弥新，其所拥有的国家级非物质文化遗产"老凤祥金银细金制作技艺"也成为见证中国金银文化发展历史的活化石。

拥有国家级非物质文化遗产"培罗蒙西服制作技艺"的培罗蒙由许氏在20世纪30年代创立于上海。在竞争激烈的上海服装订制市场，培罗蒙精致服装衣料均从英国定购，每年秋冬、春夏二次，都用最好的高级的套头料，衬里也用进口的。在做工上选择量体裁衣，毛壳、光壳两次试样，面料熨烫覆衬需冷却24小时以上，辅料热缩、水缩两次，缝制一套西服需60小时左右，切实做到面料高档、做工讲究、质量上乘、久不走样，获得了"西服王子"的美誉。

图 2-9 培罗蒙创始人许达昌和徒弟戴祖贻合影 / 培罗蒙使用过的缝纫设备

二、引进关键人才

家族企业为了延续家族传承的使命，家族经营管理者能够一切从家族利益出发，为家族企业传承不遗余力引进关键人才。历史上众多老字号企业的核心产品、核心技艺的传承、创新都源于核心人才的引进和激励。有些老字号为了确保核心竞争力，在引进关键人才上不遗余力。

我国第一家上市的餐饮企业全聚德，是清朝同治三年（1864年）由杨全仁创立并由其家族经营的餐饮业老字号。据历史记载，杨全仁创立"全聚德"字号后，深知要想生意兴隆，就得靠好厨师、好堂头、好掌柜。他时常到各类烤鸭铺子里去转悠，寻访烤鸭的高手。后来，他打听到专为宫廷做御膳挂炉烤鸭的金华馆里有位孙老师傅烤鸭技术十分高超，就千方百计与其交朋友，经常一起饮酒下棋，相互间的关系越来越密切。孙老师傅终于被杨全仁说动，在重金礼聘下到了全聚德。全聚德聘请了孙老师傅，等于掌握了清宫挂炉烤鸭的全部技术。孙老师傅来到全聚德后，把原来的烤炉改为炉身高大、炉膛深广、一炉可烤十几只鸭的挂炉，还可以一面烤、一面向里面续鸭。经他烤出的鸭子外形美观，丰盈饱满，颜色鲜艳，色呈枣红，皮脆肉嫩，鲜美酥香，肥而不腻，瘦而不柴，为全聚德烤鸭赢得了"京师美馔，莫妙于鸭"的美誉，也奠定了"一炉百年地火"——全聚德百年辉煌的基业。全聚德所拥有的国家级非物质文化遗产"全聚德挂炉烤鸭技艺"核心技艺也渊源于此。

20世纪初，全聚德扩建后，掌柜又以一成五的买卖，将东升楼饭庄的掌灶师傅李兴武请至门下。于是，他高超的烹调手艺就与全聚德取之不尽的原料——鸭内脏相结合，产生了炸胗肝、烩鸭胰等全聚德名菜。后来，为向高级饭庄方向再迈进一步，全聚德又精心物色了天兴楼的掌灶师傅吴兴玉，增添了许多高档鲁菜。至30年代，全聚德增设面案，在京城物色了一位面点名师黎振林，他做的烙饼，讲究面和得软硬适当，油性大，不发干，松软柔和，与烤鸭相得益彰。新中国成立后，全聚德又请到前门饭店的点心名厨，制作南北各式风味点心，把全聚德的点心制作水平提高了一个档次。正是不断引进关键人才，并注重培养与激励，才使得全聚德事业兴旺，获得中国服务类第一个驰名商标，成功上市，成为"北京城市名片"和享誉海内外的"中华第一吃"。

图 2-10《话说全聚德》封面

东来顺，是京味涮肉的代表字号，这家字号由京东回民丁德山兄弟创办于清末。为了在北京餐饮界打开局面，丁德山想方设法高报酬挖来前门外正阳楼饭庄（当时北京最知名的大饭庄）的一位名厨帮工传艺。这位师傅的手切羊肉技艺为一绝，他手切的羊肉切出后铺在青花瓷盘里，盘上的花纹透过肉片隐约可见。正是在这位师傅的带领下，刀工技法成为东来顺涮肉绝技。也成就了今天的国家级非物质文化遗产"东来顺牛羊肉烹饪技艺·涮羊肉技艺"。

图 2-11　老北京东来顺羊肉馆

表 2-7　部分北京老字号的人才引进情况及影响

企业	引进人才	对字号发展的影响	非遗级别
全聚德	金华馆的孙老师傅	改进烤炉和烤鸭技术	国家级
东来顺	正阳楼的切肉师傅	对羊的产地、用肉的部位、切肉的手法做了规范性的整治	国家级
玉华台	扬州等地请来的几位名厨操厨	由于菜品风味独特，质高味美，生意极好，赢得了大批食客光临，有"营业殊不恶，年计流盛时可达十万金"的记载	省级
又一顺	从已歇业的西来顺饭庄聘请名厨主持厨政	东来顺饭庄浓郁风味的炮、烤、涮及西来顺饭庄菜肴华贵、典雅精美之风格集于一店	省级
西来顺	聘请清真菜名厨褚连祥	买卖兴隆，终日顾客盈门	省级
瑞珍厚	聘请名厨马德启掌勺	顾客盈门，高朋满座	省级

第四节　基于国粹文化视角

一、非遗技艺的文化属性

我国的非物质文化遗产蕴藏着中华民族的文化基因、精神特质、价值观念、心理结构、气质情感等核心因素；在一定意义上，也是国粹文化的集中体现。我国的京剧、昆曲、秦腔、脸谱、皮影戏等国粹艺术都是非物质文化遗产，中华老字号非物质文化遗产中也有大批项目具有明显的国粹文化特质，前述我国五项世界级中华老字号非物质文化遗产项目——"南京云锦织造""龙泉青瓷传统烧制技艺""宣纸传统制作技艺""中国雕版印刷技艺""中国篆刻"都是纯粹的中华国粹。

此外，诸如文房四宝类的"胡开文徽墨制作技艺"（胡开文墨厂）、"曹素功墨锭制作技艺"、"周虎臣毛笔制作技艺"（上海周虎臣曹素功笔墨有限公司）、"戴月轩湖笔制作技艺"（北京戴月轩湖笔徽墨有限责任公司）等；餐饮类的"都一处烧麦制作技艺"（北京前门都一处餐饮有限公司）、"鸿宾楼全羊席制作技艺"（北京鸿宾楼餐饮有限责任公司）、"狗不理包子传统手工制作技艺"（狗不理集团股份有限公司）等；食品加工类的五芳斋粽子制作技艺（浙江五芳斋实业股份有限公司）、豆瓣传统制作技艺（郫县豆瓣传统制作技艺）（四川省郫县豆瓣股份有限公司）、"月盛斋酱烧羊肉制作技艺"（北京月盛斋清真食品有限公司）等具有浓厚中华文化色彩的老字号非遗项目都是我国国粹，都具有浓厚的国粹文化特质。

二、硬木家具的审美风格

以中国传统家具制作技艺为例，京作、苏作、广作三大流派都各具特色，具有丰富的文化内涵。"京作硬木家具制作技艺"、"明式家具制作技艺"（苏州）、"广式硬木家具制作技艺"三项国家级非物质文化遗产分别代表了三大流派各自传承系统下独到的非物质文化遗产技艺。

以"京作硬木家具制作技艺"为例，传承这一技艺的代表老字号"龙顺成"创立于清同治初年（1862年），20世纪50年代末，在合并北京所有硬木家具生产厂家，集北方明清家具各流派之大成的基础上，形成了以清宫造办处所作家具为代表的"京作"这一独特的宫廷家具特色。作为国家级非物质文化遗产，以龙顺成"京作硬木家具制作技艺"制作的京作硬木家具融入了苏作、广作制作技艺，制作技艺复杂，集实用性和艺术性于一身，综合运用设计、木作、雕刻、烫蜡等多种制作技艺，加之珍贵的材料、复杂合理的结构、庄重典雅的造型以及细腻美观的雕饰，具有雕绘满眼、绚烂华贵的特点。同时吸收了古铜器和汉石刻艺术的营养，体现了帝王贵胄的审美趣好，追求厚重的造型、庞大的体形，形成了雍容大气、绚丽豪华的京作风格。京作硬木家具注重陈设效果，也适应了北方地区干燥的气候。京作硬木家具制作技艺在清代康熙、乾隆年间达到鼎盛。作为老字号，目前龙顺成设有古旧家具修复中心（业内称"旧活"），"旧活"挽救了许多濒于散乱的罕见珍品家具，使之重放光彩。

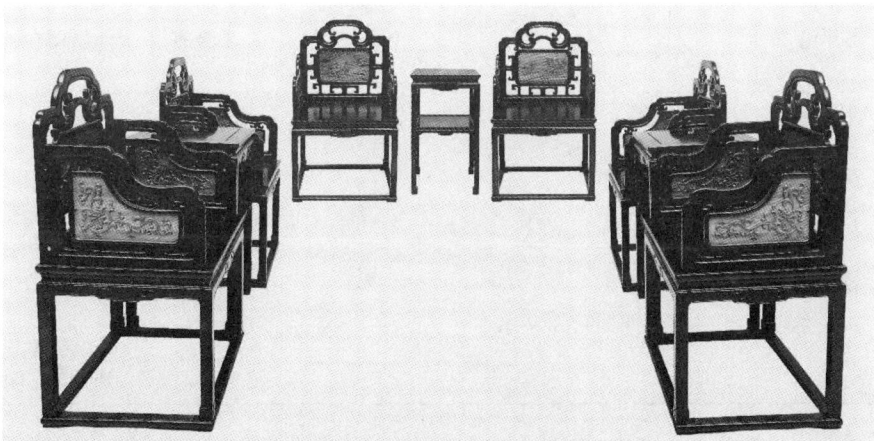

图 2-12 龙顺成京作硬木家具图

三、中医药的文化底蕴

中华传统医药具有完整独特的理论体系和积极有效的防治方法，是中华民族为人类文明贡献的伟大的文化遗产，也是最具代表性的中华国粹。中医药主要分中医学和中药学两个部分，其中中医学以阴阳五行作为理论基础，将人体看作气、形、神的统一体，通过望、闻、问、切，四诊合参的方法，探求病因、病性、病位、分析病机及人体内五脏六腑、经络关节、气血津液的变化、判断邪正消长，进而得出病名，归纳出证型，以辨证论治原则，制定"汗、吐、下、和、温、清、补、消"等治法，使用中药、针灸、推拿、按摩、拔罐、气功、食疗等多种治疗手段，使人体达到阴阳调和而康复；中药学是研究中药的科学，主要研究中药的药性与机理、产地与采集、炮制与配伍、剂量与用法、疗效与禁忌等。中药的认识和使用以中医理论为基础，包括"中药材""中药饮片"和"中成药"三大部分。

表 2-8 中医药重要典籍

医学典籍	作者	本草典籍	作者	方书典籍	作者
黄帝内经	黄帝（相传）	本草经	托名神农，成书于汉	肘后备急方	葛洪（东晋）
伤寒论	张仲景（东汉）	本草经集注	陶弘景（宋、齐、梁）	千金方	孙思邈（唐）
金匮要略方论	张仲景（东汉）	重修政和经史证类备急本草	张存惠（宋）	外台秘要	王焘（唐）
诸病源候论	巢元方（隋）	本草纲目	李时珍（明）	太平圣惠方	王怀隐（宋）
温疫论	吴又可（明）	—	—	太平惠民和剂局方	宋官府颁行
—	—			普济方	朱橚、滕硕、刘醇等（明）

我国中医药文化浩如烟海、博大精深，同时体系庞杂、专业性极强，中

医药文化和技艺多由医药类中华老字号传承下来。在国家发布的前两批国家级非物质文化遗产名录中，入选"传统中医药文化"类别的 7 家企业全部都是中华老字号，充分说明中华老字号是承载和传承传统中医药文化的重要载体。

表 2-9 入选国家级非物质文化遗产名录"传统中医药文化"的中华老字号

序号	编号	项目名称	中医药中华老字号	入选批次
1	IX-7	同仁堂中医药文化	北京同仁堂（集团）有限责任公司	第一批（2006）
2	IX-8	胡庆余堂中药文化	杭州胡庆余堂国药号有限公司	第一批（2006）
3	IX-11	传统中医药文化（鹤年堂中医药养生文化）	北京鹤年堂医药有限责任公司	第二批（2008）
4	IX-11	传统中医药文化（九芝堂传统中药文化）	湖南省九芝堂股份有限公司	第二批（2008）
5	IX-11	传统中医药文化（潘高寿传统中药文化）	广州潘高寿药业股份有限公司	第二批（2008）
6	IX-11	传统中医药文化（陈李济传统中药文化）	广州陈李济制药厂	第二批（2008）
7	IX-11	传统中医药文化（同济堂传统中药文化）	贵州省同济堂制药有限公司	第二批（2008）

在国家发布的前 4 批国家非物质遗产保护名录中，共收录中医传统制剂方法类非物质文化遗产项目 31 项（包括扩展项目），其中 25 项属于中华老字号企业知名产品的制剂方法。少数几家入选企业，虽尚未获得商务部的正式认定，但也都是历史悠久的老字号，充分说明了老字号是传承中华中医药国粹文化的主体。

表 2-10 入选国家级非物质遗产名录"中医传统制剂方法"的中华老字号

序号	编号	项目名称	传承字号	入选批次及年份
1	IX-4	中医传统制剂方法(雷允上六神丸制作技艺)	雷允上药业集团有限公司	第二批（2008）
2	IX-4	中医传统制剂方法(东阿阿胶制作技艺)	东阿阿胶股份有限公司	第二批（2008）
3	IX-4	中医传统制剂方法(东阿阿胶制作技艺)	山东福牌阿胶股份有限公司	第二批（2008）
4	IX-4	中医传统制剂方法(廖氏化风丹制作技艺)	遵义廖元和堂药业有限公司	第二批（2008）
5	IX-6	中医正骨疗法（平乐郭氏正骨法）	河南省洛阳正骨医院（河南省骨科医院）	第二批（2008）
6	IX-10	中医养生（灵源万应茶）	灵源药业有限公司	第二批（2008）
7	IX-4	中医传统制剂方法(达仁堂清宫寿桃丸传统制作技艺)	天津中新药业集团股份有限公司	第三批（2011）
8	IX-4	中医传统制剂方法(定坤丹制作技艺)	山西广誉远国药有限公司	第三批（2011）
9	IX-4	中医传统制剂方法(六神丸制作技艺)	上海雷允上药业有限公司	第三批（2011）
10	IX-4	中医传统制剂方法(致和堂膏滋药制作技艺)	江苏大众医药连锁有限公司	第三批（2011）
11	IX-4	中医传统制剂方法(朱养心传统膏药制作技艺)	杭州朱养心药业有限公司	第三批（2011）
12	IX-4	中医传统制剂方法(漳州片仔癀制作技艺)	漳州片仔癀药业股份有限公司	第三批（2011）
13	IX-4	中医传统制剂方法(马应龙眼药制作技艺)	马应龙药业集团股份有限公司	第三批（2011）
14	IX-4	中医传统制剂方法(桐君阁传统丸剂制作技艺)	太极集团重庆桐君阁药厂有限公司	第三批（2011）
15	IX-3	中药炮制技艺（武义寿仙谷中药炮制技艺）	金华寿仙谷药业有限公司	第四批（2014）

续表

序号	编号	项目名称	传承字号	入选批次及年份
16	IX -4	中医传统制剂方法(安宫牛黄丸制作技艺)	中国北京同仁堂(集团)有限责任公司	第四批(2014)
17	IX -4	中医传统制剂方法(隆顺榕卫药制作技艺)	天津中新药业集团股份有限公司	第四批(2014)
18	IX -4	中医传统制剂方法(京万红软膏组方与制作技艺)	天津达仁堂京万红药业有限公司	第四批(2014)
19	IX -4	中医传统制剂方法(金牛眼药制作技艺)	河北金牛原大药业科技有限公司	第四批(2014)
20	IX -4	中医传统制剂方法(安宫牛黄丸制作技艺)	山西广誉远国药有限公司	第四批(2014)
21	IX -4	中医传统制剂方法(鸿茅药酒配制技艺)	鸿茅药酒文化研究会	第四批(2014)
22	IX -4	中医传统制剂方法(老王麻子膏药制作技艺)	哈尔滨福庆堂医药保健用品有限公司	第四批(2014)
23	IX -4	中医传统制剂方法(方回春堂传统膏方制作技艺)	杭州方回春堂国药馆有限公司	第四批(2014)
24	IX -4	中医传统制剂方法(昆中药传统中药制剂)	昆明中药厂有限公司	第四批(2014)
25	IX -4	中医传统制剂方法(马明仁膏药制作技艺)	西安明仁医药保健品有限责任公司	第四批(2014)

医药类中华老字号每一家都有传世的秘方和绝活、绝技,这些秘方和绝活、绝技是历史机缘和老字号家族传承使命的结合,是此类老字号的立身之本,也为中华医药文化保留了火种。

以广东老字号陈李济为例,这家字号在传统制药工艺上既遵循古法,又不拘一格创造了独到的工序和工艺,发明了蜡壳药丸,创造了陈皮的储藏方法,为我国中医药事业发展做出了历史性贡献。陈李济传统中医药文化以"首创蜡丸"和"百年陈皮"文化为代表,2008年入选国家级非物质文化遗产名录。

图 2-13 广州陈李济传统中医药文化

据记载，陈李济的传统制药工艺参循《雷公炮炙论》的古法程序，并在多年制药过程中总结出"蒸""炒""炙""煅"四种常用工序，形成了"舞棍弄棒""滴水成珠"等特色工艺。以"滴水成珠"为例，这是陈李济测定蜜糖含水量的古老方法。"煮糖，其灶用耐火砖砌，炉膛用炉巴铁（生铁铸成），炉身用5×5厘米角铁围边，烧大柴，铜镬煮，长竹柄椰壳搅拌。灶面放一碗清水，当班师父掌握火候，不停搅拌，将煮沸蜜糖滴入碗中，糖遇水能成珠状，即可埋丸。"这种方法简单高效易行，却也是千锤百炼、经过多少代人无数次反复尝试，不断创造而形成的绝技。

图 2-14 广州陈李济古法制药图示

据黄佛颐写于晚清、民国初出版的《广州城坊志》引清代文献记载："双门底陈李济蜡丸药肆，肇自国初。"陈李济蜡壳药丸起源于清初，据业内考证，蜡壳出现与广东潮湿的地理环境有关，多数中药材含有糖、淀粉、挥发物等成分，极易吸潮、霉变或招惹虫蛀，为防潮湿防霉变防虫蛀，同时为防止药材药性挥发（如可治疗冠心病心绞痛的苏合香就极易挥发），满足远地市场、外出人群甚至海外购货需求，陈李济人在实践中不断创新、尝试，创造了用蜡壳包裹药品的方法，蜡壳由蜂蜡与木蜡混合浇铸而成，先割成半球形，然后将丸药裹在其中，再用蜡密封。通过打壳、蜡壳周转及入、烙、封、剪、印等各工序，形成能保持药性数十年不变质的蜡丸，引发了我国中成药包装的一次革命。据记载，抗战期间，陈李济附近的一口井中曾捞上来许多"蜡壳大蜜丸"，经过十数年浸蚀而丝毫无损，其技艺之精良令人叹为观止。1981 年，联合国世界教科文组织曾委托北京中医学院和北京科教制片厂，选择陈李济的蜡壳丸生产工艺拍成电视专题片，向全世界展播。陈李济在手工制作蜡丸的时候，也创制了对理气化痰、健脾燥湿有绝佳疗效的百年典藏陈皮，我国民间有"千年人参，百年陈皮"之说。清代陈李济陈皮被列为广东每年进奉的贡品，当时的达官显贵之家以拥有陈李济陈皮为荣。1915 年（民国乙卯年），广州大水成灾，陈李济义卖百年新会老陈皮，一两陈皮一两金，权贵富贾争相购买，所得售款全部赈济灾民，此举在当时传为佳话。

第五节　基于技术创新视角

非遗技艺从诞生传承至今日，是逐步进化的。这种进化从普遍意义上来说表现为生产更好质量的产品、更多的产出或更低的自然消耗。不断的技术创新提升了老字号在市场中的竞争力，使得老字号企业基业长青。如张小泉剪刀锻制技艺，由试钢、试铁、嵌钢、出头、锉里口、锉外口、淬火、粗磨、细磨、检验、凿花等 72 道 工序组成。以这一技艺锻制的产品，其锋利度和牢固度可剪切断开 128 层白布，用现代科技生产的产品远远无法与其比肩，新的制剪技术尚不能将其完全替代。 这种在数百年前的创新变革，对我国的工业、手工业的发展曾经产生过积极的影响，用现代科技的眼光分析，它科学地解决了一项材料应用学方面的重大课题。这一技艺，使"张小泉"成了著名品牌，也使"张小泉"得到了长足发展，历经数百年而不衰。

一、非遗技艺创新的本质特征：源自现象利用的试错过程

技术具有层级结构：整体的技术是树干，主集成是枝干，次级集成是枝条，最基本的零件是更小的分支。

技术具有递归性：结构中某种程度的自相似组件，也就是说，技术有一个递归结构，技术包含着技术，直到最基础的技术单元。根据最基础的技术来看，其根源在于对于现象的利用。经济学家布莱恩·阿瑟（Brian Arthur）认为技术的本质是被捕捉加以利用的现象的集合，或者说，技术是对现象有目的的编程。[①]

技术的目的性和现象本源，决定了技术的形成是从需求和现象之间的链接。其具体的实现过程是一个长期试错的过程。大自然中存在着许多现象簇，几万年来，人类已经有目的地挖掘了这些现象。例如：史前对火的利用和金属加工；17 世纪的化学和光学；18 世纪和 19 世纪的电；20 世纪的量子现象，以及 20 世纪末的遗传效应。[②] 对于技术形成的试错过程，波普尔从知识进化的角度也有所论述："看来无论是低等动物还是高等动物，无论是黑猩猩还是科学家，用的基本上都是试错法，亦即从错误中学习的方法。"[③]

---

① ［美］布莱恩·阿瑟. 技术的本质 [M]. 杭州：浙江人民出版社，2018：53.
② ［美］布莱恩·阿瑟. 技术的本质 [M]. 杭州：浙江人民出版社，2018：70.
③ ［英］卡尔·波普尔. 猜想与反驳 [M]. 上海：上海译文出版社，1986：309.

在对老字号非遗技艺研究中我们发现，对于材料的要求非常严格，这来自长期在选材试错过程中形成的经验决定的，而对于一道道制作工艺及要求，也是在长期的生产实践摸索中形成的经验总结。与科学实验的控制性不同，中国传统知识来自对于农业社会中自然物质及现象的海量观察，在物质实体的认识和自然现象的运用方面，积累了独特的丰富的成果。青蒿素的发现和古新星表制作有力地证明了这一点。两项成就虽然分属不同领域，但在研究方法上却有共同之处，二者都是要找到相应传统知识所表征的物质性实体，都利用了海量的中国传统科学知识。[①]

除了长期试错过程，我们也可以清晰地看到老字号非遗技艺对于自然或生产中的偶然现象的利用。比如在传统非遗技艺的发展过程中，由于偶然性的操作引起的技术创新活动比比皆是，这实际上是对生产过程中出现的新现象的直接利用。

比如驰名中外的"德州扒鸡"就有这样的传说。根据贾氏族谱记载，清代康熙三十一年（1692年），德州城西门外大街上（今德州车站往东）的烧鸡制作人贾健才因事外出，临行前嘱咐小二看好火，谁知贾掌柜前脚一走，小伙计就在锅灶前睡着，等到小伙计一觉醒来，烧鸡已经煮过了火，贾掌柜回来后也很无奈，就试着将鸡捞起拿到店面上去卖，结果客人买到后一尝，居然赞不绝口：不仅是肉烂味香，就连骨头一嚼也是又酥又香。

无独有偶，老字号非遗"天福号"肘子也有类似的传说故事：一次，创始人刘凤翔的后人刘抵明夜间守灶，不料睡着了，肘子煮过了火，他心里非常着急，只好将这锅煮烂的肘子反复加工整理，勉强出售。恰好，有一位刑部老爷买后当场品尝，称："今天的肘子酱得好，又酥又嫩，不腻口，不塞牙，口味香绵。"不一会儿，又有一位宫内宦官来买肘子。宦官走后，刘抵

---

① 杨柳，张小溪. 传统物质科学知识的筛选：来自青蒿素与古新星表的启示 [J]. 北京：自然辩证法研究，2016(1):119—121.

明生怕大祸临头，然而却又一次福从天降。从此，刘抵明认真研究总结一套独特的制作方法，并在选料加工上，越来越严格，酱肘子的质量也越来越好。虽然这种传说故事的真实性难以考证，但是故事传播的合理性显示了人们的潜在意识：看似偶然实则必然的试错过程是技艺创新的基本路径。

二、非遗技艺创新的层次：技术累积、迁移与跨界

现象的发现与人们利用现象的能力是不同的。人们在技术创新的过程中，如果有科学原理的指引，会大大降低搜寻答案的试错过程，现代科学诞生以来的技术进步的加快，已经完成证明了这一点。在老字号非遗的技艺形成的很多的例子表明，非遗技艺的创新利用了自然和人工实践的现象，并通过经验积累、知识迁移、跨界学习等手段，将对自然和实践现象中的观察，转化为工艺手段。

（一）非遗技艺创新分类分析

一般而言，根据 TRIZ 创新方法，创新分为 5 个层次。[①] 如表 2–11。

第 1 级：使用一个已有的物体，不考虑其他问题；

第 2 级：在几个物体之间选择一个；

第 3 级：对选出来的物体做部分改变；

第 4 级：开发一个新物体，或者完成改变选择的物体；

第 5 级：开发一套全新的复杂系统。

---

① ［苏联］根里奇·阿奇舒勒. 创新算法 -TRIZ、系统创新和技术创造力 [J]. 武汉：华中科技大学出版社，2008. TRIZ 是拉丁文 Teoriya Resheniya Izobreatatelskikh Zadatch 的缩写；其英文全称是 Theory of the Solution of Inventive Problems，英文缩写为 TSIP。TRIZ 是基于知识的面向人的解决发明问题的系统化方法。

表 2-11 创新过程的结构图表

级别	选择任务	选择搜寻概念	收集数据	寻找方法	找到方法	实际实施
	A	B	C	D	E	F
1	使用一个已有的任务	使用一个已有的搜寻概念	使用已有的数据	使用已有解决方案	使用现成的设计	按照已有设计制造
2	在几个任务中选择一个	在几个搜寻概念中选择一个	从几个来源收集数据	从几个想法中选择一个	从几个设计中选择一个	修改已有的设计，然后制造
3	改变初始任务	修改适合新任务的搜寻概念	修改收集到的适合新任务的数据	寻找新解决方案	改变现有设计	按照新的设计制造
4	寻找新任务	寻找新的搜寻概念	收集与新任务相关的数据	寻找新解决方案	开发新设计	用新的方法使用设计
5	寻找新问题	寻找新的方法	收集与新问题相关的数据	寻找新概念（原则）	开发新的建设性概念	修改实施新概念的所有系统

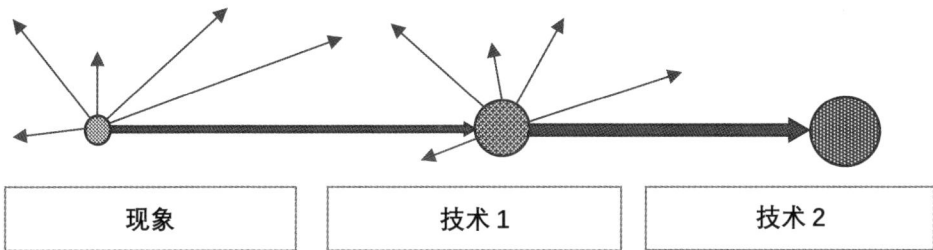

图 2-15 技术创新试错过程示意图

由于老字号非遗技艺大多数属于"前科学时代"的产物，并不适用于以学科边界来划分创新的类型。但是我们可以运用 TRIZ 创新的原理来考察老字号非遗技艺的技术创新标准。即不同层次的创新，其创新难度是有差异的，这种难度差异可以大致表现试错次数的多少。

与现代科学的控制性试验不同的是，传统技艺的创新试错过程是在生产生活中偶然发展或者主动尝试形成的，但是完成一项创新其需要试错的次数是基本一致的，所以传统技艺的创新过程比较缓慢，蕴含积累了大量的生活生产经验。

从最基础上来说，运用现有的专业性知识来解决一个新的问题，因为其知识范围较窄，试错的次数较少，我们视为第 1 级创新。第 1 级创新运用专业知识解决了一个新问题，第 1 级创新者在专业内则获得了一定的能力提升，拥有了一定的竞争优势。然后运用行业内的知识来解决一个新问题范围比专业性知识要宽一些，试错次数会几何级数地增加，难度较大，视为第 2 级创新。第 2 级创新者解决了行业的新问题，在行业内获得了一定的竞争优势。同样的，运用跨行业的技术知识解决新问题，所需要的试错机会更多，难度更大，视第 3 级创新。第 3 级创新实际上寻找到不同行业解决同构性问题的不同策略，具有跨界学习的特点，具有巨大的商业价值，能够使得整个行业的经济价值得到提升。进一步，创新了方法原理来解决问题则是难度更高的事情，理论上说因为它超越了所有行业的知识应用，从试错的角度上来说，难度更加增加了，视为第 4 级创新。而能够创新基础理论，从试错角度上来说，试错次数更多，难度达到最高，属于科学创新的范畴。不是技术领域的创新能够达到的层次，但是为了说明技术创新与科学创新的差异和联系，我们还是将其与前述创新列在一起，视为第 5 级创新。具体内容如下表所示：

表 2-12 创新层次分析表

创新层次	试错次数	创新贡献	创新性质
1	1—10	使用专业领域内已有的技术知识解决新问题	经验累积性创新
2	10—100	使用行业领域的技术知识解决新问题	知识迁移型创新
3	100—1000	运用跨行业领域的技术知识解决新问题	跨界学习型创新

创新层次	试错次数	创新贡献	创新性质
4	1000—10000	运用新原理方法创造新领域产品	应用科学创新
5	10000—100000	创造新基础理论	基础科学创新

简单概况：

1 级创新：问题及答案存在于某个专业领域内（行业的一个具体分支）属于经验累积性创新

2 级创新：问题及答案存在于行业领域，属于知识迁移性创新

3 级创新：问题及答案存在于跨行业的某个学科领域，属于跨界学习型创新

4 级创新：问题及答案存在于问题起源的学科边界之外，属于应用科学创新

5 级创新：问题及答案超出了现代科学的边界：属于基础科学创新

上述 5 种创新的问题与答案是难度越来越大，同时其创新的适用范围越来越宽广。也就是说随着创新等级的增加，不仅仅是创新的难度加大，而且是创新知识所推动的变化范围越来越广。比如说第 5 级创新问题及答案超出了现代科学的边界，也就是意味着第 5 级创新的答案对现有的所有学科范围都是具有一定影响的，这就是科学规律的普遍性。老字号非遗技艺的创新虽然难以从学科领域的范围去认定，但是创新具有的普遍意义是存在的。李约瑟正是从中国技术对世界的影响的角度来论述中国的四大发明的，因此我们同样可以依据创新具有的普遍意义、创新具有的影响力来划分创新的范围。

（二）金银细作技艺：长期经验累积性创新

我国金银器制作工艺起源于商周，是从传统青铜器浇铸工艺的基础上发展而来的，迄今已有 3000 多年的历史。到东汉时期，掐丝、累丝、炸珠、焊接、镶嵌等精细工艺大体完备，经唐至清 1000 多年的发展，金银器制作

工艺更臻完善。特别是明代以后景泰蓝工艺的运用，使之更加流光溢彩、金碧辉煌。金银细作制作技艺融在长期发展中，汉朝时期工艺基本已经定型，但后期经过不断地对于新材料的应用创新，对于新艺术表现手法的接纳使用，在造型上采用雕塑的表现手法，写实而细腻；在色彩上运用景泰蓝工艺，斑斓夺目；在表现形式上富有时代精神和艺术感染力，使得工艺更具完善。直至既继承了南派实镶錾花工艺，又融合了北派的花丝技艺，形成了具有江南特色的工艺文化和特征。这些工艺完善的过程都体现了长期技术累积性创新的特点。类似的，上海民族乐器制作技艺在长期发展过程中，逐步融入大量史学、美学元素，结合了造型、雕刻、彩绘、镶嵌等多种工艺手法，具有突出的文化和艺术价值。实际上，许多老字号非遗技艺的形成过程中，包括材料的筛选、新工具的使用、新艺术手法的应用，都是长期技术积累的过程，最终形成了内容复杂、工艺繁复的精湛加工过程。可能在这些创新过程中，也有更具突破性的创新过程，但是更多源自匠人们的长期的技术累积，这是老字号非遗技艺从历史走来发展到今天的基本创新动力。

（三）造纸技术的创新：跨界学习型创新

老字号非遗技艺中的宣纸制作技艺，制作流程内含 108 多道工序，其中打浆、抄纸是重要的工序。实际上造纸的技艺，蕴藏着大量的纺织因素，可以说中国古代纺织技术的辉煌成就造就了造纸工艺和印刷工艺的发明。[①] 中国古代纺织技术与造纸工艺、印刷工艺之间有着密切渊源关系。远古以来，中国人就已经懂得养蚕、缲丝。秦汉之际以次茧作丝绵的手工业十分普及。处理次茧的方法称为漂絮法，操作时反复捶打，以捣碎蚕衣。这一技术后来发展成为造纸中的高浓打浆。此外，中国古代常用石灰水或草木灰水为丝麻脱胶，这种技术也给造纸中为植物纤维脱胶以启示。在造纸技术的发展过程

---

① 李强、李斌、杨小明．中国古代造纸印刷工艺中的纺织考 [J]，杭州：丝绸，2010（3）：56—60.

中，我们可以看到它受到了纺织行业技术的启发，从而借鉴了纺织技术中的某些操作手段，解决了利用高纤维植物进行高浓打浆、纤维脱胶的新问题。整个技术创新过程，利用跨界的技术知识，产生了一个全新的行业，创造了巨大的商业价值，乃至于推动了人类的文明进程。很明显，中国造纸和印刷技术的创新发明属于典型的跨界学习型创新。

（四）酒曲的创新过程：从技术累积到科学原理应用

老字号非遗技艺中有大量的白酒、黄酒、陈醋等酿造工艺，而在酿造过程中，制曲过程都是重要的环节。曲，是我国古代劳动人民的伟大发明，19世纪传入西方，奠定了酒精工业和酶制剂工业的基础，并为现代发酵工业的发展做出了巨大的贡献。日本著名微生物学家坂口谨一郎认为，中国发明酒曲，利用霉菌酿酒，可与中国古代的四大发明相媲美。在上古时代，曲蘖只是指发霉发芽的谷粒，即酒曲。随着生产力的发展，酿酒技术的进步，曲蘖分化为曲（发霉谷物）、蘖（发芽谷物），用蘖和曲酿制的酒被分别称为醴和酒。到了周代，人们开始区分了曲与蘖，选择用曲酿酒，并逐渐开始人工制酒曲，将谷粒粉碎或蒸熟，使其失去发芽能力，而仅发霉成曲。这是我国制曲史上的重大创新。而由散曲发展到饼曲、块曲，是制曲技术的又一次飞跃，同时也使黄酒生产水平大为提高。红曲的发明和使用是我国古代在利用和培养微生物方面的重大成就之一。红曲除用于酿酒制醋、食品着色外，还具有独特的医疗功效。

曲的发现到红曲的发明使用，体现了中国先人从自发地利用微生物到人为地控制微生物，利用自然条件选优限劣而制造酒曲，经历了漫长的岁月，这期间经过了三次技术飞跃。第一个阶段即利用自然现象，发现曲蘖的作用。我国最原始的糖化发酵剂曲蘖可能是谷物发霉、发芽共存的混合物。在原始社会时，谷物因保藏不当，受潮后会发霉或发芽，发霉或发芽的谷物就可以发酵成酒，这些发霉或发芽的谷物就是最原始的酒曲和酿酒原料。^① 先人们通过生活中的观察，发现了酒曲的功能，属于发现并利用自然现象的技术创新活动。第二个飞跃是人工制曲的开始，即在周代开始区分了曲与蘖，将谷粒粉碎或蒸熟，使其失去发芽能力，而仅发霉成曲。人工制曲是中国特有的两种因素的巧妙结合：谷物＋蒸。古代栽培谷物就是稻和黍；第二就是首先采用"蒸"作为烹饪的手段，正是二者的结合，才天然产生了中国特有的制曲特点。采用蒸煮的手段进行人工制曲实际上是采用跨界学习型创新，即将饮食行业的手段应用于制曲过程中，属于重大的技术创新。第三次飞跃是由散曲发展到饼曲、块曲。散曲和块曲不仅仅体现在曲的外观上的区别，更主要的是体现在酒曲的糖化发酵性能的差异上。其根本原因在于，形状的差异导致曲料中水分、温度(块曲内部温度和水分容易保持)和含氧量不同，从而导致酒曲中所繁殖的微生物的种类和数量上的差异，从而提高了曲的糖化发酵性能，这对于提高酒精浓度有很重要的作用。^② 从散曲到块曲的发展过程，是在具有明确的目的基础上的，技术积累性创新，使得制曲的材料不断增加，工艺不断翻新，如北魏贾思勰的《齐民要术》约成书于公元533～544年。书中记载了9种制酒曲方法，其中8种为麦曲，1种为粟曲。在原料处理上，分为蒸麦、炒麦、生麦3种，有单用1种的，有2种合用的，有3种合用的。第四次飞跃是红曲的发明和使用。红曲是中国特有的大米发酵产品，既是中药材又是食品，其功能超越了制曲工艺原有的酿造作用，使得原有的酿造制醋功能扩展到了医疗功效，属于利用了酿造中发现的生物酶的科学原理在新领域的应用，是第4种创新。今天，我们不能完全复原勤劳聪颖的先辈如何一步步把制曲工艺推进到不同阶段，在缺乏基础理论指引的时代，不断地试错是发展的主要推动力，因此制曲工艺看起来发展缓慢，一

---

① 谢广发. 古代黄酒制曲与酿造技术 [J]. 贵阳：酿酒科技，2008（6）：86—88.
② 谢广发. 古代黄酒制曲与酿造技术 [J]. 贵阳：酿酒科技，2008（6）：86—88.

个新工艺的产生往往产生经年累月的发展。随着技艺的应用范围的扩张，产业的发展不断壮大，经验的人群也在增多，就加快了技术创新的步伐。

虽然传统制曲的过程类似于现代意义上的第 2 级到第 4 级的创新，但也应该看到它与现代的制造工艺具有本质的不同。现代的微生物工艺是运用热力学和微观动力学原理，通过形成质量、动量、热量的传递、对流、扩散以及流体的混合，放大从而人为操纵微生物的代谢系统。而制曲过程，属于一种过程强化行为，通过对微生物的代谢调控系统在运作的关键环节进行介入，包括调控温度、优化条件等，通过这种手段对微生物代谢系统施加影响，是一种局部干预和现场革命的活动。所以传统工艺的现场化、非一般化的特点很明显，每一次的活动情况要依据现场反应来进行，很难标准化，临机行动的方案由现场的操作人员来进行处理。传统制曲工艺的过程强化和关键环节进行介入的特点，还表现在依照季节来生产，并且保持一个大致恒定的生产时间。

三、空间迁移中的技术创新：扎根与限制

由于中国地域辽阔，文化具有鲜明的地域特征，在传统工艺上也体现出鲜明的地域性。在瓷器工艺上有南青北白的差异，在茶叶名品种有西湖龙井、安吉白茶、信阳毛尖等鲜明地方特点的产品。在白酒、黄酒、茶叶、造纸、瓷器等非遗技艺在区域内存在着以众多的技艺生产单位，老字号非遗企业则是其中杰出的代表。从技艺知识的历史传播路径来看，区域中技艺的形成大多不是原发性的，而是有外来迁徙并经过与环境的嫁接改造而完成的。比如白酒行业，是根据外来的蒸馏技术，然后改造的黄酒酿造方法。在不同的区域，结合当地的自然环境，扎根下来的。能够与当地自然环境很好地结合，是一种知识的本土化过程，需要在行业领域内的创新来适应新环境的挑战。

本土化基本完成后，技术趋于稳定，这时候反而产生了限制。本土化的

扎根同时也是本土化的限制。自然环境是可资利用的资源，也同时是技术创新的限制条件，可选择的原材料和生产环境比较少，技术创造的试错路径被限制在当地环境所规定的基本路径上。但是从另一个角度看，就像海德格尔的"向死而生"所阐发的一样，是因为死亡不可避免，生命的活力才能被激发，人的精神力量才能被最大程度地唤醒，人才会拼尽全力活出精彩而不凡的一生。从试错法的路径来考虑，限制的一个好处是：缩小选择范围，减少试错步骤。如果没有限制，那么传统技艺的进一步发展的选择会是"随机"的，因为根本无从评判什么样的选择是更好的，或者什么样的选择应该率先被尝试。而限制就扮演了"路标"的角色，它能指引我们走到一个能看到风景的地方。正如 J.K. 罗琳所说："在创造出一个虚幻世界的时候，要决断的最重要的事情就是角色不能做什么。"从一个企业的长期发展来看，比能做什么更重要的是不能做什么。比如华为公司在其《华为基本法》里面明确规定：为了使华为成为世界一流的设备供应商，我们将永不进入信息服务业。后来的华为正是按照基本法的限制，抵制住了市场中多元化获利的机会，紧紧围绕着做好通信设备的技术研发和客户服务的工作中心，一步步发展成为世界级的企业。华为的今天发展离不开对企业发展冲动的限制。同样的，老字号非遗技艺能够传承至今，也是在限制中一步步精益求精走到今天的。绝技、绝活可能来自绝境，源自绝处逢生。思考潜藏在限制背后的信息，这些信息也许就是应对问题的线索。茅台酒的独特优势是其生态环境，而从另一个角度来看，这种生态环境也将当地的酿造限制在白酒行业中。最独特的也是限制最多的，所以老字号非遗技艺在长期的发展中，才一步步走向生态适应＋材质限制＋技艺创新的最佳匹配。当然我们从非遗技艺的成长性考虑，应该辩证地看待传统技艺的这种技艺坚守和区域锁定的特点。在老字号非遗技艺已经由于其绝活、绝技而形成区域乃至世界品牌的时候，应该如何把坚守技艺与提升品牌的影响范围，从而走出区域的锁定，是老字号非遗传承的重要问题。

四、现代老字号企业的研发创新显著提升了品牌价值 [①]

技术创新是老字号非遗企业在历史中基业长青、传承发展的基本动力。但当代老字号非遗企业大多研发创新不足，品牌成长动力弱。老字号企业品牌价值来源于品牌中积淀的历史文化禀赋和品牌掌握的核心技术。文化禀赋反映企业的历史，决定老字号的发展方向；对核心技术改良创新是企业品牌价值的力量源泉和增值动力，决定老字号发展的未来。二者协同并进，共同形成老字号企业的品牌力。但部分老字号品牌老化现象严重：对产品改良和消费者感知关注较少；经营中"只谈历史"，造成青年消费群体流失，未能实现品牌增值。数据表明，解放初期老字号企业约 8000 家，而商务部《中华老字号企业名录》涉及企业仅 1128 家，其中不乏惨淡经营和濒临破产的企业。真正发挥品牌效应和规模经营的老字号企业较少。那么研发创新是否适合老字号品牌成长呢？

为探究老字号品牌价值增值的内在机制和品牌成长的驱动作用，本书选定 55 家老字号上市公司作为观测对象，涉及"中华老字号"品牌商标，医药类包括：东阿、白云山、云南白药、佛慈、九芝堂、乐仁堂、雷允上、马应龙、片仔癀、上海第一医药、世一堂、宏兴、桐君阁、同仁堂、健民、震元堂；酒类包括：茅台、会稽山、金枫酒业、颍州酒、衡水老白干、泸州老窖、青岛啤酒、互助青稞酒、山西汾酒、古越龙山、通化、沱牌、维维股份、五粮液、洋河、张裕、章贡；饮食类包括：全聚德、冠生园、恒顺、梅林、秋林食品、西安饭庄；百货类包括：解百、老凤祥、南百、南翔、劝业场、上海妇女用品、东安、新百、新世界股份、中央商场；其他类包括：菊花牌、

---

① 王肇，王成荣（通讯作者）.老字号企业研发创新与品牌成长关系研究 [J].北京：管理评论，2020（11）：246—256.

光明、凤凰股份、永久、上海家化、金门大酒店。以老字号品牌价值（Wbl）、老字号品牌价值增值水平（DWbl）为被解释变量，研发创新活动（Invest）、研发创新投入、研发创新产出为解释变量，以企业性质（Soe）、股权集中度（Shrcr）、董事会独立性水平（ID）、公司注册年限（Old）；公司财务类指标：流动比率（Current)、资产负债率（Lev）、实际税率（Tax）等为控制变量，选取 2007—2018 年期间上市老字号企业为样本进行实证检验。

结果发现：第一，老字号企业进行研发创新能够促进品牌成长，提高品牌价值和品牌增值水平；第二，企业研发投入越多，对品牌成长和增值水平的提升作用越大，且这种作用具有滞后性，能够形成企业未来无形资产的资本化研发支出，会在研发投入三年后作用凸显，费用化研发支出的品牌价值效益仅限于投入当年；第三，实用新型专利和外观专利对品牌成长、品牌价值增值存在提升作用，且作用缓释。实用新型专利在获取三年后对品牌价值和品牌增值水平产生最显著的促进作用；外观专利的品牌价值收效快，但有效期短，在获取两年内对品牌价值影响最大。

研究结论启示：第一，老字号企业在品牌经营过程中，应该注重企业文化、历史传承与创新发展并重，推动老字号品牌成长和文化传承。部分老字号因融资约束限制研发活动，可以考虑在保持品牌独立经营的前提下，通过引进股权资本的方式推动创新和品牌成长；第二，在多数老字号企业资本不足、增长乏力的情况下，通过采用融资方式，实施加大创新研发投入、提升品牌价值的战略是可取的；第三，研发投入和专利获取对品牌成长的促进效应存在时滞。企业家经营过程中应有战略眼光，坚持有效的研发投入，以实现品牌成长和长远发展。

老字号企业的创新发展是一个颇具争议的问题。有的学者认为，老字号非遗传承应该坚持原汁原味，保证品牌纯正，突出其历史文化价值和品牌形象，过分宣扬品牌重塑，会弱化老字号品牌影响力，阻碍老字号的文化传承。

也有学者通过回顾企业经营实践证明，老字号企业通过技术创新能够促进品牌活化，实现品牌成长和增值，而仅坚持固有生产模式和产品分布，会造成品牌老化，无法适应新的市场环境和消费理念。实际上，从老字号非遗项目的角度上看，原汁原味的传承与品牌创新并不矛盾，根据我们前述的研究，原汁原味保留的是具有隐性知识的技艺与生物性、循环性的生产工艺，而老字号企业中的创新既有隐性知识的创业也有通过隐性知识的外显化——利用现代技术对传统技艺的改良。例如全聚德通过"第四代烤鸭炉"等技术将百年专有技术数字化，借助自动编程实现烤鸭生产过程自动控制，既保障了烤鸭质量，也提高了"全聚德"的品牌影响；同仁堂借助局方至宝丹、安神赞育丸等产品研发和改良，成功实现品牌成长和品牌增值。根据非物质文化遗产的"本真性"和"活态化"的传承特点，传承的是传统工艺，只要老字号企业的创新是在保留传统工艺的基础上，进行技术创新，如果能够带来市场的成功，增强品牌的影响力，则可以使得非遗传承与创新并行不悖。本报告在后文中，将进一步分析老字号非遗创新的类型与传承的关系。

第三章 中华老字号非遗传承的基本路径

非物质文化遗产是可复制、可传承、可再生、可发展的文化遗产。通过对百家中华老字号非物质文化遗产传承谱系和传承情况的考察，我们发现中华老字号"非遗"传承基本遵循三条路径：家传（家族或家庭传承）、师传（师傅带徒弟传承）和文传（文献传承），这也是非物质文化遗产传承的普遍路径。历史上中华老字号非物质文化遗产传承的主要路径是家传和师传。由于特殊历史原因，部分老字号非遗通过文传而得以隔代传承或跨家族、跨代际传承。

第一节 家传

家传，即家庭传承或家族传承，指在有血缘关系的人们中间进行传授和修习，一般不传外人；有的家传严格秉承传男不传女的传统。家传主要表现在手工艺、中医药及其他一些专业性、技能性比较强的技艺门类中。家传的优势在于，将家族血缘、家族文化延续的使命感、责任感与老字号文化、技艺深度融合，确保文化与技艺传承的稳定性和可靠性。在中华老字号非物质文化遗产中，通过家传方式实现传承的为数不少。

一、"徽墨制作技艺"及其传承

传承国家级非物质文化遗产"徽墨制作技艺"（遗产编号：Ⅷ–73）的安徽省绩溪胡开文墨业有限公司，历史上技艺由乾隆年间安徽绩溪上庄人胡天注所创。

徽墨技艺可追溯至唐末，安史之乱使北方墨工纷纷南迁，因而制墨中心南移。易州墨工奚超父子逃至歙州，重操旧业，制出"光泽如漆"的好墨。南唐后主李煜将此墨视为珍宝，赐奚氏一家改姓李，从此歙州李墨天下扬名，歙州成为全国制墨中心，徽州墨业进入鼎盛期。宋元时期墨工又在前人的基础上，添加药物成为药墨。到了明清时期，徽墨制作进入"盛世"。清代徽墨制作形成四大家，其中绩溪人胡开文就是其中之一。他对徽墨进行了改进创新，制成了有如"金不换"的文苑珍品，使徽墨具有了"落纸如漆，色泽黑润，经久不褪，纸笔不胶，香味浓郁，奉肌腻理"的特点。

徽墨的工艺流程非常烦琐，大致可分为九个步骤，见表3–1。

表3–1 徽墨工艺流程表

序号	工艺步骤	制作技艺
1	炼烟	在密闭的燃炉中烧制烟灰。
2	和胶	使分散的烟凝聚成块。要求"煮化得胶清，墨乃不腻"。制胶工艺是制墨的秘技之一。
3	杵捣	反复捣匀、捣透后出白，"墨不厌捣"。
4	成型	墨丸嵌入印板后，搁置在毛竹所制的竹担下。墨工坐在竹担上，腾挪一番，用身体的重量将墨压平整。墨锭挤压规整，冷却定型后脱模。
5	晾墨	将脱模后的墨锭送入晾墨场中翻晾。古代制墨常用炉灰来脱水，今以室内晾干为主。晾墨场需要保持恒温、恒湿，避免阳光直射，风大要关窗，梅雨季节要促进空气流通。晾墨时，墨工要勤翻动墨锭，以防收缩不匀而变形。墨锭的大小决定了晾墨时间的长短，一般情况下，一两的墨锭需要6个月，二两的墨锭需要8个月，墨锭越大，需要的翻晾时间就越长。

序号	工艺步骤	制作技艺
6	锉边	晾晒后的墨锭经专人修边，除去边缘的余墨。修墨师傅将一块挖了槽的木板钉在木墩上，再把墨锭固定在木槽中，然后用工具将墨锭的毛边打磨、修平，除掉瑕疵。
7	洗水	洗去修好墨锭表面的灰尘。
8	填金	将成形的墨锭根据图文填描金粉、银粉以及其他颜料。
9	装潢	进行精美包装。

图 3-1 徽墨制作技艺流程图

胡天注在乾隆三十年（1765 年）承岳父门店，开始墨业经营。"开文"二字乃取"天开文运"之意，加上本姓，创"胡开文"铺号。自 1756 年起至 1956 年，前后经历 200 年，经过胡氏家族七代人的经营，胡开文墨业成为中国徽墨的代表，产品曾荣获巴拿马万国博览会金质奖章。胡开文墨业在制墨工艺上继承"易水法"，以纯桐油烟金、银箔、天然麝香等珍贵药材，采用传统配方精制而成，具有色泽黑润、历久不褪、捺笔不谬、入纸不晕之特点。

表 3-2 胡开文家族 200 年间（1776—1956）七世传承情况

序号	家族传人	亲缘关系	贡献
1	胡天注（1762—1845）	创始人	积累制墨之道和经营经验，开创家族基业。
2	胡余德 (1762—1845)	胡天注次子	执掌休宁海阳和屯溪两店店务，既在黔县渔亭创设正大烟房，烧制薄利多销的松烟；又生产高端商品"御园图"集锦墨。
3	胡锡熊（1803—1862）	胡余德次子	道光、咸丰年间主持休城胡开文墨店。
4	胡贞乾 (1831—1913)	胡锡熊长子	同治、光绪年间主持休城胡开文墨店。结缘湘军统帅曾国藩，利用太平天国后恢复科举考试的机会，网络人才、研究技术、开发新品（如名人定制墨——曾国藩的"指挥如意"墨、李鸿章的"惜如金"墨、左宗棠的"八宝奇珍"墨等）。
5	胡祥禾 (1851—1899)	胡贞乾四子	1879 年起主持休城胡开文墨店。
6	胡洪椿 (1892—1961)	胡祥禾长子	1908 年起主持休城胡开文墨店。
7	"恩"字辈后人	胡氏子孙	1956 年前维持胡开文字号。

二、"全聚德挂炉烤鸭技艺"及其传承

中国人吃鸭历史久远，南北朝时有"炙鸭"记载，明代出现焖炉烤鸭，到了清代有了挂炉烤鸭技术。也有一说，北京烤鸭据传源自欧洲或地中海地区的烤鹅，烤鹅技术在元朝和清朝时两次被传入中国。鸭子是中国的特产。因而烤鹅逐渐变成了烤鸭，最早的焖炉烤鸭和西方的烤鹅技术几乎是一样的。

清同治三年（1864 年），杨全仁创立全聚德，重金聘请曾在御膳房专司

挂炉烧烤的孙师傅，改进完善了烤鸭技艺。他以果木为燃料，将鸭坯挂在特制的烤炉中明火烤制而成，引领了挂炉烤鸭的风尚。全聚德挂炉烤鸭技艺，经过历代烤鸭师的努力，已形成一套标准、规范的工艺流程，整套工艺由宰烫、制坯、烤制、片鸭 4 道工序 31 个环节组成。

全聚德烤鸭以优质的北京填鸭为原料，加工设备和工艺流程自成一格，烤出的成鸭风味醇香，健康安全，形成皮层香酥、肉质鲜嫩、色彩鲜亮、气味芳香的特点。

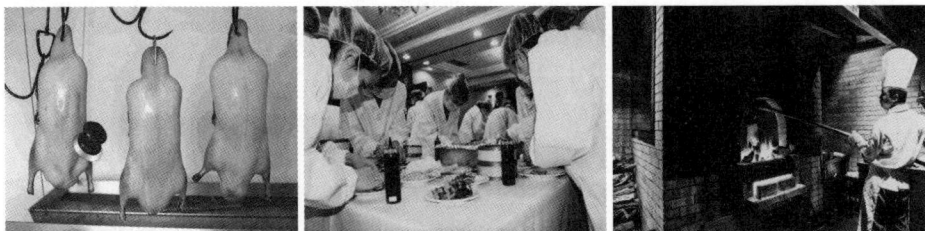

图 3-2 全聚德挂炉烤鸭技艺

百年餐饮老字号全聚德也是典型的家族传承。

创始人杨全仁将全聚德字号及技艺交给有传承能力的次子杨庆茂，迄今已传递五代，第五代杨宗满女士为全聚德百年老店——前门全聚德店副总经理，国家特级烹调师。

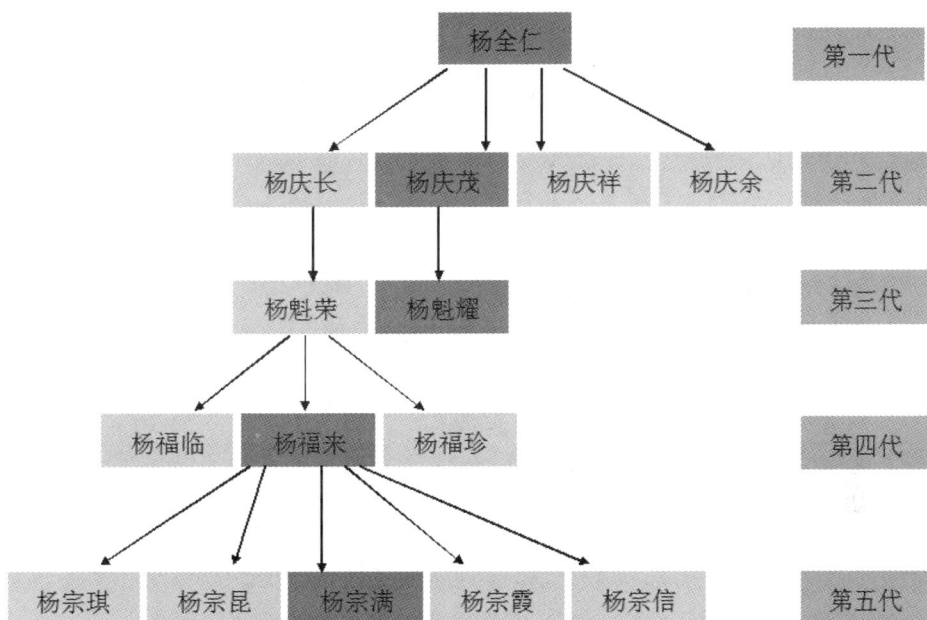

图 3-3 全聚德杨氏家族五世传承情况

三、家族传承的优势

老字号非遗的家传方式以血缘关系为基本纽带，家族成员通常遵守伦理秩序和组织管理秩序，将产品和技艺作为家族的立身之本和发展命脉，因此往往苛求质量，对产品一丝不苟，对技艺精益求精。最有代表性的如同仁堂的古训"修合无人见，存心有天知"，形成"炮制虽繁必不敢省人工，品味虽贵必不敢减物力"的堂训，把家族大业的传承与儒家文化高度自律、自省，敬天法祖的意识结合起来，也代表了中华老字号非遗文化传承的最高境界。

图 3-4 同仁堂老店照片

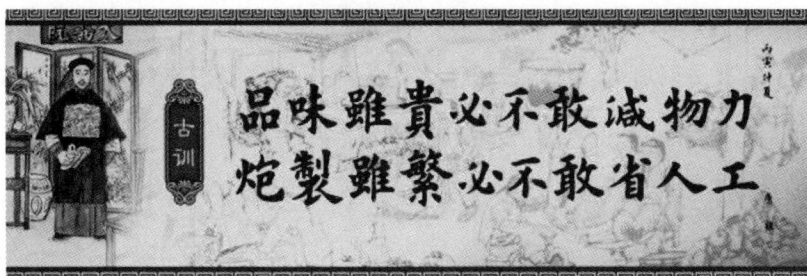

图 3-5 同仁堂古训

　　为保证老字号品牌、核心产品及绝活绝技传承有自、文脉不绝，老字号家族通常的传承方式是由有传承能力的一支或一房传承，族人共同受益。如同仁堂第十代传人乐平泉在经营同仁堂之初，就把收入分成若干份分给族兄们，并议定："同仁堂药铺永为清安世业铺底，家具亏空赔赚，均与族兄三家无干。"族兄们可共享家族字号的经济利益，而不必承担经营失败的风险，此举既保证了家族成员的利益均沾，也确保本支的传承人地位和对家族事业的掌控权。

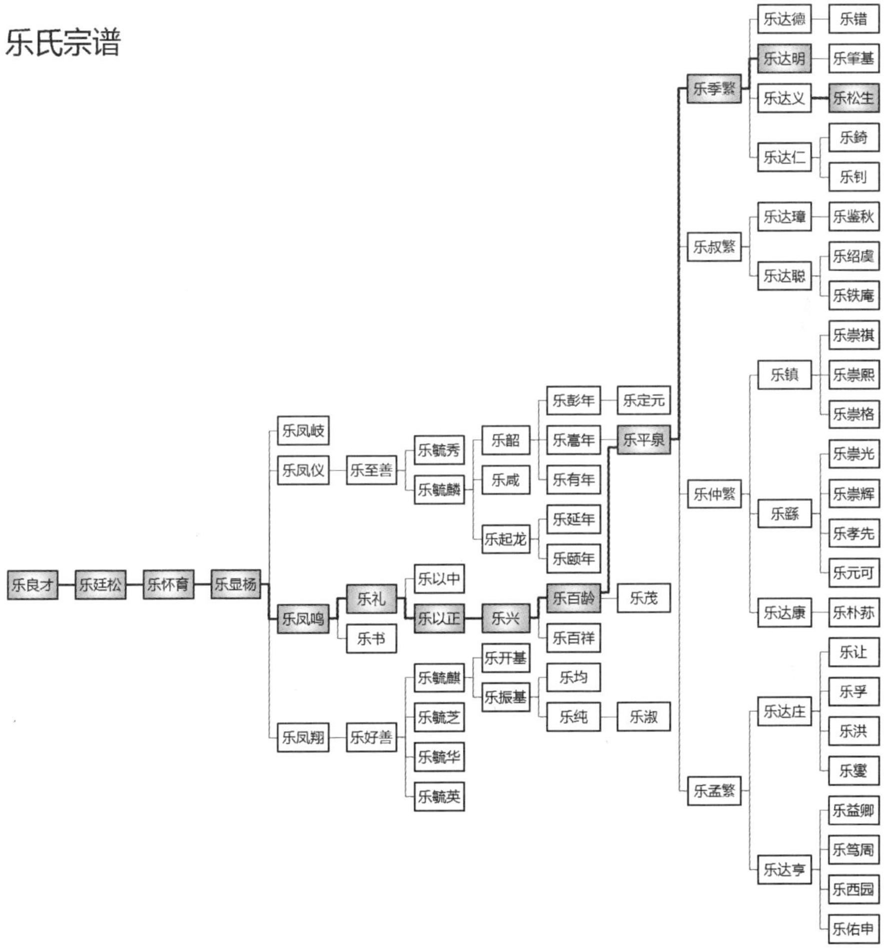

乐氏宗谱

图 3-6　乐氏宗谱

前述胡开文墨业创始人胡天注及其传承人——次子曾先后订立阄书（分家文书）以分家和维系产业。据胡开文纪念馆馆藏的《上川明经胡氏宗谱》《思齐堂·天注公分拆阄书》记载，胡氏家族分家的原则是"分家不分店，分店不起桌，起桌要更名"。首先是按"房"分家，家业由胡天注 8 房子孙均分。他订立的阄书规定:"将祖遗及手创田地、山塘、屋宇并海阳、屯溪两店资本,除坐膳、坐酬劳外,品搭八股均分,编成'道以德宏身由业广'八阄,各拈一阄执业。"意为胡天注将家庭资产除去食资和管理酬劳,按当时的价值估价分为八股,分予其子孙各房执业。胡氏家族八房分家但"不分业"。阄书规定:"休城墨店坐次房余德,屯溪墨店坐七房颂德,听其永远开张,派下不得争夺……屯店本不起桌,所卖之墨向系休城店制成发下……屯店起桌自造,更换'胡开运'招牌,不得用'胡开文'字样。"就是说,胡开文休城和屯溪老店由二房余德和七房颂德继承后,永为这两房的后代开张,他房子嗣不得争夺。并且只允许休城店制墨,屯溪店只作为销售分支,不得起桌制墨;倘若自造,则不允许再用"胡开文"的招牌。

广东药业老字号敬修堂在光绪九年(1883年)立的家族石碑上,就家族利益的分配方式、分红方式、用人方式、祖业的保存方式、屋契的保管方式等做了详细规定,其中包括药料、药方的管理方式,作为药业老字号,敬修堂钱氏家族将药料、药方的管理作为家族存续的根本内容而加以规制。从民国年间敬修堂印制的股票上也可以看到该家族各方利益共享、休戚与共的态度。

图3-7 民国敬修堂股票

　　为确保家族字号品牌和技艺的绝对、有效传承，老字号家族往往制定苛刻的家族规制，如同仁堂乐氏有几条基本规范：一是坚持乐家自东自掌。即乐家既是东家，又是掌柜的。乐家的带头人每天都要"上会"（现场巡视并当场解决问题）；二是掌控制药关键环节。在配料环节，对于要称取配制丸散膏丹需用的贵重药材，如牛黄、麝香、人参等分量分厘不能差，乐家带头人务必要亲自操作或在旁监督；三是规范本族子孙从业标准。在相当长的一个历史时期不准乐姓子孙干药业以外的行当；四是坚决杜绝假冒伪劣药品。为杜绝假冒伪劣药品，历史上相当一个时期同仁堂不设分号；五是严格用人标准，规定同仁堂不用徒弟，只请有能力、有经验的药工师傅。

　　正是由于较好地解决了家族利益分配问题，同时坚持严苛的经营管理和质量规范，使中华老字号家族成为非物质文化遗产传承的基石，通过行之有效的家传方式，也确保了非遗文化的有序、高质量传承。

第二节　师传

　　所谓师传，就是老字号非遗技艺在师徒间传承的方式，通常一个师傅带一个或多个徒弟，也有少量多个师傅带一个或多个徒弟，每个师傅只是传承非遗技艺的一部分或一个环节的情况。通过师传方式传承非遗文化及技艺的老字号为数众多。

一、"便宜坊焖炉烤鸭技艺"及其传承

　　便宜坊与故宫同龄，是具有六百年历史的齿德俱尊的老字号。"京师美馔，莫过于鸭"。在老字号中，全聚德和便宜坊是典型代表，一是挂炉烤鸭，一个是焖炉烤鸭，风格各异，各有所长。

焖炉烤制技艺在我国源远流长，商代就有名为"坩锅"的器皿，可说是"焖炉"雏形;《东京梦华录》记载南宋已出现"焖炉烤鸭"；元代《饮膳正要》对"焖炉烤鸭"制作工艺也进行过描述。焖炉烤鸭不见明火，干净卫生，烤好的鸭子呈枣红色，外皮油亮酥脆，肉质洁白、细嫩，口味鲜美，独树一帜。历史大浪淘沙，历经几个世纪的演绎，便宜坊成为"焖炉烤鸭技艺"的正宗传承者。

便宜坊创立于明永乐十四年（1416 年），由一南方人创办，最早位于北京南城宣武门外米市胡同，开始以经营焖炉烤鸭（"南炉鸭"）和筒子鸭为主，其匾额为明代名士杨继盛所题。《都门琐记》记载:"北京善填鸭，有至八九斤者，席中必以全鸭为主菜，著名为便宜坊。"至于便宜坊字号中蕴含的"方便宜人，物超所值"的经营理念是后人赋予的。

便宜坊焖炉烤鸭技艺（遗产编号Ⅷ–6）之特色，在于使用"焖炉"。所谓"焖炉"，宋代李诫《营造法式》中解释为：用砖直接在地上起炉，有一立方米左右。砖为特制，可耐火调温。使用"焖炉"烤鸭，在烤鸭之前，先将秫秸等燃料放进炉内点燃，使炉膛升高一定温度，再将其灭掉，然后将鸭坯放在炉中铁罩上，关上炉门用暗火烤制。由于焖炉烤鸭"不见明火"，所以干净卫生，对环境污染小。便宜坊焖炉烤鸭技艺在历代烤鸭师的手中不断得到发展，形成所谓"三绝"，即焖炉特制技艺绝、选鸭制坯技艺绝、烤制片鸭技艺绝。用焖炉烤好的鸭子，成品呈枣红色，外皮油亮酥脆，肉质洁白、细嫩，口味鲜美。

图 3-8 便宜坊烤鸭店

图 3-9 便宜坊焖炉照片

便宜坊焖炉烤鸭技艺传承脉络，自清代中后期的孙子久，迄今已传至六代。可以追溯的传承人有梁得泰、王宝文、李文芳、刘赞廷、白永明等人。其第五代白永明为便宜坊焖炉烤鸭技艺国家级传承人。孙子久以下，宜坊焖炉烤鸭技艺均通过师传方式代代相传。据对便宜坊调研，白永明 1978 年入职，2009年被文化部命名为烤鸭技艺代表性传承人，到 2019 年已为企业服务超过 40 年。在传承传统工艺基础上，他对鸭坯制作工艺、鸭炉建造工艺、烤鸭的配方均进行了革新。通过研发自动喷淋烫坯打色一体机及链条式传送设备，改变了制坯过程中烫坯打色环节的手工操作模式，保证了质量的统一性，在节省 30% 人工的同时，生产能力提升了 600%；通过研制自重 0.8 吨的轻型鸭炉（传统鸭炉重 10 吨），为企业降低了大量生产成本，并减少 20% 能耗；通过研制"花香酥""蔬香酥"新品种国家专利烤鸭，满足了现代顾客饮食口味，符合营养多样化需求，也成为便宜坊新的拳头产品。作为非遗技艺传承人，他倾囊传授烤鸭技艺，带出了数十位徒弟，分布在便宜坊集团各直营店和加盟店，担任烤鸭厨师长或烤鸭主管。其中多人在参加全国和北京市餐饮技术大赛中获得金奖，培养出国家级考评委两人、烹饪高级技师 5 人、烹饪技师 13 人。

表 3-3 便宜坊传承人基本情况

	姓名	出生	文化程度	传承方式	学艺时间	备注
第一代	孙子久	不详	不详	师传	1837 年	学艺于东家王家
第二代	梁德泰	不详	不详	师传	清末	学艺于孙子久
	汪炳文	不详	不详	师传	民初	学艺于孙子久
第三代	李文芳	1919.06	高小	师传	1932 年	学艺于梁德泰
	李维琢	1928.06	高小	师传	1943 年	学艺于梁德泰
第四代	唐春滋	1923.11	高小	师传	1948 年	学艺于李文芳
第五代	白永明	1958.5	高中	师传	1978 年	学艺于唐春滋
第六代	王铮	1978.4	大专	师传	1996 年	学艺于白永明
	李洋	1978.12	职高	师传	1996 年	学艺于白永明

二、"都一处烧卖制作技艺"及其传承

老字号非遗的师传方式在个性化、针对化培养，全天候真实工作任务演练，及时有效的学习反馈等方面存在特殊优势，能保证传承的效率和质量，因此也是非遗技艺的主流传承方式。尤其在 1956 年公司合营后，随着家族企业的消失，师传方式成为传承老字号非遗文化和技艺的基本方式。这也是我国老字号非遗文化在历史变迁中始终传承不绝的重要原因。

值得一提的是，相当数量的老字号非遗家传、师传不是绝对单一的，梳理老字号的传承脉络，可以看到一定数量的老字号历史上由于种种原因，家族传承无法维系，非遗技艺由家传转为师传。典型如北京餐饮老字号都一处。"都一处烧卖制作技艺"为国家级非物质文化遗产。

都一处当初是山西人王瑞福开设的一家小酒店——王记酒铺。清乾隆十七年（1752 年），因皇帝来此小酌，并亲笔御赐"都一处"匾牌，使都一处名声远扬。乾隆走过的甬路也因长年不扫而成"土龙"，在清代被列为北京城的"古迹之一"，与永外"燕墩"齐名。清同治年间，曾有《竹枝词》吟咏都一处："京都一处共传呼，休问名传实有无，细品瓮头春酒味，自堪压倒碎葫芦。"

数百年来，都一处形成了精湛的烧麦制作工艺，尤其是走槌压皮技艺独到。最大的讲究就是薄，一张皮儿中间厚 1 毫米，边上仅 0.5 毫米，薄如蝉翼；皮的直径约 11 厘米，要捏成 24 个褶儿，代表二十四个节气，缺一不可；每四只烧麦用一两二的馅儿一两三的皮儿。制皮和包馅的过程，极具艺术观赏性。成形的烧麦外观上独特，封口露馅不干，犹如含苞待放的花朵。烧卖馅料调制考究，根据季节时令的不同，制作出四季烧卖：春季的春韭烧麦，夏季的西葫芦烧麦，秋季的蟹肉烧麦和冬季的猪肉大葱烧麦等。都一处的烧麦蒸熟后清白透亮，顶端泛着白霜，褶纹整洁清晰，酷似朵朵白花，食之香

而不腻，回味无穷，堪称一绝，具有极高的观赏价值和食用价值。2000 年，都一处烧麦获"中华名小吃"称号。

图 3-10 都一处烧麦馆

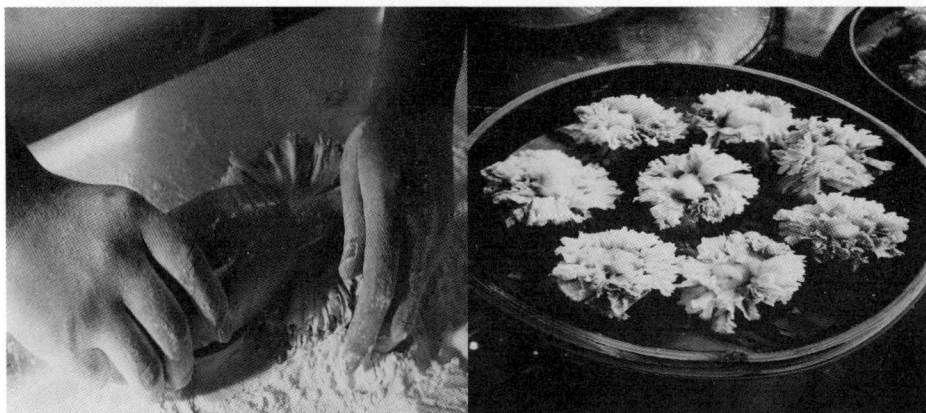

图 3-11 都一处烧麦制作技艺

126

考察都一处传承谱系，自第一代王瑞福起，都一处烧麦制作技艺已传承八代。其中第四代李德山起（民国初年）王氏家族传承已转为师传方式。现任吴华侠烧麦总厨是都一处烧麦制作技艺第八代传承人，她用认真的态度，勤勉的精神、专业的素养，虚心求师学艺，严守传统，坚守质量，用精湛的技艺，向国内外的宾客展示着老字号非遗技艺的精髓；同时她不断学习和创新技艺，创制出的"五彩烧麦"荣获第八届中国美食节金鼎奖。

表 3-4 都一处传承人基本情况

代 别	姓 名	出 生	文化程度	传承方式	学艺时间	备 注
第一代	王瑞福	不详	不详	创始人	不详	1738 年创业
第二代	王领玉	不详	不详	父传	不详	王瑞福之子
第三代	王鸿儒	不详	不详	父传	不详	王领玉之子
第四代	李德山	1893 年	小学 3 年	师传	1911 年	师从不祥
	汪洪泰	1910 年	小学 2 年	师传	1927 年	师从李德山
第五代	丁宝兴	1918 年	小学 2 年	师传	1934 年	师从汪洪泰
	宋兆玉	1924 年	小学 2 年	师传	1946 年	师从李德山
第六代	宣和平	1946 年	中专	师传	1966 年	师从宋兆玉
第七代	李金秋	1955 年	初中	师传	1974 年	师从宣和平
第八代	吴华侠	1983 年	初中	师传	1998 年	师从李金秋

第三节 文传

所谓文传，即文献传承，即由掌握某种非物质文化遗产知识和技能的人利用文字、图像等手段将非遗知识和技艺以文献的形式记载下来，使这种知识和技能能够在活态传承无法实现的情况下得以继续保存。由于特殊历史原因，一定数量老字号非物质文化遗产是通过文献传承的，文献传承方式可以隔代，可以跨越家族，甚至可以跨企业。其中隔代传承较普遍，由于历史原因，部分非遗传承出现断层，一些技艺流失于民间，某些企业只能通过文献方式进行挖掘和保护。

一、"鸿宾楼全羊席制作技艺"及其传承

鸿宾楼的全羊席制作技艺入选第二批国家级非物质文化遗产名录。全羊席原是清宫举办盛大庆典活动时为穆斯林贵宾特设的席面，是高级别的清真宴席。慈禧太后六十大寿时，宫内曾用鸿宾楼全羊席作为太后的祝寿之宴。鸿宾楼全羊席有150余种菜点，含108道主菜，主菜之主料均取自羊身上各不同部位，在起菜名时却不见羊字，如"明开夜合"，是用羊眼皮制成；"红叶含霜"，是选用上好羊肝切成薄片炸制而成，具有"食羊不觉羊、吃羊不见羊"的特色。

由于历史原因，鸿宾楼全羊席制作技艺仅剩前人留下的菜谱。朱长安立志传承全羊席制作技艺，他带领鸿宾楼的大厨们根据文献记载和遗留菜谱，通过不断尝试恢复了全羊席，朱长安因此成为鸿宾楼全羊席制作技艺第七代传承人。恢复鸿宾楼全羊席制作技艺的过程历尽艰辛。如为了恢复用羊耳朵为主料的汤菜"余千里风"，须将羊耳朵切成极细的丝，再用余的手法配入上好的清鸡汤；要清出好汤，首先制汤材料要新鲜，火候要合适。朱长安为此刻苦练习，熬制清汤时，他寸步不离，仔细观察，时时记录总结，有时候一站就是好几个小时，累得双脚走路都酸痛。通过反复锤炼，才形成完整的全羊席非遗技艺传承。

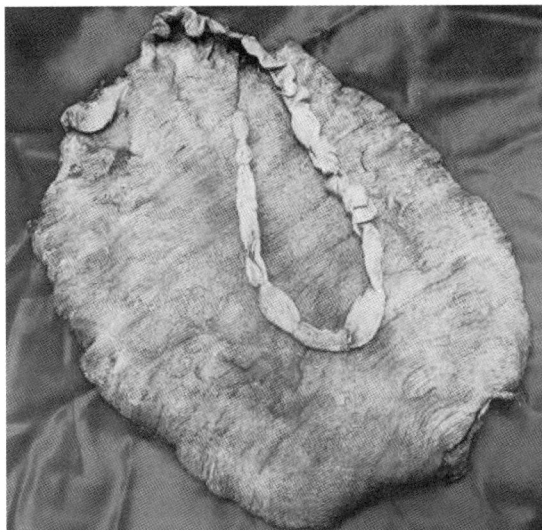

图 3-12 1934 年鸿宾楼东家重金购置的黄唇鱼鱼肚图　　　图 3-13 全羊席菜谱照片

二、"便宜坊"与"便意坊"的技艺对接传承

历史上便宜坊焖炉烤鸭技艺的传承也出现过断层。通过文献传承，以跨字号的特殊形式保留下来。

据便宜坊老人口述史料，1937 年卢沟桥事变爆发后，时任便宜坊掌柜曲述文禀明东家，陈述利害，誓死不在日寇的铁蹄下苟活。东、柜两家商议好，宣布便宜坊正式歇业，并将所余财产尽行捐给北平市慈善团体联合会。为了已有 500 多年历史的正宗焖炉烤鸭技艺不失传，曲述文将老号所存菜谱及烤焖烤鸭技法毫无保留地传给了鲜鱼口的烤鸭店"便意坊"，使便宜坊老号技艺得以传承，"便宜坊"和"便意坊"也通过这种形式形成非遗技艺甚至品牌的对接。1956 年，鲜鱼口"便意坊"实现公私合营，成为北京市唯一一家正宗"焖炉烤鸭"店。

图 3-14 1933 年经三纬四路的便宜坊

图 3-15 新中国便宜坊图：周恩来为便宜坊题"便利人民，宜室宜家"

三、文传对于非遗技艺传承的意义

老字号非遗的文献传承形式在传承过程中失去了活态的基因，与"活文物"相比，其非物质文化遗产的价值可能会削弱，但不能以此否定其非物质文化遗产的属性和特有价值，在特殊历史时期是一种非遗传承的补充方式。在现代社会，我们更要鼓励老字号将非遗技艺及文化通过文献形式保护起来，使之标准化、理论化、数据化，把凭感觉非量化的技艺予以标准化、理论化也是避免传承中技艺含量流失的重要手段。

在这方面，拥有国家级非遗项目——千层底布鞋制作技艺的鞋业老字号内联升就做出了可贵的探索。

内联升始建于清咸丰三年（1853 年），创始人赵廷早年在京城一家制鞋作坊学做鞋，掌握一身好手艺。在京城一位人称"丁大将军"万两白银入股资助下，赵廷创办内联升靴鞋店。内联升的千层底布鞋制作工艺继承了传统民间的工艺，精选纯棉、纯麻、纯毛礼服呢等天然材料，在此基础上发展创新，坚持"一高四多"，即：工艺要求高，制作工序多、纳底的花样多、绱鞋的绱法多、样式多。制鞋手艺通过口传心授加以传承。

第四代内联升千层底布鞋制作技艺传承人何凯英道出真经：手工打造的千层底布鞋，首先是料好，讲究用纯棉制成的白布，用高筋粉做糨糊，制作中要靠湿度去活化，反复黏合。其次是制作工序相当讲究，鞋底层数、纳制都有严格要求，比如男鞋 35 层，纳制纳心儿也有讲究，在每平方寸要纳 81 针，一字底 2100 多针，十字底 4200 多针。每一针穿线的麻绳在布中间形成麻钉，就把一层层的布锁住。针码错落有致，层次分明，非常规矩。针细线粗的技艺是机器做不到的。一双鞋由 40 多种制鞋工具、90 多道工序纯手工打造的内联升千层底布鞋，需要一名工艺娴熟的师傅一个星期的时间才能制作出来。因为内联升重视质量，名号渐渐叫响，即使 50 两银子一双鞋的高价，也让顾客是踏破门槛。当时，"头顶马聚源，脚踩内联升，身穿八大祥，腰缠四大恒"是上流社会人士穿戴的标配。洋务大臣李鸿章、两广总督刘长佑、恭亲王奕䜣等都是内联升的忠实用户，甚至清朝末代皇帝溥仪登基时所穿的龙靴，都是内联升所制。

内联升是做朝靴起家，精明的赵廷将所有来过店里的王亲贵族都一一记录在案，包括官职、鞋的尺码、喜好、面料，形成了《履中备载》，堪称中国最早"客户关系管理档案"。《履中备载》现已成为内联升的镇店之宝。

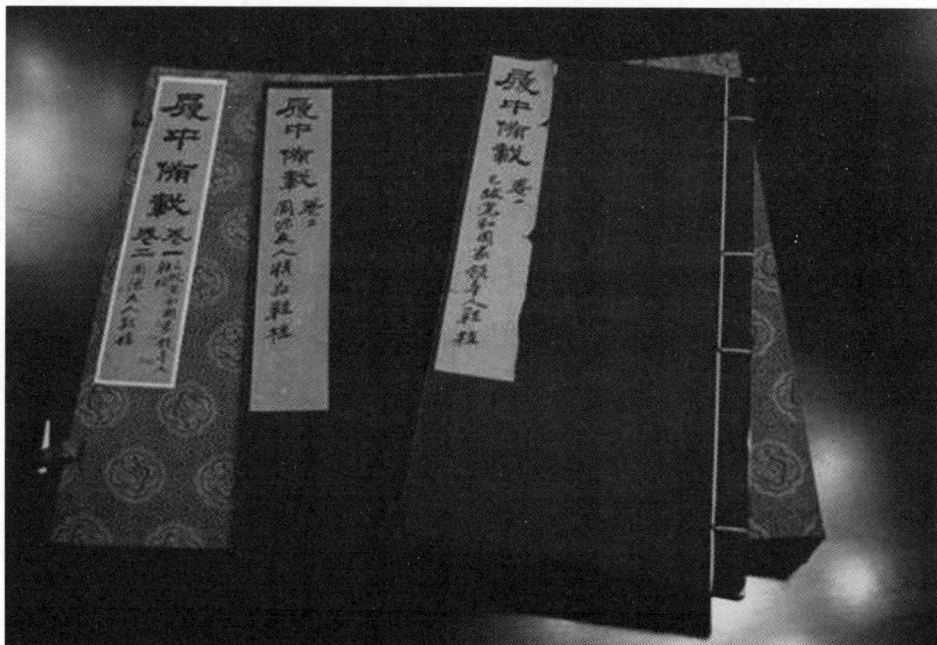

图 3-16 内联升《履中备载》

图 3-17 内联升鞋制作技艺第四代传人何凯英展示非遗技艺

如今，为了有效地传承内联升布鞋制作技艺，内联升通过文献方式，将制鞋技艺认真整理记录下来；又走访民间，将各种做鞋的规矩、讲究记录下来，在民俗学者的帮助下，将之整理成册，以供传承之用。这家老字号企业，也是我国布鞋国家标准的起草单位。

第四章　中华老字号非遗传承的基本能力

老字号非遗弥足珍贵，但随着社会发展、技术进步，市场经济大浪淘沙，相当一部分老字号因裹步不前，经营陷入困境，或被无情的竞争所淘汰。皮之不存，毛将焉附？因此，很多老字号非遗也因得不到合理的保护面临失传或已经失传。研究老字号非遗传承的现状、分析失传的原因、提升传承能力、有效保护老字号非遗迫在眉睫。

第一节　老字号非遗失传原因考

探究到底是哪些能力导致中华老字号非物质文化遗产得以有效传承，首先需要明晰当前能够传承下来的老字号非物质文化遗产，只是历史发展中幸运的极少数，更多的老字号及独特技艺已经在不同历史时期消失在历史的长河中。历史变迁和生活方式变化是导致老字号非物质文化遗产失传的两个主要原因，也使得经历历史风雨和时代发展依然能存续至今的中华老字号非物质文化遗产作为历史和文化的样本更为稀缺，具有特殊的保护和传承价值。

一、历史变迁

历史变迁使大多数老字号传承断绝。

以老字号聚集度较高的北京市为例。据对北京档案史料的查阅，《京师总商会各行商号》统计表明，清末宣统年间(1909～1911年)，北京商业行业中登记录入总商会的行业多达40个，有4541家正规店铺。据《1919年京师总商会众号一览表》，除了收录电报总局、电话总局、京盐公柜、制造厂、纺纱厂各1处，工厂2处，公司6家，银行18家，还有各商会43行4133家，以及采育镇商会19家，房山县商会119家商号。① 这些收录进总商会的商号多属于有一定资本实力、声誉影响较大的字号，由此推断，民国年间北京的商业字号数量应当远远超过5000家。

另据公私合营时期的资料，1956年1月10日，北京市人民政府召开资本主义工商业公私合营大会，宣布35个工业行业的3990户厂家和42个商业行业的13973户坐商被批准实行公私合营。② 尽管经过多年战乱，大量字号难以为继，但到1956年北京尚存13973户坐商字号。此后经过公私合营、"文革"，京商老字号一再经历社会历史动荡，今天北京尚存的老字号不过300余家。据2001年北京市商委调查数据，全市存量老字号约320家。

又据2011年、2013年北京市西城区商务委、东城区商务委分别组织的对辖区内老字号资源的调查显示，西城区现有95家老字号，东城区现存74个老字号品牌，东、西城是北京市中心城区，历史上的老字号主要活跃于其现属辖地内，两区老字号合并数仅为169家。相较13973户，仅有2%的老字号得以幸存，能够流传下来的原汁原味的非物质文化遗产更是凤毛麟角。

在历史变迁中，大量老字号非遗难以为继，难免消亡的命运。

以鞋业字号聚茂斋的布鞋制作为例。聚茂斋是清光绪年间的老买卖，至今仍保存在老北京的记忆里。该字号以制作双脸鞋、洒鞋、"老头乐"和"油靴"知名。清末民初，北京城的尚武人士、摔跤手、赶车、卖力气的人，都

---

① 北京市档案馆. 北京档案史料 [M]. 北京：新华出版社，1988—1989 合订本。
② 《辉煌五十年·北京》编委会. 辉煌 50 年·北京 [M]. 北京：北京科学技术出版社，1999.

爱穿聚茂斋做的双脸鞋和洒鞋，老年人爱穿聚茂斋做"老头乐"，雨天，顾客喜欢穿聚茂斋做的"雨靴"或称"油靴"。千层底制作技艺和绱鞋技艺是聚茂斋的核心技艺。据记载，当时一般鞋铺都是从专门生产千层底的底局子进货，而聚茂斋为了保证鞋底质量，自办底局子生产千层底。做千层底工序繁杂，先切底，工人把袼褙用大斧头似的切刀切成各型号的底片；第二道工序是"沿边"，工人用细白布条将底片四边都沿上（就是用浆子粘住），随后将千层表面那层用白布包上；第三道工序是圈边，第四道工序是纳面，这道工序都是外加工，聚茂斋对工艺和质量要求极严。对圈边的质量要求是针脚齐、密，杀得紧。对纳面的质量要求更严，不仅要针脚齐，有杀手，而且必须一方寸要一百针，最少不能少九十针。第五道工序是锤底，这道工序由聚茂斋底局子工人自己干。在锤底前，先将底子用开水浸泡，并用棉被包缠。用一天一夜，硬底都泡软了，工人用十几斤大平底铁锤在大平青石上锤。既要锤平又要整底形。最后将锤好的湿底晾干，千层底才算完成。正是经过这样严格的工艺流程，聚茂斋千层底耐穿，不折不断，不开花，成为聚茂斋靴鞋铺的一大特色。绱鞋分五绱、反绱两种。双脸鞋、洒鞋是正绱，千层底小圆口鞋是反绱。正绱最要手艺，因为正绱不能上鞋楦，工人用双手拿着鞋帮和鞋底直接缝绱。反绱是将鞋帮和底子反着绷在鞋楦上，绱好再翻过来。聚茂斋绱的鞋，不管正绱还是反绱，要求必需腮满、跟圆、腰平，腮满是鞋前两边鼓整好看，跟圆是鞋跟圆整，腰平是鞋的中腰没皱折，平整，这其中包含了千锤百炼的技艺和不传之秘。遗憾的是，这家具有优良品牌和技艺传承的字号在抗战时期消失了。1937 年，日本侵略中国，北平沦陷。日本侵略者疯狂掠夺华北占领区的物资，以便扩军进行更大规模的侵略战争。因此，聚茂斋所需的棉布奇缺，又由于北京人民，有的工商者破产，有的佣工者失业。过去买鞋穿的，改为家中自己做鞋穿。聚茂斋的生意一落千丈，年年亏损，最后无法维持，最终于 40 年代停业。聚茂斋及其核心技艺的消亡，是我国历史上众多老字号及非遗技艺的共同命运。①

二、生活方式的变化与演进

历史上不同时期生活方式变化与演进，也使众多老字号核心技艺失去了生存的土壤和价值。如北京历史上京式糕点铺的典型代表聚庆斋，其创始人田庆隆具有祖传糕点制作手艺，又曾在内务府衙门尚膳监甜食房当差，对宫廷糕点制作技艺有实践心得。在他的经营下，聚庆斋保留了清宫糕点精工细作的特点和技艺，赢得了广泛的声誉。清同治以后，宫内所需饽饽相当部分由聚庆斋供应补缺。在北京市场上，聚庆斋销量很大，除按季节供应时令糕点外，聚庆斋还为民间办喜庆事、为庙观祭祀活动制售特需糕点。如婚娶讲究"放定过礼"，此礼品就是外观十分喜兴受看的"龙凤饼"，一般大户人家一次要购上百斤。又如生小孩、坐月子、娘家、亲友祝贺要送香甜易消化的"缸炉"，聚庆斋的"缸炉"有绝活，深棕色，毛边、裂纹均匀，入口即化。再有供应庙观供佛祭神专用的奶皮自来红、自来白、大八件等，均有特色。清朝灭亡后，聚庆斋业务仍然蒸蒸日上。19世纪末、20世纪初，在北京共开设了6家"聚庆斋京果铺"，已形成规模生产并具有批发业务。②从存档首都图书馆的清光绪三十二年（1906年）所制《京师商会名号一览表》可见，仅东四牌楼路东、路西、五条口就开有三家"聚庆斋京果铺"。我们都知道，新中国成立后移风易俗，庙观祭祀活动、岁时节令的庆祝活动、生小孩、坐月子等传统的民间礼数讲究都不再沿袭，聚庆斋正宗的京式糕点制作技艺自然也就湮没失传了。

内联升的朝靴制作技艺也是如此，内联升历史上以制作高品质朝靴闻名，

---

① 韩凝春.中华老字号非物质文化遗产基本传承能力初探[J].北京：时代经贸，2020(4):67—74.

② 郭建宇.中秋更思"聚庆斋"——访北京市聚庆斋食品厂[J].北京：中国食品，1994(8):30.

该字号著名的《履中备载》就是一份详细的官员客户档案。内联升所制朝靴鞋底厚达 32 层，外表看去厚而不重穿着舒适、轻巧，走路无声；黑缎鞋面缎面厚，色泽黑亮，精神爽利，久穿不起毛；如果沾了尘土，用绒鞋擦轻轻刷打便干净闪亮。这样的朝靴一双卖价白银几十两，是当时名副其实的奢侈品，也是下层官员逢迎长官的特殊礼品。随着清王朝的覆亡，这种产品不融于继之而来的新时代，自然也不免消亡的命运，朝靴制作技艺也随之在历史风雨中消失了。内联升只保留了千层底布鞋制作技艺。

由此观之，能传承至今的中华老字号非物质文化遗产一定是穿越了历史，且能够适应新的生活方式或在今天仍有社会需求的。这样的字号即使由于种种原因而不再存续，其非遗技艺和文化依然能够传承不绝，如老北京正阳楼的切羊肉技艺。据清人夏仁虎在其《旧京琐记》中介绍："肉市之正阳楼，以善切羊肉名，片薄如纸，无一不完整"《旧都文物略》中亦有"（每年）八九月间，'正阳楼'之烤羊肉都人恒重视之……切肉者专门之技，传自山西人，其刀法快，而薄片方整……"的记载。正阳楼是老北京"八大楼"之首，除了涮肉还有一门螃蟹宴的绝活。随着正阳楼的衰落，这两种技能的命运也各自不同。切肉技艺为东来顺所传承，东来顺创始人从正阳楼高薪聘请名厨，传承了手切羊肉的绝技，也成为当前国家级非物质文化遗产"东来顺牛羊肉烹饪技艺·涮羊肉技艺"的核心技艺。而在北方地区，螃蟹不如羊肉那么新鲜易得，作为富裕阶层的特殊奢侈享受，由于在以后的历史发展中，在相当长的时期失去了消费的土壤，无法对接合适的生活方式，螃蟹宴制作技艺由此逐渐失传。

第二节 老字号非遗技艺传承的现状

我国拥有国家级非遗技艺的中华老字号一共有 100 多家，随着我国经济社会深刻变革、对外开放日益扩大、互联网技术和新媒体快速发展，这些中华老字号企业的发展出现了两极分化现象。部分成为中华品牌的代表，如贵州茅台、全聚德、同仁堂等；也有相当一部分中华老字号企业经营陷入困境。如有些非遗项目保护不力，市场化能力和品牌创新动力明显不足，经营规模小、企业效益差；有些非遗项目的传承人收入不高，难以得到与其自身精湛技艺相匹配的收入，而学徒收入更加微薄，非遗传承面临因激励不足而陷入困境；有些老字号企业对非遗知识产权保护意识比较淡薄，对传统技艺重视不够，珍贵的传统技艺和经营理念得不到有效传承；有些孕育、滋养老字号非遗的地理环境受到城市扩张、拆迁改造、撤并乡村的挤压，使老字号非遗失去了生存土壤和空间；有些老字号非遗特有的浓郁民族特色、乡土气息被当代流行文化所包围；有些老字号非遗的精湛手工制作技艺的传统生产工艺被机器大生产所替代。所以说研究中华老字号非遗技艺的传承要根据不同的现状区别对待。

一、外部环境变化下的老字号非遗技艺

根据调研总结，目前威胁老字号非遗传承的主要来自市场环境的变化、现代技术的冲击等。老字号非遗技艺存在于特定的历史条件和社会环境，这些条件和环境的适应往往需要几代人甚至数百年的探索。老字号非遗技艺，能够长时间被市场认可，已经是企业发展的奇迹。就像一个物种，决定其繁盛与否的是适应自然环境的能力，同样的，老字号非遗技艺的环境适应性决定了存亡兴衰。具体说来这些环境条件包括文化传统、技术基础、自然环境、市场环境。其中文化传统如天人合一的自然观和和谐中庸的传统文化等，其

变化是相对缓慢的，是老字号非遗存在的根脉所在，是老字号非遗技艺原发性创新的基础。自然环境是指老字号非遗技艺所赖以存在的原材料、温度、湿度等特殊的自然条件，由于许多老字号技艺的存在正是与自然的和谐共生中去认识自然和改造自然的产物，因此自然环境是老字号非遗技艺存在的基础条件。自然条件是脆弱的，自然条件的退化使得老字号的技艺无的放矢，失去原汁原味的工艺价值。市场环境是老字号非遗技艺能够存在的外部推动力量，拥有市场消费支持，会使得老字号非遗技艺能够实现老字号非遗的经济价值，为老字号非遗技艺的存在发展提供动力。如果市场需求的变化，使得老字号非遗技艺无用武之地，那么其衰败就是必然的。不能够适应环境变化的技艺就像恐龙等古生物一样，由于环境的变化，引起物种的消失。这类技艺去活态传承是不可能的了，能够做到的只是保存好其资料，放进博物馆。好一点的物种，就像大熊猫一样，失去了存在的环境，但是经过保护能够进行有限制的繁殖，就是说虽然这类老字号非遗技艺失去了其市场自生能力，但是为了其蕴含的价值，需要保护其活态传承的能力。第三种物种，虽然能够自我繁殖，但是由于其依赖的环境逐步退化，只能实施区域环境保护的措施进行保护。类似的老字号技艺虽然能够在市场中生存，但是由于服务于利基市场，本身生存空间不大，而且其所依赖的原材料在退化，技艺的生存能力在衰退。这一类企业需要保护好其生存环境，使其维持小规模的生产。最后一类企业则属于能够适应目前的环境，并服务于主流市场，能够很好地生产性传承。这一类的企业要处理的是抵制住市场的诱惑，处理好技艺传承与利润市场诱惑的关系。

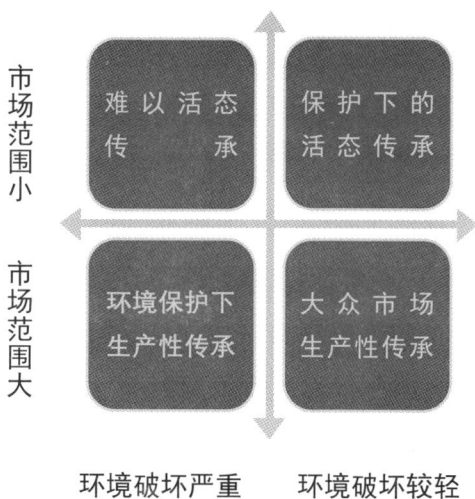

图 4-1 老字号非遗传承现状分析图

在老字号非遗技艺中，像恐龙一样的物种基本没有，大部分老字号企业仍然具有一定的市场空间。比较有代表性的有这样三类：一类老字号比如瑞福祥、马聚源、戴月轩等，市场空间由原来的大众市场变成了小众市场，则其生存方式没有实现大规模生产的改造，仍然大致保留着传统工艺。另一类老字号如工艺美术类老字号，如陶瓷、景泰蓝、家具制作等行业的老字号，产生仍然采用手工制作为主，由于文化属性较高，随着传统文化的复兴，其迎来复兴的发展机遇。第三类老字号企业如白酒、制醋、餐饮等行业的老字号企业，其产品仍然具有较大的市场空间，大部分将其产品工艺进行了大规模的现代化改造，改造较少的表现为，受到自然环境的退化影响，采用了现代大规模生产工艺，但仍然保留了部分传统工艺的制作，或者用于小规模生产特色市场要求的产品，或者用于满足体验型的消费市场宣传。由于后两类情况的老字号数量较多，非遗技艺的传承比较具有代表性，因此下面重点分析一下。

二、现代技术冲击下的传统工艺

瑞士物理学家施普伦认为产业生产过程中时间、信息和能量三者是相互代偿的关系。我们人类在完成一份既定工作时，如果其中一个资源消耗的特别少，那么其他两个资源就要消耗的特别多，三角形中的任何一个交点都代表完成一项任务所需要的三个要素的特定组合。

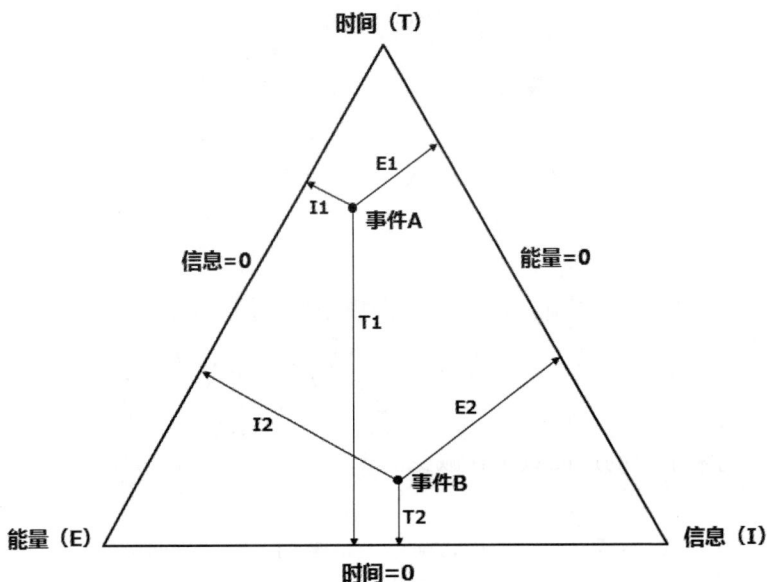

图 4-2 施普伦三角图

老字号非遗的生产属于农业社会手工作坊的模式，相对于工业化大生产，其耗费的能量较少，得到的信息较少，生产时间较长。到了工业化、信息化时代，大量能源的利用和信息技术的提升，使得产品生产时间大大缩短。这使老字号非遗企业面临着一个两难选择。一方面，作为一个企业，其营利性要求适应市场变化，对非遗技艺进行相应的改造。另一方面，非遗技艺的价值在于其原汁原味的传承，现代化技术引入的不慎，则会破坏其蕴含的价值。

面对现代技术的冲击，老字号的生产主要产生了两方面的变化，一方面是老字号基本保留了传统工艺，只是部分的运用机械能力替代了部分人工或自然力，减少了手工制作的劳动强度，比如景泰蓝制作的制胎工序——景泰蓝主要制作工序之一。景泰蓝的造型美观与否，首先决定于"制胎"工艺。制胎是将合格的紫铜片按图下料，裁剪成不同的扇面形或切成不同的圆形，并用铁锤打成各种形状的铜胎。以瓶子为例，它由瓶嘴、瓶肚，瓶座三段锤接烧焊成型。明，清时有铸胎、剔胎、钻胎工艺，随着工艺技术的发展，现部分初胚利用机械进行车、压、滚、旋，实行机械制胎。只要其没有破坏传统的工艺流程，部分的机械改造，在保留甚至提高了质量的基础上减轻了劳动强度，这是值得肯定的工艺创新。即使是没有现代技术的冲击，老字号非遗技艺其本身也是按照提高效率提高质量的要求不断地创新的。因此这是值得肯定的。

另一类变化是对生产工艺中繁重的重复性的非核心技术进行了机械化的改造，甚至有的企业采用了流水线的生产工艺，整体性提高了生产产量，采用非遗技艺来生产的产品数量在减少。

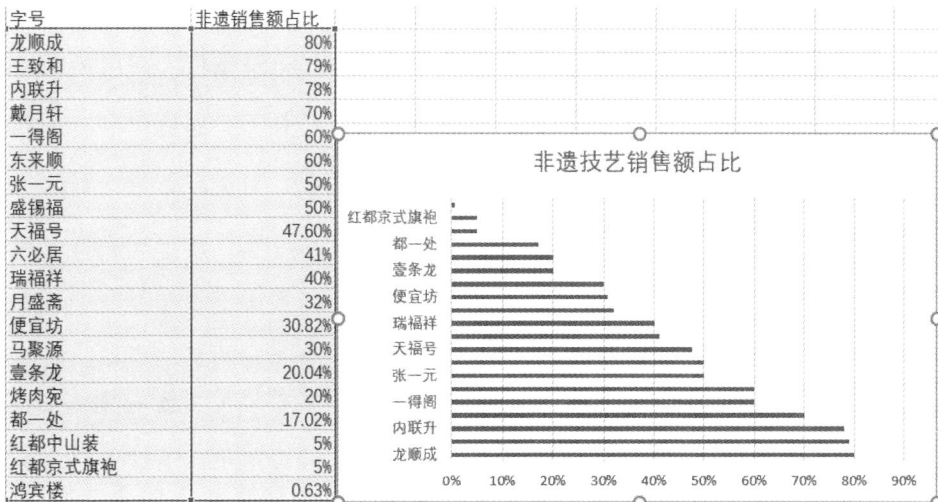

字号	非遗销售额占比
龙顺成	80%
王致和	79%
内联升	78%
戴月轩	70%
一得阁	60%
东来顺	60%
张一元	50%
盛锡福	50%
天福号	47.60%
六必居	41%
瑞福祥	40%
月盛斋	32%
便宜坊	30.82%
马聚源	30%
壹条龙	20.04%
烤肉宛	20%
都一处	17.02%
红都中山装	5%
红都京式旗袍	5%
鸿宾楼	0.63%

图 4-3　北京老字号非遗技艺销售额占比统计图

根据以上北京老字号非遗技艺销售额占比统计图可以看出，总的来看，非遗技艺在老字号的销售额占比平均中能达到 40%，这说明非遗技艺在老字号企业中占据着重要的地位。同时我们也看到非遗技艺在老字号企业中发展并不平衡，有的企业能够高达 80%，但有的企业却连 1% 都不到。那些老字号非遗生产占比比较低的，即是流水线的现代工业产品占据了生产的主导地位。这一类企业的老字号非遗技艺的传承值得重点关注。

三、手工制作与现代流水线并存的传统技艺

考察金华火腿、德州扒鸡、山西老陈醋的区域性非遗技艺的老字号企业我们发现，在实际的生产过程中，能够坚持小规模的手工制作的较少，大部分被机械化、流水线所代替。坚持手工生产的在低成本的产品的竞争压力下，生存状况堪忧。以德州扒鸡为例，在继承三百年传统工艺的基础上，德州扒鸡结合现代最新加工技术，基本实现了全自动化，然而手工制作仍然是德州扒鸡的精髓。积极倡导"生态散养，绿色健康"的产品消费理念，打造了一条由养殖、加工、运输、销售无缝对接的新型食品安全供应链，从而进一步实现了从育种鸡、孵化、饲养、检疫、加工、冷链运输及销售的全程质量控制过程，确保食品安全。2014 年，公司相继推出了珍禽系列定制产品，选取珍贵鸡种，遵循古法工艺，汲取中华养生文化之精髓，打造出独树一帜的高端滋补产品。永盛斋德州扒鸡：非遗传承人为公司总经理，在企业战略筹划上，德州永盛斋扒鸡集团选择重点实施品牌战略，并提出了由品牌继承到创新提升、由地域知名到全国驰名、由地方品牌到国家品牌的实现步骤，前两个步骤已经实现。2018 年 9 月，永盛斋扒鸡入选了外交部山东全球推介会的冷餐会，被端上外交部宴会餐桌。以第十一代传人刘儒子为代表的新一代扒鸡技师，大胆地尝试在不改变配方和传统工艺的前提下，中餐西做，为使这一民族特色品牌走出国门做好准备。目前已实现了扒鸡生产全流程管理的信

息化、程序化、数字化，使每只扒鸡"一品一码"和"全程可追溯"，真正使祖传训制成为企业做实做久的重要推动力量。以金华火腿为例，1954年10月，公私合营金华火腿厂正式宣告成立。公私合营的金华火腿厂成立后，制订了有史以来第一个火腿工艺操作秩序，考虑到金华火腿后继乏人，1956年招收了第一批火腿学徒进厂学习火腿制作技艺，巧立师徒合同，手把手教学，后来大多数学徒都成了企业的主要技术骨干。为了进一步开发技术人才，次年冬创办了全国第一所厂办火腿中学，由龚润龙担任校长，招收了32名学生，实行半工半读，既学习文化知识，又学习火腿制作技艺，重视实践，择优录用。大部分学生转为正式工，到1986年还有十多人留在乡村企业担任技术骨干，在由金华火腿厂培养的火腿学徒中的于良坤就在后来被评为金华火腿制作技艺国家级非物质文化遗产代表性传承人。像金华火腿的这种集体生产业缘传承的方式在老字号企业中属于比较普遍的现象。老字号企业作为现代的公司法人组织，具有更为严格的组织生产规范，体现经济组织规模化、标准化的传承特点。据金华火腿行业协会的统计，金华地区火腿企业众多，有30多家企业，其中老字号企业三家。金华火腿三家老字号的特点是：一、历史悠久，都在50年以上；二、都有传承体系，并有据可查；三、都坚持传统工艺正冬腌制，从未加工过反季节腿。以宣纸生产技艺为例，泾县小岭曹氏一族是宣纸生产技艺的主要传承者，传至20余代时，逐渐有外姓人介入，邢春荣师从宣纸主要传承人第26代曹氏族人。在曹氏传人第25—28代其他工种的技术人员指导下，通晓了宣纸生产的大部分技艺，在从事操作工期间，曾亲手培训过20余名晒纸学徒工。仍以技术带头人的方式，积极推进宣纸传统生产技艺传承人才的培训工作。是宣纸古法生产的主要倡导者与实施者。"我们年纪都大了，国家级传人中最小的也有50多岁了，大家都希望能把技艺传下去，但最关键的问题还是缺人啊！"宣纸制作技艺因为有国有企业的支撑，情况相对较好，但人才短缺仍是目前面临的最大问题。为了培养更多一线技工，他们通过当地一所职业学校开班招生，"当时计划招生30人左右，毕业后直接进厂工作，满一年还能报销学费，政策很好，最终有28人毕业，但现在只有2人还留在这个行当"。

目前该类技艺普遍采用的保护传承的手段有：制定产品质量标准、非遗保护法等法规；成立行业协会，制定知识产权保护机制；推广师徒传承形式，建立国家、省、市三级传承人保护制度；与职业院校合作建立订单班、委托培养等人才培养机制；建立博物馆、生产性保护地基等措施；少数技术属于国家秘密技术进行保护；少数的建立科技中心进行研发创新。该类技艺存在的传承困难在于：为了大规模生产，引进自动化设备，手工操作保留得少；由于环境破坏及其他原因，原材料不容易获得，且成本比较高；在市场竞争中大企业与小作坊并存，共享区域品牌，产品质量良莠不齐；传承人年龄大，后继无人。工作辛苦，且收入低，年轻人坚持下来的少。

四、复兴中的高文化属性的传统工艺

老字号非遗技艺中的比较具有代表性的一类属于传统工艺美术，比如陶瓷、景泰蓝、年画、家具制作等，和中医药类文化属性较高的老字号非遗技艺。所谓高文化属性一方面指的是工艺产品满足的是传统文化的需求，当传统文化繁荣的时候，其产品的需求较大。另一方面指的是，工艺产品的创造源泉来源于传统文化的其他形式，如书画艺术、青铜器物、中医药文化等。该类传统工艺美术具有相似的发展轨迹，一般始于小范围消费如服务宫廷，兴于达官贵人奢侈消费，盛于时尚流行时期，衰落于民生凋敝时期，复兴于民间消费新时代。以京作硬木家具为例，该技艺是在明清宫廷家具发展过程中逐渐形成的，到清代的康熙、乾隆年间达到鼎盛。嘉庆、道光以后，随着宫中各处殿堂家具的逐渐齐备，宫中的许多工匠流出宫外，散落民间。同治年间，有一个王姓木匠开办了取名龙顺的小作坊，为龙顺成的前身。新中国成立后，大小三十五家生产传统家具的厂家公私合营仍保留"龙顺成"字号。20世纪六七十年代开始，家具厂为外贸工艺品公司来料加工制造了大批的京作硬木家具，成为北京市出口传统家具的专业制造企业。1987年注册了龙顺成商标，产品远销北欧、东南亚、美国、古巴等地区和国家，为国家出口创汇做出了巨大贡献。此后由于国家外贸经济体制的改革，龙顺成被迫进入国内市场寻找出路，在第四代传承人的集体努力下，先后开发出供应市场的八件套产品，同时增加了与之配套的古典中式室内装修业务，在传统文化再度繁荣的民间消费新时代，迎来了企业的再度复兴。龙顺成的京作家具与中国传统文化：从美学上来讲，京作家具的美主要体现在木质生活美、造型古典美、结构自然美、技艺人文美四个方面。在百年的风雨历程中，龙顺成制作的硬木家具形成了自己的工艺特点：充分利用材质本身的色泽纹理，自然大方；准确无误的比例，协调而稳重；科学合理的榫卯结构，牢固耐用；线条胸襟流畅，雕刻适度，生动。龙顺成的创作源泉来自中国传统文化的审美艺术，其生命力来自传统的继承与发展。艺术来源和技术来源，都源自中国传统文化的繁盛。艺术的表现形式和表现题材来自仿古作品，如青铜器和书画传统，而技术原理则来自中国的传统科技思想。这类技艺从诞生到走出本地，走出国门，手工技艺也日臻完善，这一行进过程的直接动因就是消费需求，而承载这种需求的群体和消费对象的构成都是随着时代的发展而不断变化的。

该类技艺的公司化生产成了老字号保护的成功经验。新中国成立后，政府从供应原材料、贷款、技术指导、疏通销售渠道等方面给予大力支持，使得传统技艺行业发生了显著变化。首先，艺人们经济地位和社会地位有了显著提高，积极性和创造性得到充分发挥，产生了极大的工作热情。其次，艺人的进修、培训和技术交流使得技术走出了门派之别，得到较大提升。师徒制的普遍采用，传承有序，使得艺人群体扩大。传统技艺融入了产业化体系，走出了一条生产性保护、产业化发展的良性循环的道路。目前，该类技艺传承主要实施的是现代学徒制方式，在充分吸收传统文化的基础上，不断在技法上进行创新，如荣宝斋在从事经营活动的同时，注重对中国传统文化艺术的保护和弘扬，设立了集表演、展示和销售于一体的荣宝斋木版水印工作坊，实现了从政策性保护到以发展促传承的根本性改变。建设了符合木版水印要求的恒温恒湿车间。再如同仁堂，传承人从1986年起先后带徒弟十余名，把自己在实践中摸索总结的宝贵经验技术手把手传授给她的徒弟们，让他们在干中学、学中干，在传授鉴别技艺的同时，不忘向徒弟们灌输传统中医院文化以及同仁堂的制药精神，用同仁堂优秀的企业文化教育引导他们成为德艺双馨的同仁堂人。总之，由于市场的复兴和经营体制的不断改革，较好地保留了传承技艺并有进一步创新。该类技艺存在的问题是能否重现老字号技艺当年的盛况，担负起文化复兴的重任，这引发我们对于老字号技艺创新的思考。

第五章　老字号非遗传承模式

　　老字号非遗技艺从历史中走来，经过了兴起、发展、繁荣、衰落、复兴的历史阶段，从服务于小众到走向大众的市场环境，从城市市井到乡土地域，经历了从农业社会到现代社会的社会环境，传承方式从血缘传承、师徒传承到现代师徒传承，外部环境在变，经营方式在变，不变的是技艺传承的和谐中庸的工艺哲学、每一代传承人身上具有的德技兼修的工匠精神、技艺创作中的知行合一的实践特征，这是老字号基业长青的根本保证，是老字号非遗技艺代代传承的价值载体。老字号非遗技艺作为民间文化、技术知识，与精英文化、科学知识具有明显的差别，也有其历史的局限。老字号蕴含了具有大量的成熟精湛的技艺，但是缺乏艺术自觉，不为历史中的文人精英所注重，缺乏品鉴理论，隐藏在口传心授的方式的背后是缺乏创新工艺理论的凝练。有工艺大师但缺乏国画中的齐白石、西方的达·芬奇类似的工艺大家，在许多传世作品背后，缺乏个性化产品的署名。幸运的是，在传承谱系中的那些形象模糊的工艺大师们捧出了意义闪耀于时代的老字号品牌，而那些乡土文化中寂寂无闻的工匠，淹没在历史尘烟中，只有在那些坚韧的存在的民俗风情中的小技巧、小玩意，仿佛无声地诉说他们曾经的匠心独运。鉴于以上特点，我们从老字号非遗技艺的生产创作环境、口传心授的传承方式、精湛技艺的习得方式等角度去分析传承模式，力图揭示和谐中庸的工艺哲学、知行合一的培养过程和德艺兼修的培养结果能够长期存在的传承模式，为老字号非遗技艺这一中华文化瑰宝的长盛不衰寻找有益的传承模式。

第一节　老字号非遗技艺传承过程分析

老字号非遗技艺的生产采用自然材料，巧妙利用自然环境赋予的自然力量，运用手工制作的方式，在家庭作坊或手工企业中生产制作，满足官方和大众消费，赢得适当利润，来维护老字号的持续经营。老字号的技艺传承以师徒制为主，利用专注进阶式的技艺习得方式，培养了一代代德艺双馨的技艺大师。

一、手工艺制作

老字号非遗技艺属于传统手工艺，是人类知识的一种，以手工劳作为主，并辅助以手动机械和工具，按照一定的工艺要求，加工出来蕴含历史价值、文化价值的，具有实用性和审美意味的商品。

（一）具身性特征

手工艺制作有具身性特征。技术的"具身性特征"与具身认知 (Embodied Cognition) 性相近，有时也被译为"涉身"认知，其核心含义是指身体要素在人类对经验性知识的认知过程中发挥着关键作用，这种认知是指通过身体体验才能获得的知识形态。老字号非遗技艺具身性的特点，即通过长时期的手工操作，人的身体中手、眼等感觉器官提高了感觉灵敏度和动作的敏捷度等能力，就像理性思维附着在大脑中的记忆、逻辑能力相似，手工技艺能力附着在人的身体的感觉和操作器官中，形成了触觉、视觉和脑力的协调，在处理加工材料的过程中被调用和创造。在老字号非遗技艺中，身体中的手是操作的关键性的因素。工具和机械只是辅助，这是传统手工艺在人与自然协调共处中哲学价值的集中体现。

（二）情感性特征

手工制作改变了人的情感，也注入了人的情感。某种手工艺品与其说是

150

一种产品，更不如说是一种情感、审美和文化的载体。手工艺产生于前工业社会，这一时期人类的所有物质文明都是手工艺创造出来的，它的特点包含生产者个人的情感，手工艺品注重自然和生态的观念等，反映了人与自然的和谐和统一。法国思想家卢梭在《爱弥儿》里曾说："在人类所有的职业中，工艺是一门最古老最正直的手艺。它在人的成长中功用最大，它在物品的制造中通过手将触觉、视觉和脑力协调，身心合一，使人得到健康的成长。"他已注意到工艺技术对人自身成长的作用。

二、作坊生产或手工业工厂

（一）作坊生产

作坊属于创作生产空间，是老字号非遗技艺的空间载体。老字号在生产发展历史中长期存在着前店后厂的作坊式生产。作坊生产的特点是，利用自然的力量和简单的手工机械，根据材料的不同进行个别的加工。由于规模较小、空间有限，从业者在生产中是全程参与的，由于生产能力有限，仅能满足小众市场的要求。为了增加生产能力，随着老字号的发展壮大，逐步扩张为手工业工厂，将普通生产环节与关键环节适当分工，出现了技术师傅分工合作的局面，但仍然是个性化生产。作坊的传承优势在于，注重传承人的主动地位，在产业生产中能够发挥其重要作用，运用传统工艺生产，使其传承内容不受外来文化的影响。其劣势是，由于保密的原因，外部交流的较少，技术创新能力受到压抑。

（二）手工业工厂

随着生产规模逐步扩大，出现手工业工厂。在手工业工厂中，出现了营销管理职能的分工，生产则从作坊生产中的全程参与的生产过程，逐步过渡到技术师傅适当分工，出现了掌握核心的秘密环节、有配料的配方等高频的使用环境和深加工的创作环节等。在作坊生产到手工业工厂过程中，技术传承方式从血缘传承逐步过渡到师徒传承，师傅愿意教，并且愿意付出精力，是由于师徒制的制度安排保障了相互利益。师傅能够保持较高水准，是因为在生产中，面对着市场的压力，市场能够适时地给予反馈，保证技艺的活力。承传人根据制度安排具有一定的积极性。面对市场的需求，大量的产品生产和创作更有利于积累经验，如果是地域性传播的技艺，则技术的交流更加充分，有利于技艺的创新繁荣。

（三）老字号非遗技艺的演进

由于传统手工艺服务阶层及其生产管理机构的区别，基本可以分为官方（宫廷贵族）、行会（城镇）和乡村（家庭）三种手工艺生产形态。从历史演进中可以看到，老字号非遗技艺一部分始于家族手工制作，兴于手工作坊生产，而盛于手工业企业生产，其发展轨迹与市场的需求和规模是具有很强的相关性的。因此生产性保护最佳的状态就是作为大众产品，其次是小众产品，反之，不面向市场的产品是没有生命力的。所谓用进废退就是这个道理。

三、技艺传承

（一）血缘传承与师徒传承的局限性

传统手工艺的传承方式，主要包括师徒传承、家族传承、作坊（企业）传承和社会传承、学校传承等。古代社会以师徒传承、家族传承、作坊传承等封闭性传承为主；近现代社会以学校传承、社会传承、企业传承等开放性传承为主。传统技艺中是长久以来一代代能工巧匠积累而成的，在没有专利保护的时代，手工中至关重要的绝活绝技是世袭的血缘传承或是师徒方式单传的。如果艺人没有后嗣，技艺便会中段。比如广元三星堆那些青铜面目上的方孔，我们已经无法知道这些四千年前古蜀人用什么利器可以切割开这厚厚的青铜；也无法知道他们施用何种技术才能把坚硬的玉石切割成纸板一样的薄片，并打磨得如此细腻与光滑。其缘故便是这些标志着远古文明高度的手工的传承中断了。

（二）非遗保护性传承的优势

老字号非遗技艺是来自城镇的民间市场，或流行中地域文化中的精湛技艺的佼佼者，而店铺经营又使得技艺制作具有了经济利益的动因，在经济利益的驱动下，学徒培养或社会传承的引入，使得技艺的传承不会因为血缘关系的没落而断线。从非物质文化遗产传承的层面来看，这是一种最现实、最持久的生产性保护。老字号非遗在传统社会中保持的作坊式生产方式，由于规模小、资本少、生产过度分散，为经典手工技艺的传承带来极大的风险，可能导致珍贵的经典手工技艺在市场中自生自灭。

四、技艺的习得

（一）老字号非遗技艺的分类

老字号非遗技艺按照知识的公开性可分为：家族式秘密、企业级秘密、群体类秘密、完全公开资源等。

1. 家族类秘密工艺知识。指秘密配方、工艺等技艺，属于特定家族内部，未经家庭技艺持有者许可一般不向家庭外成员传播。

2. 企业级秘密级工艺知识。专属于某特定传统族群、团体，而且未经该技艺持有者许可不能对其进行公开的传统手工技艺。如南京金箔锻造技艺、焰火配置技艺，葡萄常制作秘技等。

3. 群体类秘密工艺知识。专属于特定传统群体，已公开，但对于该群体密不可分，并且对其具有重大精神意义的传统手工艺。如凤翔泥塑技艺、东巴造纸技艺、新疆土陶烧造技艺等；

4. 完全公开的传统手工艺资源，顾名思义，是指该工艺知识已完全公开，且其与特定地方群体的联系已发展为由中华民族共同享有的传统手工艺资源。

考察老字号非遗技艺传承的历史可以看出，老字号非遗工艺知识一部分属于企业级的秘密知识，比如老字号非遗技艺中的企业绝活、秘方等。还有一部分属于区域性存在的技艺，老字号企业属于传承群体中具有重要带头作用的，比如金华火腿、绍兴黄酒、山西老陈醋等。

（二）技艺习得的特殊性

非遗技艺的大师们保持了终身奉献绝技绝活的伟大决心，对于技艺的精进保持了不竭的动力。老字号非遗技艺属于基于情境的、以口诀和个人经验感悟等形式存在的知识。知识的习得需要长时间的练习、观察模仿和领悟能力，使之成为个性化、具身性的知识。老字号非遗技艺是知识创造与生产紧密联系的，科学的知识创造与生产的联系距离比较长。老字号非遗是干中学的方式，这是区别于一般知识创造的特点。干中学、知识的内涵既具有具身性又具有操作性。具身性要求与环境一体，操作性要求生产与知识学习一体化。知识的教授基于与学生的共同实践活动，超越了现代意义上的课堂时间和空间。

（五）案例分析

表 5-1 部分老字号非遗国家级传承人学艺过程及传承方式

序号	姓名	非遗项目	学艺时间	学习过程	学习成果	古代传承方式	现代传承方式
1	白永明	便宜坊焖炉烤鸭技艺	1978 年进入便宜坊，学徒两年半，成为新师傅。2006 年，烤鸭总厨师长。	反复练习，判断水温；记录鸭胚方法和体会 9 本	2009 年国家级非遗传承人	师徒	烤鸭班师带徒

序号	姓名	非遗项目	学艺时间	学习过程	学习成果	古代传承方式	现代传承方式
2	陈立新	东来顺牛羊肉烹饪技艺	学徒3年，近20年培养和锻炼，成长为独当一面的大厨。	启蒙时期，由师傅纠正动作、示范。学徒阶段，师傅讲解要领，反复演练。接受羊肉特性的系统培训。不仅教厨艺，还有厨德	1975年，献艺人民大会堂	师徒	2011年成立非遗技艺传承人工作室，选择德能勤技突出的8位青年为后辈传承人。建立非遗技艺实操训练基地，已经有传承人队伍80人。成立了由11名老技师组成非遗技能传承团队，发掘编绘新菜谱
3	朱长安	鸿宾楼饭庄全羊席制作技艺传承人	从事烹饪30多年		多次在全国烹饪大赛中摘得桂冠，主持研制的创新菜品红烧牛仔骨深受顾客欢迎	—	成立全羊席研制小组。把自己精心研制的创新菜品手把手教给徒弟，培养了一大批厨德高尚、技艺精湛的技术骨干
4	王刚	北京烤肉制作技艺	从事烹饪事业三十多年		带领烤肉技术研究小组成功解决了传统技艺最关键的口感、火候和统一调味汁标准三大难题。	—	2012年收6名徒弟，2017年收4名徒弟

序号	姓名	非遗项目	学艺时间	学习过程	学习成果	古代传承方式	现代传承方式
5	全聚德烤鸭技术团队	全聚德挂炉烤鸭技艺	从创业到现在烤鸭师已经传承了7代	—	1993年研制了改良烤鸭炉，1994年研制了快装式烤鸭炉。2002年全聚德烤鸭自动化成果荣获全国商业科学进步二等奖。多次圆满完成为重大国际会议、展览活动提供烤鸭供应服务	师傅带徒弟，单杆传承	1993年烤鸭传承人改变了过去师傅带徒弟的做法，形成了一只强大的烤鸭技术团队。变单杆传承为多杆传承
6	杨银喜	六必居酱菜制作技艺	从业近四十年	每天打靶近万次，日切菜50公斤，每根薄厚2毫米，像仪器一样精准识别含盐度。初学打靶、倒缸五年。再学取料、配菜，用心观摩，积累经验、潜心探索。改动配料，加大手工操作，创新低盐产品	—	—	尽管早已实现现代化机器加工生产，但保留唯一的纯手工制作车间
7	满运来	酱烧牛羊肉制作技艺	1964年学艺	初学基础知识近一年时间，掌握剔骨、裁肉等半成品加工，打好底子。师傅传授祖传秘方，签订三年保教保学的协议书。	研发三十多个品种，服务北京第十一届亚运会	家族传承，1964年打破"艺不外传"的规矩，开始师徒传承	2016年正式收马强、李广瑞为徒

序号	姓名	非遗项目	学艺时间	学习过程	学习成果	古代传承方式	现代传承方式
8	何凯英	内联升千层底布鞋制作技艺	从业30余年	在老师口传心授、手把手的指导下，不断在实践中学习，并在实践中全面、迅速掌握了内联升千层底布鞋制作技艺的90余道工序及其他经验和技巧	2010年获得北京商业服务业中华传统技艺大师称号。2013年被中国非物质文化遗产保护中心授予"第二届中华非物质文化遗产传承人薪传奖"	自建店采用子承父业传承方式。自1956年公司合营后，由父子传承变为师徒传承	经过三年零一月的学习与考核才能出师。自2009年起，建立了一套以传承人为首的"师带徒"岗位技能培养机制，师徒间签订协议。何凯英2009—2014年收4名学徒
9	李金善	盛锡福皮毛制作技艺	从业近四十年	初学徒，一针挨一针缝3个月皮子，直到缝出来的针脚都跟鱼鳞般的整齐，师傅才教"刺皮子"绝活。最艰苦的活是买皮子，盛锡福每年上万张皮子都是他从产地一张张挑的	为名人制作皮帽，成为皮毛款式设计能人，技艺带头人，编写《皮毛、皮帽裁剪制作工艺流程》一书，促进工艺流程化、标准化	祖传三代，第四代开始是师徒制度	师带徒2人
10	王秀兰	张一元花茶制作技艺	从业40多年	拜访张家后人张世显为师，多次走访老主顾，虚心请教，不断调整改进工艺，寻回了张一元花茶独特口味。亲自制定了《张一元茉莉花茶企业标准》	练就一手品茶绝活，在茶叶拼配、加工、评审方面具有很深造诣。成功恢复了失传58年之久的茉莉毛尖传统工艺。获第一届北京国际茶业展名茶评比金奖	—	建立传承人工作室及技能技艺展览室

序号	姓名	非遗项目	学艺时间	学习过程	学习成果	古代传承方式	现代传承方式
11	王学军	中国书店古籍修复技艺	从业三十多年	先接受古籍鉴定能力的培养，经测试合格再学习判断各朝的纸张、书皮和装帧风格，最后学习古籍修复技艺。整个学习过程长达数年，师徒相长	修复过众多历朝各代的古籍图书近万册，有不少属于国家一二级文物	师傅带徒弟	在中国书店古籍修复工作室培养第四代传承人
12	王辛敬	荣宝斋装裱修复技艺	从业近四十年	有着勤劳、朴素、工作认真的特点	—	师徒制	师徒制
13	高文英	荣宝斋木版水印技艺	从业三十多年	徒弟学艺一般5到10年；成熟则需要十几年，甚至二十几年的时间，最后学成者百里挑一。首先是学研磨，磨性子，磨炼专注力。然后是制作工具，反复打磨。再后是印刷，严格流程，认真操作		—	设立了集表演、展示和销售于一体的荣宝斋木版水印工作坊，实现从政策性保护到以发展促传承的根本性改变。建设了符合木版水印要求的恒恒很湿车间

158

续表

序号	姓名	非遗项目	学艺时间	学习过程	学习成果	古代传承方式	现代传承方式
14	柏德元	金漆镶嵌髹饰技艺	从艺55载	初学"一麻五灰十八遍"的技法；然后学了彩绘、雕填、镶嵌、刻灰等多种工艺，为以后发展打下了扎实的技术基础，后来师从王珍师傅，学习"四大断"传统技艺绝活，跟随师傅一起做活学艺，师傅教的绝活，都认真记在笔记里	2009年开始有计划有步骤地完成仿复制"历朝历代""海外遗珍""皇家风范"等系列经典作品300多件	师徒传承	制定了"继承、保护、创新、发展"的工作方针，并从保护传承人、保护技艺、创新产品等方面采取退休返聘的方法，让身怀绝技的师傅继续留在岗位上，传承技艺培养接班人。坚持开展"大师带徒"活动和建立"传承人工作室"，逐步形成了产品研发、技艺传承、人才培养的三者有机结合
15	种桂友	龙顺成京作硬木家具制作技艺	从业40多年	先后师承朱瑞琪、李喜尧学习木工。经过多年历练、学习与实践，熟知京作硬木家具的结构方法、制作工艺、绘图方法、放大样技艺、品相特点以及基本的中国古典硬木家具的断代知识，熟悉掌握了古旧家具的修复、复原技艺	为国际友人和国内高级宾馆饭店制作家具。先后修复了"清代乾隆时期黄花梨春椅"等多件古旧家具。1979年以来，负责起草了一系列技术质量文件	师徒制	2010年，积极参与文化遗产数字化数据库的录制工作，通过媒体向大众讲解宣传京作硬木家具的技艺历史、特点及技法

序号	姓名	非遗项目	学艺时间	学习过程	学习成果	古代传承方式	现代传承方式
16	康玉生	北京宫毯织造技艺	从艺60年	初学艺，先学缠线，分辨颜色，经过勤学苦练，掌握了毯匠的基本功；接着，师傅开始教平毯；再教剪花，"三分做，七分剪，剪花就是修正织的不足之处"，学会巧借缺失的部分进行修改，不显漏痕迹。学满三年零一节出师后，在实践中再磨炼多年，技艺日臻成熟	2003年，为抢救失传的盘金毯工艺，专门成立了盘金毯复原小组，康玉生名列其中，经过艰苦的努力，终于完成了盘金丝毯的创作，恢复了传统技艺，挽救了濒临失传的技艺，与此同时，康玉生在继承技艺的基础上对技艺进行创新，增添了艺术效果	师徒制	聘任国家级非遗传承人为顾问，传承弟子们为技术骨干，培育技艺人才，做到传承有序。努力将"北京宫毯织造技艺"的唯一性、原创性加入创新因素，使产品融入市场经济模式中。同时，公司利用法律武器保护优秀的知识产品，先后对盘金丝毯织造技艺进行了专利申请，对产品图案申报了版权专利

续表

序号	姓名	非遗项目	学艺时间	学习过程	学习成果	古代传承方式	现代传承方式
17	雷雨霖	鹤年堂中医院养生文化	从业50年以上	14岁学徒，先在斗房学习中药材汤剂等，后学丸、散、膏、丹等，经过两年学徒便能独立操作。19岁提升为丸药头带领制作。按规矩，凡是宫廷秘方只传给丸药头，因此又学了细料及套色工艺，掌握了"四宝酒"的宫廷秘方及制作工艺。鹤年堂的传统工艺是需要口传心授秘传下来的；一些关键性技术，仅经验掌握	雷雨霖制作的鹤年堂养生制品，在制作时，从原材料炮制到工艺都有特殊要求，要求非常严格，因此所生产的都是具有"久服鹤寿"的上药之品，受到各地群众的交口称赞	师徒制	改革开放后培养技术骨干20余人，指导徒弟研发养生制品100余种，其中"四宝酒"及养生饮料已经投入批量生产。还指导徒弟完成鹤年堂传统配本的挖掘整理工作。2004年，鹤年堂全面恢复师带徒传统，建立传承人队伍。正式接受9名徒弟，进行分类传帮带，经过近五年努力，徒弟已经成为掌握传统技艺的带头人

续表

序号	姓名	非遗项目	学艺时间	学习过程	学习成果	古代传承方式	现代传承方式
18	卢广荣	同仁堂中医院文化	从业50年以上	1958年当学徒工。学艺时期,从海狗肾到安息香,从一尺多长的巨型参到小如米粒的肾精子,甚至猪骨头、牛骨头都要深入研究。为了了解幼虎的虎骨与成年的豹骨的区别,向动物专家求教。药材鉴定还得掌握植物学、动物学、气象学和地理学等多方面综合性的知识	经过多年的刻苦钻研及学习,练就了十分纯熟的鉴别技艺,再逼真的假品也无法从卢广荣的眼皮底下蒙混过关	师徒制	从1986年起先后带徒弟十余名,把自己在实践中摸索总结的宝贵经验技术手把手传授给她的徒弟们,让他们在干中学、学中干,在传授鉴别技艺的同时,不忘向徒弟们灌输传统中医院文化以及同仁堂的制药精神,用同仁堂优秀的企业文化教育引导他们成为德艺双馨的同仁堂人,为同仁堂的发展储备了重要的人才力量

续表

序号	姓名	非遗项目	学艺时间	学习过程	学习成果	古代传承方式	现代传承方式
19	高景炎	北京二锅头酒传统酿造技艺	大学毕业后，至今从业40多年	一年车间实习生活，详细了解车间每一道工序，完成了质量调查专题报告。此后直接参与资深白酒专家组织的新产品研发，研发出了红星二锅头新配方。师承王秋芳，在其指导下落实归口厂严格按照二锅头生产规程统一操作，然后对产品酒进行质量鉴定；组织国家名酒生产工艺引进北京的研究与指导工作	1982年成为主管技术的副厂长，组织编写二锅头酒产品工艺规程、操作规程、工艺规范等书籍，至今被奉为二锅头酒生产的重要文献。1984年指导北京酿酒企业把好质量关参加轻工部酒类质量大赛，获奖总数和获奖产品名列全国第一	采用名师带徒、口传心授的传授方式；每月给出突出贡献的传承人津贴补助	在高景炎大师人才培养理念指导下，做好传承梯队建设。二锅头非遗技艺至今已传至第十代。建造了北京二锅头博物馆与前门源升号博物馆，并设立了二锅头酿造技艺传承工作室——大师传习所。在大师的指导下，博物馆逐渐成为集非遗展览、推广、学术交流和研究为一体的综合平台

续表

序号	姓名	非遗项目	学艺时间	学习过程	学习成果	古代传承方式	现代传承方式
20	王忠臣		1959年毕业于河北轻工业学院，1964年进入牛栏山酒厂任技术员和化验员，后任酒厂总工程师	传统酿造工艺包括酿酒师对酿造工艺的灵活运用和其熟练掌握技巧两方面。首先，酿酒师根据季节、气候、原料以及空气温度、空气湿度等具体条件对整个酿造过程进行总体把握。同时，每一道工序又各需其熟练的掌握并且达到相应的要求。比如掐酒，掐酒师傅全凭丰富的经验，根据酒花大小、存在时间长短、出酒的口感来掐去酒头酒尾	—	—	牛栏山二锅头自己独特的传统酿造工艺，其中对水源、发酵工艺的认识和掌握，各个环节均为酿酒师艺历代实践经过总结，师徒相承至今通过徒传	有序传承第八代、第九代传承人

续表

序号	姓名	非遗项目	学艺时间	学习过程	学习成果	古代传承方式	现代传承方式
21	宋世义	玉雕	18岁毕业于北京工艺美术学校，后在北京玉器厂从事玉器设计和制作工作，跟随多名玉器大师学习	中国工艺美术大师：技法全面，手法多变，构思严谨、章法合理、工艺细腻，能够驾驭的作品题材较为广泛	—	—	—
22	李得浓	潮州木雕	24岁就进潮州木雕厂学习木雕和传统雕塑创作	中国工艺美术大师：刀刀用工，点点扎实，分寸把握全凭经验和感觉，丝毫不拖泥带水	—	—	—

通过分析 22 个国家级非遗传承人的学艺过程进行分析，可以得到以下几点结论：

1.传承人基本都是从学徒开始，经过三到五年的学徒过程，出师成为合格技工，再经过不少于三十年的技艺成长，才成为拥有精湛技艺的大师。分析其学艺过程，我们发现这样一些要素起到了重要的作用：百年传承的稳定的技艺模式、生产与学习一体化的实践学习过程、任务目标分解下的操作规程、长时间的专注练习、师从名师的积极反馈机制、无时不在的竞争与挑战压力。

2.老字号非遗技艺历经数代传承，经过历代技艺传承人的调整完善，已经形成了成熟稳定的技艺模式。该模式蕴含了已经被技艺传承过程所证明的工艺制作和技艺习得的有效路径，也就是说这些行业中能够保证技艺习得能够稳定实现从学徒到大师的成长，该路径保证了历代传承人的技艺习得过程的可复制化。

3. 技艺习得的过程是生产与学习一体化的"干中学"模式。学徒工开始从事艰苦的基础工作，然后逐步进入工艺流程的生产制作，学艺过程都是与生产过程同步进行的，学艺过程特别强调学徒自己的悟性，悟性高的学徒能够从生产过程中手脑并用，体会师傅的口传心授的内容。

4. 学徒技艺习得是按照工艺流程要求逐步进行的。工艺流程既是生产的标准，实际上也是学徒技艺进阶的目标分解。学徒工按照师傅规定的工艺流程和动作来，每一步操作流程实际上是任务目标的分解，每一个动作的规定都是历史上千锤百炼经验的总结，要达到进阶的目标，这种规定是历史总结的最佳方案，徒弟要完成的是反复的练习，直至达到要求。对比一般的学习任务，老字号学徒的学习任务在工艺流程和师傅的要求下实践，针对性更强，挑战性更大，工艺能力上升的目标更明确。

5. 老字号非遗技艺的练习是专注的。徒弟一开始就专注于他的任务，随着工艺的复杂程度增加，专注力越来越强。研究表明，专注于某一项特定技能，就会迫使某一特定大脑回路在隔离的区域不断地燃烧。反复利用同一大脑回路，就能促使少突细胞在这个回路的神经元周围包裹髓磷脂，从而有效地固化这种技能。因此，要想高度专注于当前任务，避免干扰非常重要。深度工作有助于精英级产出的实现。生产力公式指出，高质量工作产出＝时间×专注度。因此，工作时专注度达到最高，单位时间里的工作产出也将实现最大化。

6. 师傅的指导，是一种及时的学习反馈。同业的竞争、行业的比赛等是学徒面临的新的挑战，使得自己能够走出舒适区，技艺日益精湛。学徒过程具有明确的出徒的规定，学徒生产的产品质量达到标准或者每道工序能够按照标准完成。学徒技艺的学习师从名师，在每一个操作环节上，能够得到师傅的明确反馈。一般而言，不论你在努力做什么事情，都需要反馈来准确辨别你在哪些方面还有不足，以及怎么会存在这些不足。如果没有反馈（要么是你自己给自己提出的，要么是局外人给你提出的），你不可能搞清楚你在哪些方面还需提高，或者你现在离实现你的目标有多远。

7. 观察老字号非遗技艺大师的成长过程，我们发现在技艺精进的过程中，他们总是面临着各种挑战，比如行业竞争行为、市场的变化、参加行会组织的同行比赛、承担社会的重要技术任务等，这都使得从艺者，不得不走出自己能够熟练把握的舒适状态，而迎接新的挑战，这一类行为给了大师们新的刺激，努力之下使得技艺更进一步。不论什么时候，只要你在努力提高自己在某件事上的水平，都会偶然碰到那些障碍，也就是说，在某些时刻，似乎你不可能再取得任何进步了，或者，至少你根本不知道自己该做些什么才能提高水平。这是自然而然的。克服这种障碍，往往除了需要正面的激励以外，也需要学习者本身具有强大的动机，从老字号非遗技艺大师身上我们看到了他们从艺的决心，干一行爱一行的终身奉献精神，这都是克服技艺进步障碍的强大力量，不可忽视。

第二节　老字号非遗技艺传承模型

通过分析历史上的老字号非遗技艺的传承过程，我们发现老字号非遗技艺传承赓续了民族特点的工艺哲学和德技兼修的工匠精神。

一、老字号非遗技艺传承模型

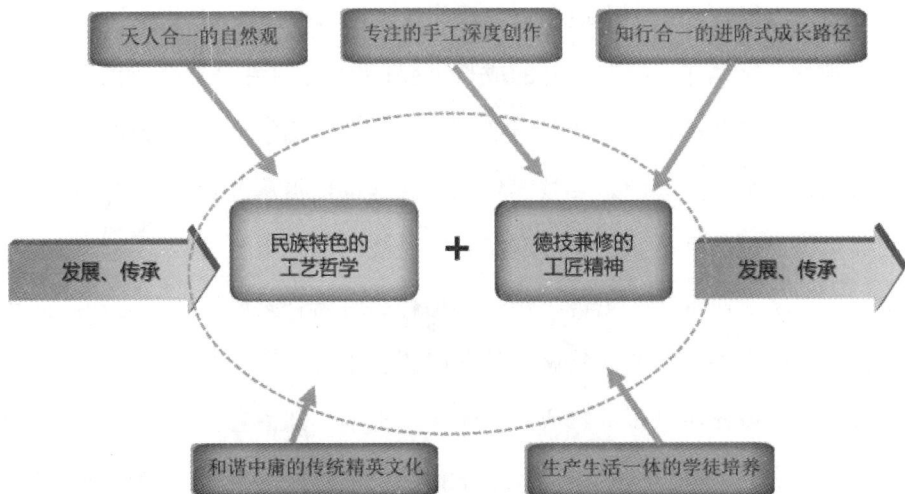

图 5-1 老字号非遗技艺传承模型

二、民族特点的工艺哲学

民族特色的工艺哲学一方面是天人合一的自然观，表现为注重取材，顺应自然力的工艺基础。天人合一的自然观，前文多有阐释，在此不再赘述。另一个方面是和谐中庸的传统精英文化，老字号非遗技艺特别是工艺美术创作哲学多受传统精英文化的影响。所谓根深才能叶茂，老字号非遗技艺需要特定的艺术来源、技术支持。在工艺时代里，工艺的特点在于它的装饰性、精巧性、技能性、审美的地域性和审美心理的市井化，这始终与书画艺术、法式营造等精英文化关联度较高，创造源头便在于此。比如独具特点的潍坊木质嵌银技艺，与其他地区相比，由于潍坊地区青铜器收藏和青铜器铭文的释读之风盛行，使得艺匠们有条件看到一些青铜真品，甚至可以模仿青铜器上各种图案的金银错花纹，这对木质嵌银技艺的诞生起到了直接催生作用。

168

另外潍坊一代有众多的画家和画作，为嵌银形象创作提供了艺术宝库，这也是此种技艺赖以发展的艺术来源之一。比如龙顺成的京作家具充分体现了传统文化的特点，从美学上来讲，京作家具的美主要体现在木质生活美、造型古典美、结构自然美、技艺人文美四个方面。在百年的风雨历程中，龙顺成制作的硬木家具形成了自己的工艺特点：充分利用材质本身的色泽纹理，自然大方；准确无误的比例，协调而稳重；科学合理的榫卯结构，牢固耐用；线条胸襟流畅，雕刻适度，生动。龙顺成的创作源泉来自中国传统文化的审美艺术，其生命力来自传统的继承与发展。

三、德技兼修的工匠精神

德技兼修的工匠精神的培养首先来自长期专注的手工制作，其次来自知行合一的进阶式的成长路径设计，最后来自生活教育、生产教育一体化的学徒培养模式。这三者的完美结合，使得传承人不仅仅具有了精湛的技艺，而且具备了朴实、诚信、坚忍不拔、追求卓越的优秀品格。德技兼修的培养目标也是现代教育所追求的，同时也是现代职业教育面临的难题，这使得弘扬老字号非遗技艺的传承方式成了职业教育的颇具时代意义的主题。

精湛技艺离不开长期专注的手工制作。通过前文分析，我们看到老字号非遗技艺大师大多从业至少三十年以上，长期的专注手工创造方让他们拥有了异乎常人的协调的身体和敏捷的双手。老字号非遗技艺是特有的手脑长期并用的人类知识创造体验，具有独特的价值。正如柳宗悦所说："手的灵动在于其乃心之所向。"[①] 手的敏捷与准确，被赋予了不可思议的技术。手工技艺的具身性特点，使其成为一项经验性极强的知识形态，难以量化，也不易通过文字、语言等信息去传达，而是人的意念、手以及物质材料相磨合的产物，

---

① [日] 柳宗悦著，金晶译．日本手工艺 [M]．北京：北京联合出版公司，2019.

三者缺一不可，针对不同的材料，人类才能萌发出来砸、砍、磨、削、刮、撕、揉、洗、捏、拼、涂、绘等的手工技术形态，经过训练，这些手工技术的符号系统已经灌输到人们的意念和身体机能之中，在相应的环境中，只要三种条件具备，技术的条件反射和实施则顺理成章，精湛技艺的养成正是得以于此。

老字号非遗技艺的习得是知行合一的进阶式的训练结构。老字号非遗技艺的习得，具有这些特点：1.目标技能是一种能力而不是知识。2.专家大师拥有的能力包括手上的感觉、心理的状态、观察的方法。3.技艺的习得成长具有明显的从学徒、师傅到大师的进阶性、挑战性。4.反复训练改变了身体敏感度、身体控制能力和协调能力。首先从学徒到师傅到大师，其学习的领域和标准有明确的要求。初始学徒一般从事基础的处理原材料的工作，并没有进入产品制造的操作流程中。逐渐的，开始熟悉产品的操作流程，直至能够完成合格的产品，方能出徒成为师傅。成为师傅以后，在固定的领域内，不断积累经验，磨炼手法技艺，直至能够完成个性化的产品，获得行业内顶级的荣誉，才能成长为大师。在成长的过程中，师傅的口传心授起到了引导的作用，学徒的悟性则提供了内在的动力，而传统的工艺流程则为技艺的学习提供了基本的成长路径。

传统的工艺流程与现代的工艺流程有根本的差别：1.传统工艺流程是基于手工操作的。而现代工艺流程是基于大规模生产流水线的。在传统工艺中，人是生产的主导者，人在操作利用工具。而在现代流水线工艺中，机器占据了主导地位，技术工人的地位被弱化甚至是被排斥，人成为机器的附庸。实际上，传统技艺最直接威胁就是现代工艺。2.传统工艺流程是为了充分利用自然的生产条件来设计的。围绕着空气、水、温度、湿度等自然资源的充分利用，顺应它们的规律性变化，季节性比较强，有时候甚至不能保证空间的并存和时间的继起性，这是现代工艺流程所尽量避免的，因为这意味着效率的降低。

　　老字号非遗技艺普遍采用学徒培养模式，所谓一日为师终身为父。师傅不仅仅注重技艺的传授而且还注重徒弟品行的培养。从上述分析中，我们看到非遗传承人普遍生活比较简朴，具有吃苦耐劳的坚韧性格，能够摒弃浮躁肤浅的流行文化的侵袭。他们身上这种品质与现代所谓的精致的利己主义者有着明显的差别。一方面长期的手工制作有助于健全人格的形成；另一方面长期的传统文化的浸染、知行合一的创作表达，是无声的德育课堂。更为重要的是学徒体制也比较注重职业伦理的传承，徒弟一旦拜师以后，师傅教导徒弟的空间不仅仅在生产环境中，而且深入到生活环境中。所谓师徒如父子，学徒的教育权根据学徒的契约已经完全交给了师傅，而师傅的行为则代表了行业规范，这是传统学徒体制与现代学徒体制差别比较大的地方。当然传统学徒制具有历史的局限性，学徒和师傅具有人身依附的关系。但是传统学徒体制注重德技并重的培养目标，值得我们去关注研究。现代教育对于道德素养的缺失是显而易见的，这不得不促使我们去思考传统学徒制有益的部分，完善我们现代的技术技能教育模式。

第三节　老字号非遗多维传承培养模式

一、多维传承培养模式

　　老字号非遗技艺的传统培养方式是家族或字号内部的学徒培养。根据课题组对于老字号非遗其中的"燕京八绝"的传承培养模式的研究发现，目前老字号非遗传承人的培养模式，主要有学徒培养、企业培养、学校培养、政府培养。目前主要从事传承培养的组织主要有职业院校、非遗工作室、非遗企业、地方政府等，实践主体分别是教师、师傅、技工、学艺人（学生／学徒）和文化行政部门等构成。老字号非遗多形式多层次的传承培养模式，各有其特点又存在一定的互补性，但是它们之间的互动与协同作用并没有发挥出来。

二、以燕京八绝为例

燕京八绝是指景泰蓝、玉雕、牙雕、雕漆、金漆镶嵌、花丝镶嵌、宫毯和京绣八大工艺门类，是具有鲜明宫廷特色的京派非物质文化遗产。其中的景泰蓝、雕漆、宫毯、京绣等的保护单位，皆有老字号企业参与其中。通过燕京八绝四种培养模式的比较，分析其实践主体、组织主体、组织关系及培养体系的内在逻辑关系，可以看出，四种模式在组织关系方面有较大相关性，他们均以"学艺人"为核心，在实践主体的引导下依托不同的组织关系进行人才培养。然而，职业院校、非遗工作室、非遗企业、地方政府等组织主体在燕京八绝的传承与发展中普遍存在互动、协作不够的问题，非遗人才培养效率不高。

具体来说，职业院校有完备的教学设施和师资队伍，专业门类较为齐全，办学经验较为丰富，长于适龄学生的规范化教学。然而，由于与非遗企业以及非遗工作室的合作较少，教学内容的知识性和理论性过强，学生对技术技能的掌握较差，且缺少市场实践检验，培养的非遗人才在技能技艺方面难以达到用人单位要求。例如，受访的雕漆工艺美术大师谈道："工艺美术学校1980年成立之前叫地毯技校，20世纪90年代末期开办传统的燕京八绝的这些专业，但是并不太成功，当时注重理论的课程没有实训，这些学生在学完之后缺乏工艺的制作和体验，会感觉到迷茫。"非遗工作室专注于学徒培养，但规模较小，加之学徒只能学艺，难以在文化、艺术素养方面得到系统培养，学徒招收日益困难。例如，受访的花丝镶嵌大师谈道："作为小工作室都是自谋生路，之前大家带学徒是只要管吃就行了，现在不能这样了，现在大学生来我这里学徒，一个学徒我得开 5000 元工资，所以带不起徒弟。即使能带徒弟，也不能满足现在的生活水平，成活率还低。"非遗企业以企业形式运转，经济效益是首要考虑的问题。虽然非遗企业经济实力雄厚，但若不和职业院校加强合作，其培养的非遗人才依然存在重技能、轻文化、层次低的问题。例如，受访的景泰蓝传承人提道："现在文化公司对艺术品的冲击越来越严重。很多国家级大师在文化公司的误导下为不是自己的作品签名，表面看起来很繁荣但实际上很混乱。一些从事工艺的手艺人没受过专业的训练，文化程度低，并且管理人员的素质也低，导致行业层次不高。"地方政府部门通过其行政权力具有较强的资源调配能力，可为不同形式的组织主体搭建合作平台，但由于和其他非遗传承主体之间缺乏充分的沟通和联系，对非遗行业的现状和非遗传承困境了解不多，采取的措施通常持续时间短，难以形成长久效应。例如，北京市文旅局管理人员在访谈中表示："北京的非遗保护缺乏系统研究和统筹规划，目前非遗的社会力量很多，但我们和各方面的沟通少，与传统工美集团的交流也少，缺乏对整个行业规律的了解，制定的宏观政策太多。"

三、建立以"学艺人"为核心的传承培养模式

鉴于已有传承模式自身的缺陷和不足，尤其是相关主体合作薄弱的现实，有必要以"学艺人"的传承与发展为主线，理顺不同组织主体间关系，整合不同传承机构的优势资源，搭建不同部门的合作平台，为"学艺人"提供全方位、全过程的"多维互动"传承培养模式。具体来说，就是要以学艺人（学生／学徒）为核心，职业院校、非遗企业、非遗工作室、地方政府为主体，通过实践主体间的相互协作搭建不同组织主体的互动关系平台，以连通不同组织主体的关系，延伸传承系统的效能，形成健康开放的综合传承模式。

第四节　中华老字号非遗传承的四个基本能力点

考察中华老字号非物质文化遗产的传承方式、传承链条、传承环境和传承效果，本研究认为，中华老字号非物质文化遗产传承具有四个基本能力点，即：专业市场运营能力、主流生活方式的承载能力、持续创新能力以及知识产权保护的能力。在中华老字号非物质文化遗产传承的进程中，这四个基本能力缺一不可。没有专业市场运营能力，老字号无法形成品牌、无法穿越历史，也没有能力传承非遗文化；没有主流生活方式的承载能力，非遗技艺就会在历史的变迁和社会的多种选择中被无情淘汰；没有持续创新能力，非物质文化遗产就势必会因为失去独特性而湮没在历史的洪流中，失去传承价值；没有知识产权保护的能力，没有建构起非遗文化保护的屏障，非遗技艺就很容易被模仿、被超越，难以建构起竞争的壁垒，也就不会成就今天具有独特非遗文化的中华老字号。

一、专业市场运营能力

专业市场运营能力，也就是老字号在对应的专业市场中经营品牌、谋求发展的能力。中华老字号非物质文化遗产的传承，无论是家传、师传还是文传，都依托于老字号品牌。没有有实力的老字号，没有能顶住市场风浪甚至社会历史动荡、有突出的经营管理能力、顽强的市场开拓能力的老字号实体，就无法有效保护和传承非物质文化遗产。我们所知的拥有国家级非物质文化遗产的中华老字号企业，无一不具有突出的专业市场运营能力。

内联升的创始人赵廷在创业之初，分析了北京制鞋业的状况。当时，北京做朝靴的专业鞋店还很少，是个市场空缺。他认为："要想赚大钱，就得在坐轿的人的身上打主意。"为此果断以朝靴为主力产品，精益求精做市场认可度最高的产品，内联升的字号名称就表明了它的服务对象为皇宫贵人和天天盼着"连升三级"的官员，暗示顾客穿上此店制作的朝靴，可以官运亨通，平步青云。这一市场定位和产品定位果然让内联升成为北京朝靴第一品牌。其实历史上内联升既做名贵的朝靴，也做实惠的洒鞋。洒鞋又称"轿夫洒"，是专门为轿夫们穿用的，在制作上采用正绱的方法，上下两道麻线把鞋底鞋帮紧密连接，鞋面上还有凸起的两道"筋"。不管是负重突然起步，还是抬轿时急趋�行，都是既跟脚又不易绽裂，且柔软吸汗，闪展腾挪，随心所欲。赵廷曾说过："要伺候好坐轿子的，就得想到抬轿子的。"也正是因为既有"高大上"的朝靴，又有符合普通民众日常需求的平价洒鞋，使内联升在社会转型时期，能够以千层底布鞋的生产和千层底布鞋制作技艺的传承延续老字号的生命力。

拥有国家级非遗项目"海派绒绣"技艺的恒源祥创始人沈莱舟在20世纪30年代中期充分学习借鉴了当时最新颖的欧美大都市流行的百货业销售方式，大胆开展绒线广告宣传，邀请名人到店试穿，还自己办工厂，生产"地球牌"与"双洋牌"绒线。抗战胜利后，沈莱舟旗下的恒源祥推出新一轮绒线广告系列。包括电台讲授毛线编织，将毛线编织技法出书赠送给顾客，请名人为书题词，请明星担任模特做平面广告，开设编织学校招收学员，设毛线编织竞赛，有奖销售等，在上海不断引起轰动。1948年恒源祥总号一天销售的绒线就在1000磅以上，沈莱舟也成为上海滩的"绒线大王"。

拥有国家级非遗项目徽墨制作技艺的胡开文墨业在胡贞乾（1831—1913）执掌时期获得了极大的发展。他利用太平天国结束后清王朝在江南恢复科举制度，在南京进行乡试后各地的书院、学馆纷纷复学，对墨的需求量也急剧增长的市场契机，采取四方面措施发展字号品牌：一是积极研究技术，提高制墨质量。他严格规定制桐油烟，要选用当年的新桐油烧制；点烟灯草采用赣东北出产的灯芯草；和烟用胶采用广胶；在制墨时严格按祖传工艺程序制作。为保证质量，他经常亲临作坊监督检查。二是努力网罗核心人才，增强技术实力。由于清军与太平军在徽州进行了长达 4 年的拉锯战争，许多墨店在战争中倒闭，技术人员流散。胡贞乾看准这一契机，出高酬邀请雕刻、点烟、制墨、描金高手来本店工作，以礼相待，敬若上宾；对于一般技术工作，只要有上门求职者，也尽量搜罗在自己门下，扩充本店的实力。三是在经营上讲究信誉，坚持薄利多销。这是字号创始人胡开文创业的一条店规，胡贞乾遵祖训，对学童所用松烟墨，坚持只取微利，减轻家长负担，赢得了众多的顾客；对油烟墨，改进配方，除桐油外，还添加麻油、猪油、生漆等料，减少灯草烧制，使制成的油烟更加细腻，赢得了市场口碑。四是不断开发新产品，增加新品种。胡贞乾除继续做好贡墨和高档油烟墨外，还开发了礼品墨、纪念墨、自制墨等品种。如曾国藩的"指挥如意"墨、李鸿章的"惜如金"墨、左宗棠的"八宝奇珍"墨、袁世凯的"万物咸成，长生无极"墨等都是主人设计后到墨店（坊）定制的纪念墨。正是通过以上举措，胡开文墨业成为徽墨第一品牌，宣统二年 (1910 年) 胡贞乾主制的上等油烟墨在南洋劝业会展出，荣获"优等文凭"和"金质奖章"。5 年后，胡开文"地球墨"参加巴拿马国际博览会再夺金奖。

也正是因为具有突出的专业市场运营能力，传承至今的中华老字号在历史上相当时期在专业市场上多具有超卓的地位。如供奉清宫御药 188 年的同仁堂，曾垄断祁州药市 200 余年（清朝祁州药市一年两度，云集了全国各地的药商），据说同仁堂不到，执掌药市的"十三帮"竟不开盘卖药。同仁堂作为药市大主顾，采购量亦惊人，往往一种细料就能占全部成交额的 90%。

二、主流生活方式的承载能力

主流生活方式的承载能力，也是老字号非遗适应相应时代的生活方式、对接社会消费需求和主流审美的能力。诸如内联升的朝靴、松竹斋（荣宝斋前身）的白折（写奏折的特殊用纸）等在特殊历史时期有现实需求的产品及技艺随着生活方式和社会需求的变化早已"下线"，只有依然能够承载主流生活方式的老字号非遗产品才能够被市场普遍接受并继续发展。这也可以从现存老字号所处的行业门类得到印证。据国家商务部发布的《2006 年老字号发展报告》，通过全国普查，共收集到 1600 余家老字号企业信息，涉及相关行业 20 余个，主要包括食品加工、餐饮、医药、百货、出版、工艺美术、文物古玩、照相、理发、沐浴、机械制造、纺织、金融等。但是，老字号在各行业的分布不均衡，食品业和餐饮业所占比重较大，占所有老字号企业的 64％，其次是中医药行业，占了 10.8％。再其次是生活用品加工或零售业（由于统计口径将日用百货、服装鞋帽、钟表眼镜、文化用品加工与零售分类整合统计，无法有效区分），总体上，这几大类占比约 95％。可见，经过历史和时代的选择，今天能留下来的中华老字号，主要集中于生活方式自古以来没有较大变化的行业门类中，与此相关的非遗产品、技艺和文化得以保存。

表 5-2 中华老字号的行业分布结构

行业类别	所占比重
食品业和餐饮业	64%
中医药业	10.8%
日用百货加工或零售业	5.6%
服装鞋帽加工或零售业	4.6%
居民服务业	3.9%
钟表眼镜加工或零售业	3.1%
文化用品加工或零售业	2.7%
其他	5.2%

资料来源：2006 年商务部商务发展报告

食品业和餐饮业作为我国国粹，在中华民族发展的历史进程中保持了稳定的生活方式状态，因此也是老字号聚集、老字号非遗文化集中度最高的领域，传承和发展了众多非物质文化遗产。如餐饮行业聚集了大量人们耳熟能详的老字号——北京的全聚德、便宜坊、东来顺、仿膳、都一处、烤肉季、烤肉宛；广州的莲香楼、陶陶居；南京的马祥兴、绿柳居；苏州的松鹤楼、得月楼；成都的陈麻婆、赖汤圆、钟水饺；扬州的菜根香、共和春；杭州的天香楼、楼外楼、知味观；长沙的杨裕兴、玉楼东、火宫殿；上海的老正兴、绿波廊、功德林；武汉的蔡林记、老通城、德华楼；西安的老孙家、德发长、同盛祥；开封的第一楼、又一新；宁波的状元楼、梅龙镇、嘉兴的五芳斋等，其中全聚德挂炉烤鸭技艺、便宜坊焖炉烤鸭技艺、都一处烧麦制作技艺、仿膳（清廷御膳）制作技艺、莲香楼广式月饼传统制造技艺、功德林素食制作技艺、五芳斋粽子制作技艺均为国家级非物质文化遗产。食品业如前述中国食醋行业前五大品牌恒顺、东湖、水塔、保宁、天立均为老字号，也都拥有稳定传承的非遗技艺（镇江恒顺香醋酿制技艺、山西老陈醋酿制技艺、水塔老陈醋传统酿制技艺、保宁醋传统酿造工艺、独流老醋酿造技艺）；调味品和酱腌菜制作领域同样老字号及非遗文化集中，如王致和的"腐乳酿造技艺"、六必居"酱菜制作技艺"、钱万隆"酱油酿造技艺"等为国家级非遗项目，三和四美"酱菜制作技艺"等为省级非遗项目；酒类酿造领域，更是集中了大量知名老字号和非遗项目，"茅台酒酿制技艺""剑南春酒传统酿造技艺""杏花村汾酒酿制技艺""水井坊酒传统酿造技艺""古蔺郎酒传统酿造技艺""沱牌曲酒传统酿造技艺""泸州老窖酒酿制技艺""奇台古城窖酒酿造技艺"等为国家级非遗项目，河北"刘伶醉酒酿造技艺"等为省级非遗项目。

　　从历史发展看，中华老字号企业能够长久地延续和发展，其所承载的非遗文化能够长久并相对稳定地传承和发展，与所在老字号服务时代主流市场需要、适应时代生活方式的经营模式有着密切的联系。资料显示，相当数量

的老字号在历史发展中能主动跟进主流生活方式需求，不断调整经营定位和
策略，也导致其非遗文化能够稳定、持续传承。

以北京的两大烤鸭代表字号为例，全聚德创始人杨全仁早年做生鸡鸭买
卖，看到当时京城百姓"亲戚寿日，必以烤鸭、烤猪相馈送"，决定集中力
量做烤鸭，他不仅借鉴挂炉烤猪的方法，制作挂炉烤鸭，还从一家专为宫廷
做御膳挂炉烤鸭的金华馆高薪礼聘烤鸭高手孙老师傅，全盘掌握了清宫挂炉
烤鸭，从而成就了传承至今的全聚德挂炉烤鸭技艺。清代及民国年间，为满
足京城百姓对多种口味的饮食需求，便宜坊鲜鱼口店不仅经营烤鸭，还售卖
多种酱制食品，包括焖炉烤鸭、驴肉、香肠、丸子、鸡块、鸭块、桶子鸡、
清酱肉等十几种，用漆盒送货上门。当时还有"一鸭三吃"之说，除了吃烤
鸭，鸭油可以蒸蛋羹，鸭架可以熬白菜，时人评论"其味之美无与伦比"（梁
实秋（《雅舍谈吃》）。抗战胜利后，便宜坊东家重金请来鲁菜名厨苏德海，
正式经营鲁菜。苏大师技艺精湛，使便宜坊成为京城鲁菜的代表门店之一，
也因此使这家门店在北京林立的烤鸭店中成为行业翘楚。

传承国家级非遗项目"宣威火腿制作技艺"的云南宣威火腿集团有限责
任公司创始人浦在廷针对当时交通条件下宣威整只火腿粗大笨重携带不便，
不易保存等问题，于1909年兴办了云南历史上第一家火腿罐头厂，名为宣
威火腿股份有限公司，并自任总经理，使用双猪牌商标。浦在廷为了学到制
作罐头的技术，多次到广州参观、学习，采购设备，回来后亲自安装，亲自
把关。由于宣威火腿罐头保持了宣威火腿的特点，质量好，携带方便，很快
成为畅销食品，不仅畅销云南，而且远销东南亚。1915年参加巴拿马万国博
览会获得金奖，自此产品更为供不应求。

三、持续创新能力

非物质文化遗产在现代社会具有"遗产"的属性，但此类遗产并非是一

179

成不变的固化之物，据联合国教科文组织于 2003 年 10 月 17 日第 23 届大会通过的《保护非物质文化遗产公约》："非物质文化遗产世代相传，在各社区和群体适应周围环境以及与自然和历史的互动中，被不断地再创造，为这些社区和群体提供认同感和持续感，从而增强对文化多样性和人类创造力的尊重。"这个公认的界定特别强调非物质文化遗产是在世代相传的过程中，在各社区和群体适应周围环境以及与自然和历史的互动中，被不断地再创造而发展的。创造而非守成，是非遗文化的核心属性。中华老字号非物质文化遗产传承，也凸显了这种不断创造的属性，持续创新能力是老字号非遗文化传承的基本能力点。

以国家级非遗项目"金银细工制作技艺"为例，金银细工技艺是由我国传承近四千年的金属工艺发展而来，积淀了中国的先进文化思想和优秀的工艺技术，形成独具一格的工艺特点。历史上金银细工制作技艺源于两汉，兴盛于唐宋，辉煌于明清。据东汉广陵王刘荆墓出土的王玺金印和金饰件可见，东汉时，锤揲、掐丝、累丝、炸珠、焊接、镶嵌等金银细工工艺已相当成熟。唐代的扬州是金银器制造和贸易中心，《新唐书》对扬州的金银器制造等手工业有专门记载，杜牧在《扬州三首》诗中所作"金络擎雕去，鸾环拾翠来"等诗句就反映了巧夺天工的扬州金银细工工艺水平。明清以后，民间金银饰品工艺与宫廷技艺逐渐融合，并派生出南北派系，其中南派以江南的实镶錾花工艺为代表，在苏州、南京、江都等地聚集了大批知名银楼金店。现今传承"金银细工制作技艺"国家级非遗文化的老字号企业苏州恒孚（公元 1806年创建）、南京"宝庆银楼"（清朝嘉庆年间创建）、上海老凤祥（公元 1848年创建）均诞生于这一时期。据恒孚企业史料记载，恒孚由吴县香山人程氏创建，原址在苏州观前街东侧，前店后坊。同治年间苏州银楼业成立安怀公所（相当于今天的行业协会），有会员 117 户，可见苏州金银细工产业之盛。恒孚银楼为确保首饰成色和品相，对外来的首饰一定要先熔炼提纯后再加上一道名为"熔"的工艺,即将原料打成金箔(6—7 丝),后上覆盐泥再盖金箔再覆盐泥,然后用炭火烘烤三天三夜,经"熔"后收拾色泽偏赤,金光灿灿使人喜爱,尽管在分量上要损耗百分之一,但提净提纯后的饰品外观更美,民间有"百年信誉黄金铸,前店后厂老恒孚"之说。另据民国二十三年(1934 年)12 月《中央银行月报》(27 期)银楼业概况调查表刊载,南京有天宝、老宝盛、同丰、老庆云、宝胜、凤祥、芝福增、王德永等银楼 70 家,其中宝庆银楼资本额为 38250 元,列南京八大银楼之首。宝庆银楼传统金银细工制作技艺,全面继承了金银制品南派捶、抬、敲、扳、焊、锉、錾、雕、镶、压等技艺,在保持南派工艺的基础上,又吸取北派花丝技艺,将掐丝、累丝、填丝、盘丝等运用于摆件制作中,南北技艺糅合在一起,形成了宝庆金银细工技艺的特有风格特征。老凤祥作为我国现代金银细工技艺的传承企业和领导品牌,在传承非遗技艺基础上更是大胆突破,锐意创新。近年创立了新概念金饰,在文化黄金、工艺黄金和新技术黄金三个维度推广老凤祥金饰。老凤祥通过结合宫廷技艺和现代工艺,推出了"禅意""简尚""古风"三大系列古法藏宝金,用錾金、錾刻等工艺,使黄金饰品拥有更丰富的层次感,在设计上则借鉴传统文化元素,令饰品形制饱满、造型古朴;老凤祥以携手上海交通大学共同研制的"硬足金"国家发明专利技术为基础,采用行业前沿的表面处理工艺,在黄金硬度、纯度、克重、质感、表面效果等方面取得重大突破,推出更适合佩戴、符合年轻人审美的"5G 璀璨金"系列;老凤祥还将传承自宫廷的珐琅工艺运用到日常珠宝首饰中,使古老繁复的珐琅工艺与现代时尚产生交集[1]。由此可见,正是通过持续不断地创新,在创新中传承,在传承中创新,才有今天既经典又现代的"金银细工制作技艺"国家级非遗,才有始终与不同时期人们生活方式和审美同步、技艺精湛、品

---

[1]　范煜昊.黄浦老字号:老凤祥新概念金饰登场 [N].上海:上海黄浦,2019-05-07.

质不断提升的老字号金银饰品。

制扇技艺是集雕刻、绘画、书法、编织、编结、装裱、髹漆、竹编等多种工艺为一体的综合性传统手工技艺，具有很高的文化价值。2006年制扇技艺经国务院批准列入第一批国家级非物质文化遗产名录（遗产编号Ⅷ–81）。据已知史料，早在商代我国就有长尾雉鸡羽毛制成的羽毛扇；汉代宫廷流行绢扇，又称"宫扇"；东晋时葵扇开始流行；南宋时折扇流行，宋明以降，杭州和苏州成为两大制扇中心，扇子品种丰富，工艺精湛。如苏州折扇仅扇头造型就有圆头、方头、尖头、玉兰头、竹节头等百种之多，还运用磨、漆、嵌等技艺，配以名家书画的扇面，既是生活用品，更是精美的艺术品和收藏品。以进口檀香木精制而成的檀香木制扇为我国首创。纯手工作坊中，制扇工人在一片片细薄的檀香扇木上，用一根绝细的钢丝锯条穿进一个个预先打好的细孔里，经锯片、组装、镂拉、裱画、绘画和上流苏等十多道工序，拉镂出数百个、上千个大小不等、形状各异的孔眼，用若干片扇骨组成精美绝伦的图案，有拉花、烫花、雕花、绘画、印花、镶嵌和接骨等花式品种，极尽巧思。

南宋时期，今杭州清泰街与河坊街之间集中了大量扇子制作工场，连绵长达二里，得名"扇子巷"。清代光绪元年（1875），王星斋在杭州扇子巷创建王星记扇庄，凭借精良的做工和独特的工艺在众多扇店中脱颖而出，并发展为杭扇的代表。王星记在制扇技艺上不断改进创新，其制作的黑纸描金扇，经过制骨、糊面、摺面、上色、整形、砂磨、整理、描金等88道工序，扇面质地绵韧细洁，色泽乌黑透亮，据说有人曾做过试验，这种扇子水浸24小时，再煮沸50余小时，又暴晒10余个小时，仍不变形、不褪色，具有"雨淋不透、日晒不翘"的特点。王星记檀香木扇在技艺上不断突破，特别是拉花工艺，精度可以由原来的10余孔增加到上万孔，使图案增强了立体感，生动活泼，别开生面，还以西湖名胜"西泠""玉带""双峰"为名制作檀香扇，使王星记檀香木扇成为杭州的旅游文化名片。

我们认为，我国老字号非物质文化遗产中的相当比例是在悠久的历史进程中，在世代相传中不断创新发展而形成的。老字号在市场竞争中，为确保优势和领先地位，自觉地不断推进技艺传承和创新，从而在非遗技艺和文化传承、创新过程中起到了主导作用。持续创新能力既是老字号非遗文化传承的基本能力点，也是相关老字号能够跨越历史发展到今天的能力内核。

四、知识产权保护能力

中华老字号非物质文化遗产是千百年来经过不断创新、发展，持续积累下来的历史文化财富，与人类任何智力成果一样，也拥有知识产权。知识产权具有专有性和排他性，为了确保非遗技艺的稳定传承，历史上为数不少的老字号企业在知识产权保护上都有严格的规制，采取坚决的措施。可以说，知识产权保护能力，是老字号非遗能够稳定传承的又一基本能力点。

为防止绝活、绝技外泄，历史上老字号通常遵循行业特定的规制或约定俗成的制度，如家传要求遵循传男不传女、传内不传外的规制，以形成家族内部的技艺垄断。师徒制对技艺的传承和保护也是并行的。"一日为师终身为父"，传统师徒关系是一种"拟亲缘"的关系，类似于父子关系，师傅对学徒的人品要求甚至重于能力要求，在学徒期间师傅对徒弟拥有全部的权威，对技艺传承有严格的限制。这些传统规制，客观上保护了非遗技艺的知识产权。

与此同时，老字号坚决维护产品和技艺的正宗性和唯一性，对弄虚作假的各类制假售假行为坚决打击。如《同仁堂药目》民国十二年（1923年）石印本中（原书为乐凤鸣于康熙四十六年［1707年］撰写），就比原版书增加了两篇打假告示。其一是揭露"一些无耻之徒私自偷刻本堂门票，制作假药并到客店、会馆等处兜售，谎称这些药是从本堂偷盗出来的（自认是贼），药品以廉价出售骗人"而坑害病人的事，同仁堂于"咸丰二年三月初六日呈上状纸，状告这些无耻之徒，院宪大人将这些卖假药之徒戴上枷锁示众，立案并贴出告示严禁假药出售"。其二是阐明"同仁堂自康熙壬午年间（1702年）开设后，一直到今天都没有分铺，最近有人开设同仁堂药铺字号与本堂的音韵相同，企图出售假药。我堂禀请御药房、督察院传达五城都察院衙门，统一出告示，严禁此行为，不准这些冒名药铺冒充字号兜售假药，并要求将私自刻我堂门票卖假药的人，一块严格捉拿查封此铺，实在是因为这些人以假乱真，伤天害理，误人性命，此事关系甚大。今天将督察院转五城察院衙门的告示示众，要使得家喻户晓，众人皆知"。这两个告示分别抵制卖假药、开假店的行为，且都动用了官府权威，可见同仁堂在维护其产品、技艺和品牌上，是绝不姑息的。同仁堂 200 年不开分店，确保正阳门外大栅栏同仁堂的唯一性，也是为了确保同仁堂医药文化和技艺纯正，确保稳定传承。

民国年间广东药业老字号潘高寿以川贝枇杷露闻名，也遭到不少药铺、药行仿冒，在香港市场更是假冒横行。为此，潘高寿当家人潘郁生曾在香港与诚济堂打了一场官司，提出川贝枇杷露是潘高寿独家首创，别人无权仿制。由于诚济堂的川贝枇杷露抢先在香港政府注册备案，潘郁生败诉。他深感没有维护好"知识产权"的切肤之痛，于是在产品外包装上印上潘高寿创始人潘百世及川贝枇杷露创制人——潘郁生本人画像，还在两边以对联的形式印上"劝人莫冒潘高寿，留些善果子孙收"的字句以警醒世人。此举对打击仿冒潘高寿川贝枇杷露确实收到一定的效果。

图 5-2 "潘高寿"原始商标

　　非遗技艺是老字号企业决胜市场的关键环节，历史上的老字号为了更好地发展企业，在保持传承的前提下，往往最大限度地采取措施防范核心技艺的流失和被假冒，构筑起其他字号无法超越的竞争壁垒。为此，知识产权保护能力也是老字号非物质文化遗产保护和传承的基本能力点。

第六章　构建中华老字号非遗传承新生态

中华老字号非物质文化遗产是穿越千百年、千锤百炼、历久弥新的中华文明的宝贵财富。具有革故鼎新、与时俱进的核心思想理念，凝聚了追求卓越、精益求精的中华工匠精神，体现了俭约自守、求同存异的中华人文精神。丰富多彩的老字号非遗是引领人们生产生活方式的标准，是在与其他文明不断交流互鉴中丰富发展而来的人类文化的至宝。今天的中华老字号非遗也是发展当代商业文化的丰厚营养，是建设中国品牌的实践之需，是维护我国文化身份和文化主权的基本依据。在此意义上，传承、保护中华老字号非物质文化遗产，也是为了更好地建设和创新中国品牌，弘扬当代商业文化，是为了更好地传承、保护中华民族的文化个性、文化认同和文化主权。

在互联网、云计算、大数据高速发展的时代，提高国家文化软实力，建立强大的文化自信，是我国"和谐世界"战略思想构建的基础，更是实现中华民族伟大复兴的基本前提。积淀中华民族历史文化底蕴的中华老字号非物质文化遗产作为中华文化软实力的必要组成部分，在新的时代应该创造更高的文化价值，迸发中华民族的智慧之光。通过"非遗＋保护传承"和"非遗＋创新创意"，建立与当代生产、生活方式同频共振，以现代信息技术赋能的中华老字号非物质文化遗产传承新生态，中华老字号非物质文化遗产面临历史上最好的发展时期。

第一节　"非遗 + 保护传承"

一、党和政府在非遗文化保护传承中的引领与保障作用

我国作为传承历史悠久的世界文明古国，是世界非遗文化的宝库，通过"非遗 + 保护传承"，构筑我国非遗保护的基本防线，将使非遗文化财富在我们这个时代得到最大限度的保存和发展。

我国党和政府高度重视非遗文化保护工作，2005 年以来，国务院相继出台了《关于加强我国非物质文化遗产保护工作的意见》《关于加强文化遗产保护的通知》等文件，明确了我国非遗工作的目标"通过全社会的努力，逐步建立起比较完备的、有中国特色的非物质文化遗产保护制度，使我国珍贵、濒危并具有历史、文化和科学价值的非物质文化遗产得到有效保护，并得以传承和发扬"和工作指导方针"保护为主、抢救第一、合理利用、传承发展。正确处理保护和利用的关系，坚持非物质文化遗产保护的真实性和整体性，在有效保护的前提下合理利用，防止对非物质文化遗产的误解、歪曲或滥用。在科学认定的基础上，采取有力措施，使非物质文化遗产在全社会得到确认、尊重和弘扬"[①]，并将每年 6 月的第二个星期六，定为"文化遗产日"，还开通了中国非物质文化遗产保护首个国家级门户网站"中国非物质文化遗产网·中国非物质文化遗产数字博物馆"（www.ihchina.cn）。截至 2014 年 7 月 16 日，我国共公布 4 批国家级非物质文化遗产项目共计 1372 项；截至 2017 年 12 月 28 日，我国共公布 5 批国家级非物质文化遗产代表性项目代表性传承人共计 3068 人。国家级非物质文化遗产代表性项目代表性传承人超过百人的省市有 16 个，其中排名第一的浙江省有 196 人，上海市以 120 人名列直辖市首位，香港特别行政区也有 3 人入选。

[①]　国务院办公厅 . 关于加强我国非物质文化遗产保护工作的意见 . 国办发 [2005]18 号。

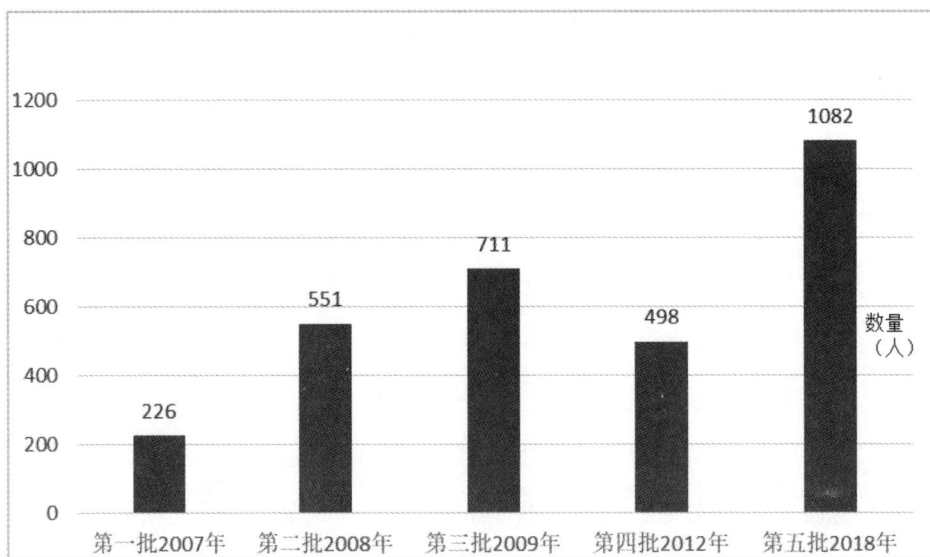

图 6-1 国家级非物质文化遗产代表性项目代表性传承人批次统计图

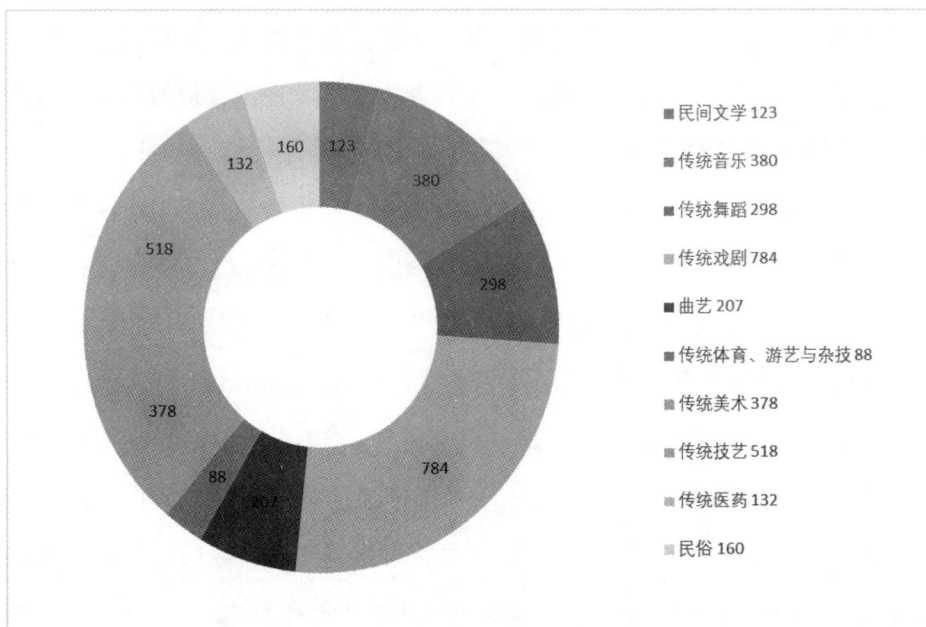

图 6-2 国家级非物质文化遗产代表性项目传承人分类统计图

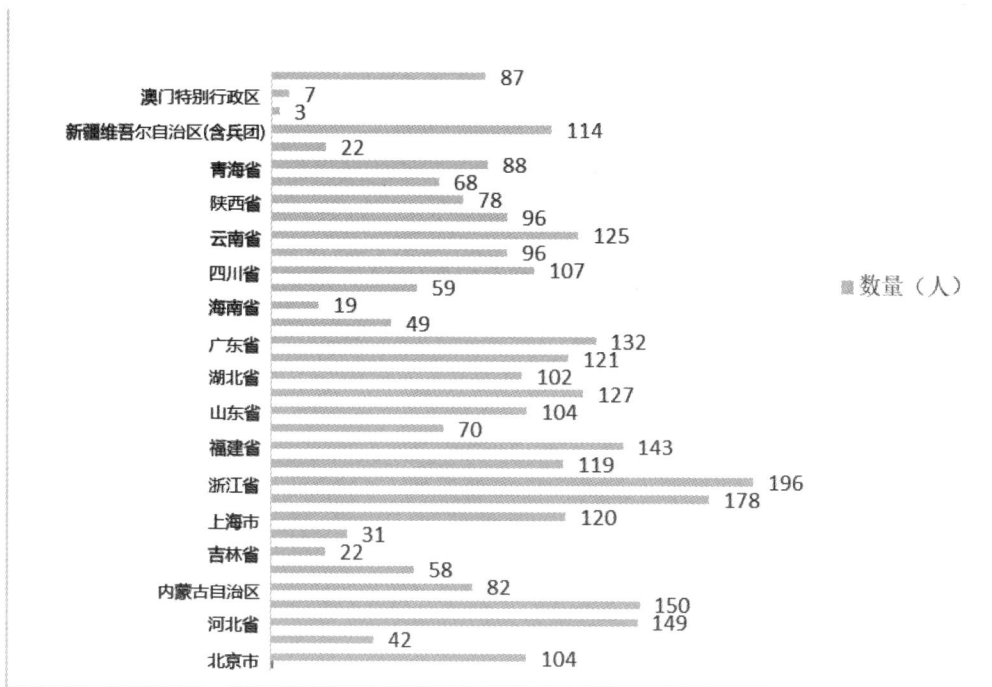

图 6-3 国家级非物质文化遗产代表性项目代表性传承人地区分布统计图

各省、自治区、直辖市按照国务院的安排和部署，采取切实有效的措施，积极落实各项工作任务，全面推动非物质文化遗产保护工作。

2009 年，北京市发布《关于北京市商业服务业中华传统技艺高技能人才队伍建设工程的实施意见》，确定将历时三年，在全市商业服务业共认定 60 名中华传统技能技艺大师，大师带徒 150 名。荣获北京市商业服务业首批中华传统技能技艺大师的 20 人大多来自拥有非遗文化和技艺的老字号企业。北京还多次举办老字号非遗展览展示和进校园活动，如 2012 年 7 月中旬北京市商务局在新东安商场举办了"北京老字号非物质文化遗产保护成果展"，以图文并茂、中英双语的方式，展示了北京市列入国家和市级非物质文化遗产名录的 36 个老字号项目。

表 6-1 北京市商业服务业首批中华传统技能技艺大师名录（2009 年）

行业	姓名	性别	年龄	推荐单位	职务（职称）
商业	高黎明	男	51 岁	北京红都集团公司	工人
	秦英瑞	男	46 岁	北京大明眼镜股份有限公司	技工
	李侃	女	52 岁	北京红都集团公司	高级技师
	何凯英	男	53 岁	北京内联升鞋业有限公司	质量监督员
餐饮	顾九如	男	55 岁	中国全聚德集团股份有限公司	总厨师长
	赵艳萍	女	50 岁	全聚德（集团）股份有限公司	总服务师
	马志和	男	53 岁	北京市东顺兴福华餐饮有限责任公司鸿运楼饭庄	经理兼行政总厨
	白永明	男	51 岁	北京便宜坊烤鸭集团有限公司	烤鸭总厨师长
	尹振江	男	58 岁	北京市丰泽园饭店有限责任公司	行政总厨
	陈立新	男	54 岁	北京东来顺集团有限责任公司	加工厂厂长
美发、美容业	刘文华	男	70 岁	北京市美发美容行业协会	—
	吴永亮	男	73 岁	北京四联美发美容有限责任公司	高级技师
	张大奎	男	52 岁	北京名都创意美发美容中心	总经理
	李瑞明	男	64 岁	北京市美发美容行业协会	美发高级技师
摄影业	解黔云	男	63 岁	中国照相馆	高级摄影技师
	周锦明	男	54 岁	北京泰夫人婚纱影楼	副经理
	朱海春	男	60 岁	北京圆中原照相有限责任公司	冲印师
洗染业	齐大同	男	64 岁	北京富瑞斯康洁洗衣有限公司	技术总监
	吴京森	男	70 岁	北京福奈特洗衣服务有限公司	总工程师
	姜西玲	女	52 岁	北京普兰德洗涤有限公司	高级技师

浙江省作为全国非遗保护综合试点省，将非遗保护工作纳入国民经济和社会发展规划，有计划、有重点地推动非遗事业健康发展，建立了浙江省非物质文化遗产保护中心，开通了浙江省非物质文化遗产网，开展了行之有效的非遗普查，共普查非遗项目 15 万项、收集非遗线索 271.9 万条（据 2017 年发布数据）。2007 年 6 月发布《浙江省非物质文化遗产保护条例》；2016 年 10 月，发布《浙江省非物质文化遗产保护发展"十三五"规划》。截至

2017 年，浙江省已建立 10 个省级非遗生态保护实验区、33 个省级非遗传承基地、131 个省级非遗传承教学基地、20 个省级民族传统节日保护基地、87 个省非遗旅游景区景点、50 个省级非遗宣传展示基地和 8 所高校非遗研究基地，在非遗保护传承方面形成了"浙江模式"和"浙江经验"。[①]

近年我国还持续加大了非物质文化遗产保护资金的支持力度。资料显示，2012 年至 2017 年中央财政累计投入专项资金达 46 亿元。2017 年，中央拨付本级专项经费 4000 万元、转移地方支付专项经费 6.6298 亿元。[②] 除中央财政专项资金投入，各省也有相应的资金扶持。如浙江省在 2012—2017 年间，对于非遗保护资金的投入已由每年 500 万元增加到每年 5000 万元。[③]2012 年 6 月，上海市出台《上海市市级非物质文化遗产保护专项资金管理办法》，对上海市级代表性非遗项目及其代表性传承人进行专项资金补助。专项资金设立 5 年，累计投入 3807.6 万元，对 245 个非遗代表性项目（次）和 188 名市级传承人予以支持。[④]

表 6-2 财政部下达的 2018 年非物质文化遗产保护专项资金预算分配情况[⑤]

序号	地　区	提前下达预算数（万元）
	总　计	47208
1	北京市	1530
2	天津市	522
3	河北省	1268

---

① 胡昊.浙江多措并举精心守护非物质文化遗产：让非遗项目灿若繁星.杭州：浙江在线，2017-09-23.

② 罗微，张勍倩.2017 年度中国非物质文化遗产保护发展研究报告 [R].北京：中国非物质文化遗产保护中心 .2018-09-05.

③ 胡昊.浙江多措并举精心守护非物质文化遗产：让非遗项目灿若繁星.杭州：浙江在线，2017-09-23.

④ 诸葛漪.上海市级非遗保护专项资金 5 年投入 3807.6 万元.上海：上观新闻.2017-05-16.

⑤ 中华人民共和国财政部.关于提前下达 2018 年非物质文化遗产保护专项资金的通知.财文〔2017〕158 号 .2017.10.30.

续表

序号	地 区	提前下达预算数（万元）
	总 计	47208
4	山西省	2638
5	内蒙古自治区	832
6	辽宁省（不含大连市）	694
7	大连市	114
8	吉林省	370
9	黑龙江省	392
10	上海市	1610
11	江苏省	2276
12	浙江省（不含宁波市）	2308
13	宁波市	486
14	安徽省	1596
15	福建省（不含厦门市）	3182
16	厦门市	580
17	江西省	2114
18	山东省（不含青岛市）	2202
19	青岛市	84
20	河南省	1290
21	湖北省	1138
22	湖南省	1526
23	广东省（不含深圳市）	1782
24	深圳市	24
25	海南省	362
26	广西壮族自治区	1566
27	重庆市	762
28	四川省	2040
29	贵州省	2214
30	云南省	2460

续表

序号	地 区	提前下达预算数（万元）
	总 计	47208
31	西藏自治区	532
32	陕西省	2814
33	甘肃省	466
34	青海省	1968
35	宁夏回族自治区	262
36	新疆维吾尔自治区	1204

2017 年党的十九大将"加强文物保护利用和文化遗产保护传承"作为新时代建设社会主义文化强国的重要工作内容之一，要求"深入挖掘中华优秀传统文化蕴含的思想观念、人文精神、道德规范"，"推动中华优秀传统文化创造性转化、创新性发展"，[①] 将包括非遗在内的文化遗产保护传承提到新的战略高度。

根据《中华人民共和国国民经济和社会发展第十三个五年规划纲要》和《国家"十三五"时期文化发展改革规划纲要》，2017 年 2 月 23 日，《文化部"十三五"时期文化发展改革规划》发布，把"提高非物质文化遗产保护传承水平"作为我国"十三五"时期文化发展改革重要内容之一，要求"坚持'保护为主、抢救第一、合理利用、传承发展'的工作方针，进一步完善非物质文化遗产保护制度，以人的培养为核心，以融入现代生活为导向，切实加强能力建设，提高保护传承水平，推动非物质文化遗产保护事业深入发展"。为实现 2020 年"中华优秀传统文化传承体系基本形成"的发展目标，[②] 特提出"中国传统工艺振兴计划""中国非物质文化遗产传承人群研修研习培训计划"两大计划和"非物质文化遗产记录工程""文化生态保护区建设

[①] 党的十九大报告辅导读本编写组.党的十九大报告辅导读本 [M].北京：人民出版社，2017.

[②] 中华人民共和国文化部.文化部"十三五"时期文化发展改革规划，2017.

工程""国家非物质文化遗产保护利用设施建设工程"、"民族民间文化典藏与传播工程"四大工程，从中央到民间、从人才培养到生态保护、从文化传播到设施建设，将每一类非遗文化的保护传承都纳入统一的系统之中。

二、老字号企业在非遗保护和传承中的主体作用

中华老字号非物质文化遗产保护和传承是国家非遗文化保护传承的子系统，除了融入国家非遗文化保护和传承的主旋律，中华老字号企业本身也应该在非遗文化保护和传承中发挥主场作用。

当前，中华老字号企业在非物质文化遗产保护和传承中所做的主要工作主要体现在三方面，一是非遗人才的培养，二是非遗文献的记录和整理，三是非遗文化的展示和传播。

中华老字号非遗人才的培养，通常采用围绕技艺传承人建设工作室（传承人工作室或大师工作室），专项培养传承人的方式进行。如北京市于2010年启动"老字号非物质文化遗产传承人工作室"建设，第一批张一元、内联升、盛锡福、便宜坊、天福号、鸿宾楼等6家老字号企业设立了非物质文化遗产传承人工作室，以弘扬民族优秀文化、传承传统精湛技艺。为了更好地传承老字号非遗技艺和文化，近年一批老字号非遗项目与职业技术院校人才培养结合起来，将非遗传承人工作室开到高职院校，开到高职实训课堂中。如老字号企业苏州如意檀香扇有限公司是苏式"制扇技艺"的传承单位，这家老字号在苏州旅游与财经高等职业技术学校合作，在学校开设了"如意檀香扇技能大师工作室"，600多平方米的场地分三个功能区——技能大师办公区（兼展示区）、研发中心操作区（手工劳作区、器械电脑微雕制作区）和学员微机实训室。工作室建立了三个团队——大师团队（苏扇国际级技艺传承人领衔）、学员团队（艺术设计专业教师及五年制艺术设计专业学生）和研发团队。檀香扇制作技艺中如拉花环节要练得好手艺一般需要3—5年的

功夫，直接对接五年制艺术设计专业学生，可确保学生学习不是走过场，而是真正达到熟练操作、能上岗的水平。该工作室在教学中采用项目化模块式的课程体系，教学方式包括教授式、观摩式、研讨式、体验式等，体现出非遗文化传承的特点。为了更好地传承苏扇制作技艺，大师工作室还结合校企资源，编写《苏州檀香扇》专业教材和《檀香扇实训手册》，将檀香扇"四花"艺术（拉花、绘花、雕花、烫花）的技能实训与艺术审美相结合进行专业教学。①

如前所述，文献传承是中华老字号非遗传承的重要方式。历史上中华老字号非遗技艺和文化中的部分内容，来源于文献，并经过老字号当家人或技艺大师的反复研究和探索，才形成稳定的产品和技艺，这在中医药老字号非遗中表现更为突出。如同仁堂名药活络丹原始配方来自明朝张时彻编的《摄生众妙方》。同仁堂当家人乐礼（乐家第七代传人）多年研究活络丹配方，他认为《摄生众妙方》所记载的大神效活络丹药物配比主次不分，药物君臣佐使立意不明，他反复揣摩药物配比，反复实验，终于改制完成新方，用这个配方制成的活络丹药效显著，成为同仁堂治疗风寒湿痹症的珍贵中成药。乌鸡白凤丸原始配方来自明代医书《寿世保元》，也是由清嘉庆年间同仁堂铺东乐百龄结合医疗实践反复研制而成。

中华老字号非遗文献的记录和整理，是当代老字号非遗文化传承的基础工作，通常中华老字号企业在申报国家、省、市、区级非物质文化遗产项目时，都会组织专业力量，系统记录、整理非遗文献（含口述史料、非遗专题纪录片），为此，老字号非遗的申报工作，也是我国老字号非遗文化传承的一项基础工程。此外，当前越来越多的老字号企业也深刻认识到非遗文化中所蕴含的重要价值，将文献的记录、整理和研发结合起来，有效地开发老字

① 周敏.高职校非遗技能大师工作室建设的实践研究——以苏扇为例[J].上海：科技视界2015（8）.

号非遗资源。如前述鸿宾楼对于"全羊席"文献的记录和研究，在此基础上，鸿宾楼的大厨们还根据现代社会饮食口味需求和用餐顾客数量，对"全羊席"菜品进行改良，变原来的 108 道传承菜为 10—14 道精选热菜和 6 道凉菜（鞭打绣球、冰花送肉、迎风草、探灵芝、蜈蚣岭、焦熘脆、独云花、天庭方肉、尒千里风、炸鹿肠、烩百子囊），让消费者既能感受"全羊席"制作技艺与口味精髓，又能体验鸿宾楼传承百年的老字号文化和非遗文化。

图 6-4 2009 年北京老字号非遗进校园活动——京作硬木家具制作技艺展示

非遗文化的展示和传播是当前老字号非遗文化传承中受众面广、影响较大的内容。在政府和社会各方努力下，近年老字号非遗文化进校园、进课堂、进社区、进商场、进企业，与社会公众零距离，让人们特别是在校学生感悟、体验中华老字号非遗文化魅力，取得良好的效果。如北京市 2009、2010 年先后组织多场"北京老字号非物质文化遗产进校园"主题活动，张一元、龙顺成等诸多老字号非遗传承人来到中国人民大学商学院、北京财贸职业学院等高校，现场活态展示精湛的非遗技艺，开设专题讲座，与大学生面对面交流互动，在高校掀起一波"老字号非遗热"。2016年北京大栅栏琉璃厂举办传统文化体验活动，在大栅栏、琉璃厂开店的张一元、全聚德、内联升、瑞蚨祥、同仁堂药店、中国书店、戴月轩等14余家老字号参加，开展茉莉花茶品鉴、手工盘扣、千层底制作、中药药丸制作、雕版印刷等14场非遗技艺体验和特色文化体验活动，吸引了众多居民、小学生围观体验，也较好地传播了北京大栅栏、琉璃厂原生老字号非遗文化。

近年相当数量的老字号通过建立博物馆或"非遗"展厅，使非遗文化传播常态化。如北京截至2010年就有同仁堂、全聚德、便宜坊、荣宝斋、内联升、牛栏山、天福号、珐琅厂等20家老字号企业建立了博物馆或"非遗"展厅。北京有300多年历史的"王麻子剪刀"（厂）在20世纪90年代曾经严重亏损，到了资不抵债的境地。北京栎昌王麻子工贸有限公司成立后，将传承非遗文化作为中心工作，组织人员到首都图书馆、北京档案馆查阅了明清至民国时期有关"王麻子"的资料，并到河北、山东走访在王麻子工作多年的退休工人，了解他们手上的"绝活"，整理出资料，使王麻子剪刀传统锻制技艺顺利入选国家级非物质文化遗产目录。以此为契机，2011年王麻子公司投资上百万元建成700平方米总建筑面积的王麻子剪刀历史文化博物馆，通过"幻影成像""动感翻书"等现代手段的演示、实物展览、现场制作等展示王麻子剪刀传统锻制技艺的演变和发展过程。如为了展示王麻子传统工艺碳刚刀的工艺和质量，在博物馆展示中特别将产品剖开后，以便参观者在显微镜下直接看到内部结构。展示分四个部分：其中A为碳钢刀刃口断切面，中间深部分是刃钢也就是高碳钢，两边浅色部分是低碳钢，俗称铁。外层因是低碳钢，热处理硬度很低容易磨。俗话讲：磨剪子，镪菜刀，就是把外层镪掉，将刃钢露出，便于打磨；B为高碳不锈钢复合夹钢刀的刃口断面，表层为低碳不锈钢，中间为高碳不锈钢，是碳钢刀的换代产品，中间夹钢薄厚均匀，为刀具中精品；C 为制作高级不锈钢复合刀的材料锻切面，王麻子生产的各类高碳复合不锈钢刀，严格地按标准提料，确保其产品质量及信誉；D 为煮黑民用剪的锻切面，浅色部分为低碳钢，深色部分为高碳钢。钢、铁分明，充分体现王麻子剪刀的特性。通过展示，很容易将精工细作，一把碳钢刀要经过 36 道工序的王麻子正宗品牌刀剪与市场假冒产品区分开，也为王麻子刀剪做了正面的品牌宣传。以非遗文化传播和创新为基础，21 世纪以来王麻子公司已发展了数十家门店，实现盈利，彻底摆脱了经营困境。

应该说，当前一定数量的老字号企业在非遗文化保护和传承中还处于等政策、等资金、等支持的被动地位，远未充分发挥主场作用。北京财贸职业学院 2009 年曾对北京市 21 家老字号企业的 22 项非物质文化遗产项目传承情况进行过系统调研，调研发现，企业非遗传承人待遇总体偏低，年收入 12 万元以上的仅占 31%，4 万元以下的占了 45%。与此相适应，非遗承传人（传承人徒弟）收入情况也不容乐观，年收入高点不过 10 万元，竟然还有 9% 的承传人年收入在 2 万元以下。老字号企业非遗传承人、承传人不仅普遍面临收入水平不高，福利待遇偏低，难以招到优秀承传人的问题，还面临非遗技艺和文化创新难以突破、创新路径窄、层次低的问题，这很大程度上由于老字号企业现有传承人的文化水平普遍较低。对 20 余项非物质文化遗产技艺传承人的调研发现，45% 的传承人仅有初中学历，接受过大专或大学教育的仅占 25%。多数传承人缺乏现代知识体系的基础，掌握技术依然是通过传统的口传心授的方式，知识来源单一，对从事的非遗技艺传承工作缺乏理性高度的认知，在设计思想、审美品位上严重落伍。缺乏创新力，产品与现代审美难以和谐统一，也更加难以吸引年轻人的关注，难以吸引主流消费市场的关注。在老字号非遗人才的培养上，若不解决创新力不足的问题，现有人才就永远难以实现从"匠人"到"大师"的跨越，也不利于非遗文化的传承和再发展。

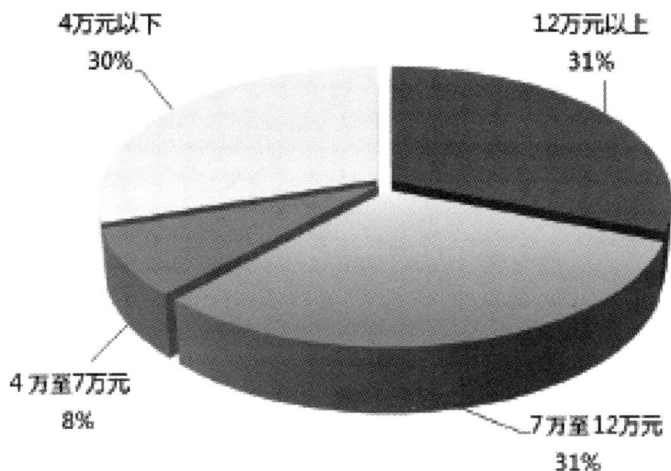

图 6-5 北京 21 家老字号企业非遗传承人年收入情况（2009 年）

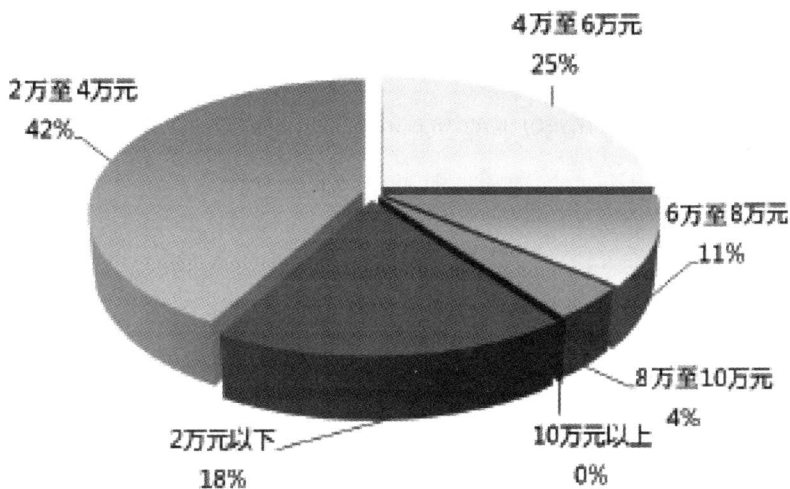

图 6-6 北京 21 家老字号企业非遗承传人年收入情况（2009 年）

三、环境保护

老字号非遗的生存发展特别依赖自然环境、人文环境和社会环境。由于非遗项目赖以生存的自然环境发生了改变，传统工艺的原材料受到了影响，传统工艺的生产、加工就无从谈起，比如近年来由于黄鼠狼的数量日益减少，湖笔的狼毫的生产就受到了极大的限制，致使湖笔的生产陷于困境，历史上因为原材料的资源枯竭而导致工艺消失的情况非常之多，因此加强自然生态保护，中国非遗保护进行了扎实有效的探索。比如山西依托晋中生态文化实验区，将陈醋酿造技艺、中医药炮制技艺、汾酒酿造技艺等非遗项目，与生态区内的古村落和老街建设统筹考虑，非遗项目周边的环境治理和污染防治综合施策，戏曲曲艺类项目与当地民俗全方位融合，使非遗传承的内在根据和外部环境得以更好地维系。当地政府还加大对生态区内国家森林公园、湿地公园及国家级自然保护区等自然环境的综合保护与修复，使天更蓝，山更绿，水更清。

为了给老字号非遗技艺创造有利的社会环境，应该注重保护以非遗为中心的生产生活方式。老字号非遗作坊式生产是历史上最稳定的生产方式，虽然近些年兴起的大师工作室、非遗传习所等传承空间很好地继承了传统工艺的活态传承，但是由于存在着生产与教学的脱离、传承人投入精力不足等问题，还不能完全替代传统的生产空间中的传承作用。尤其是在拥有流水线生产的老字号企业中，更应该注重恢复加强手工作坊的生产方式，避免老字号非遗技艺变了味道。

文化生活也是一种生态环境，白酒酿造技艺依赖于传统的酒文化，而传统工艺美术的艺术源头之一是书画艺术。只有在传统文化环境下，老字号非遗才能长期传承下去。而如果传统工艺文化的生态环境遭受破坏，传统技艺就会变成无源之水、无本之木，也就必然会畸形、病态地发展甚至是消失。因此，一方面我们要具有整体性传承传统文化的意识，应该注重对文化渊源的古代艺术、相关典籍器物的挖掘。民间文化、精英文化，所谓的文化的大传统、小传统历史上不是孤立存在的，将来的传承也是如此。另一方面我们要保护文化空间，我们具有中国特色的文化空间是什么？应该重视保护有中国文化特点的小剧场、博物馆、传统街区、传统民俗活动等。

四、技艺知识保护与创新

注重环境认知。老字号非遗技艺秉持天人合一的自然观，讲究"虽有人做，宛若天开"的创作境界。比如工匠在制作家具的过程中，充分将木材的本色与纹理彰显出来，以体现出一种朴素的美感，追求大自然本身的朴素无华。因此，老字号非遗技艺中重要的一类知识就是对于各种加工材料的认知，直至对自然环境的认知。同时，我们注意到对环境的深刻认知对培养人的朴素自然的价值观也是有益的，对于现代社会存在的怀疑主义、虚无主义是一种解毒剂。我们现在传承的过程忽略了在自然环境中去学习去体验，把这些知识归于农业知识门类而与传统技艺区隔开来，这是非常危险的。

注重使命感召。前文分析到，技艺的习得源自专注的深度练习方式，只有内心真正热爱本行当，深入钻研技艺当中的手眼心法，才能在漫长的技艺锻造中实现德技双修。老字号非遗技术是一种深度工作，传统的传承培养靠严苛的纪律约束、身份约束，采用类似于禁欲主义的方式让学徒摒弃掉浮躁社会的诱惑，养成深度工作的习惯。现在的学生，在身份约束放松的情况下，在禁欲主义方式效果削弱的情况下，要增强社会的认同感和使命感，学徒在传统社会是一种身份命运的驱使，在现在社会则是使命责任的感召，老字号非遗的深度练习和工作都需要一种长情的心理支撑。

五、生产保护与创新

最大程度的保留手工制作是老字号非遗技艺生产保护的基本要求。老字号非遗传统的传承模式包括手工操作、隐性知识、师徒传承、作坊生产等因素。从未来考虑，即使没有现代技术冲击，老字号非遗企业是不是也会在利润驱动下，扩大生产规模。答案是肯定的，因为生产力不断提高，也是历史的发展趋势。因此在不改变生产流程的情况下，适当地运用机械力来代替自然力，提高生产效率是合理的。即使没有现代技术冲击，老字号非遗技艺能不能标准化？不能，因为其知识体系是隐性知识体系，有些可以显性化，比如秘方配备可以有合适的比例，有的是在生产中根据经验进行不确定性问题的模糊处理的，很难严格标准化。主要原因是老字号技艺是根据不同的原材料采用不同的工艺手段来处理的，材料来源即并不是完全标准的。生产过程中，不是控制性的封闭性生产，而是借助自然力量的，在开放情况下温度、湿度等也是不确定的，因此需要根据经验来进行调整。产品不以严格的标准化作为评价手段，而以物尽其用为目标。因此，采用标准化的生产需要谨慎，需要在标准化生产与手工制作之间保持适当的平衡，标准化的生产不能替代手工制作的主体作用，某些产品的理化指标、生产环境可以通过标准化进行改善，使得模糊的知识显性化，但是同时应该保留传承人的手工技能。大师工作室和产品研究中心是非遗技艺传承的有效补充，但是不能够完全替代手工作坊式的小规模手工制作产品的生产形式，因为手工技艺的活态传承与市场应用是息息相关的，所谓用进废退，不能够面向市场需求，一味地模仿传统制作工艺是没有生命力的。处理好传统技艺与现代生产之间的关系：不面向今天的市场，传统技艺早晚会迷失，仅仅考虑市场，盲目发展则难以持久。

　　老字号非遗技艺在历史中是不断创新发展的，未来也不会停下创新的脚步，问题是什么样的创新是有利于非遗技艺传承的。根据传统文化发展的历史经验，有三种模式是值得借鉴的。一是利用新工具改造传统工艺：基于传统工艺对于产品制作的要求，根据科学方法，从应用性方面，进行创新。如景泰蓝制作中，发明了制胎机，利用机械压胎提高了工作效率，胎型规整统一，对景泰蓝艺术发展和产品创新起到了很大的推动作用。二是基于传统技艺方法，总结特有模式和结构进行方法创新。景泰蓝的创新例子：景泰蓝在继承、吸收明清两代色彩特点和润色技法的基础上，纹样设计又借鉴了国画的颜色、勾线和烘染的技法，创作出了多种风格的作品。以钱美华为代表的设计专家还以写意画为题材，以水墨形式和装饰画手法表现出赋有民族形式的写意画，诗情画意达到了高度艺术水平。色彩方面，釉料除大红、大黄、粉红为延续明清外，其他色彩比以前大有提高，增加了产品的观赏性和艺术性。点蓝艺人与掐丝艺人配合加强了釉色之感和色彩的变化，技术上打破了必须密丝才能点蓝的规矩，创造了无丝点蓝法。从胎型上看，在生产品种上抛弃了一些不合时代需要的产品，根据实用经济美观原则创造了 160 多种产品。三是根据存在的历史资料，创新传统工艺方法，抢救失传的技艺。比如张一元传承人练就一手品茶绝活，在茶叶拼配、加工、评审方面具有很深的造诣，成功恢复了失传 58 年之久的茉莉毛尖传统工艺。我们看到目前，许多老字号企业还采用了其他创新形式：现代技术简单代替传统技艺、营销手段创新、单纯营利目的的商业模式创新，对于老字号非遗技艺的传承是有不利影响的，应该谨慎对待。

第二节　"非遗 + 创新创意"

诚如《文化部"十三五"时期文化发展改革规划》提出的，非遗"以融入现代生活为导向"，要切实加强能力建设。当代社会，适应现代生活方式，老字号非遗更需要加强创新创意能力的建设，"非遗 + 互联网创新""非遗 + 文化创意"是当前契合现代生活导向、老字号非遗创新的两个主要方向。

一、互联网非遗消费已实现从"情怀"到"日常"的转变

据统计，2018 年我国全年社会消费品零售总额已达 38.10 万亿元，其中消费占 GDP 的比例为 42%，消费支出对 GDP 增长的贡献率高达 76.2%。从人均 GDP 看，2018 年达到人均 6.48 万元，折合美元兑人民币汇率超过

9500 美元，2019 年我国人均 GDP 突破 1 万美元大关。根据发达国家和地区的普遍经济规律，人均 GDP 1 万美元是一个国家或地区迈入中等发达水平的重要的分水岭，通常表现出三个转变：从生产为主向消费为主转变，从工业为主向服务业为主转变，从劳动密集型向知识密集型转变。在消费领域，消费已成为拉动经济增长的主要引擎，服务消费比重持续增加，经济由投资驱动型向消费驱动型转变的趋势更为明显。

居民消费达到一定程度后，文化消费就会水涨船高。近年，越来越多的 80 后、90 后，乃至 00 后年轻人开始崇尚传统文化消费，传统文化元素与现代时尚混搭，产生了出其不意的效果。据淘宝网 2018 年《非遗老字号成长报告》，在商务部认定的 1128 家中华老字号企业中，超过 7 成老字号在淘宝、天猫开店。文化部认定的国家级"非物质文化遗产"中，已有近一半的"非遗"手艺在淘宝上得到了实践与传承，从事"非遗"产业的淘宝商家遍布全国，老字号非遗开辟线上销售平台已经成为常态。

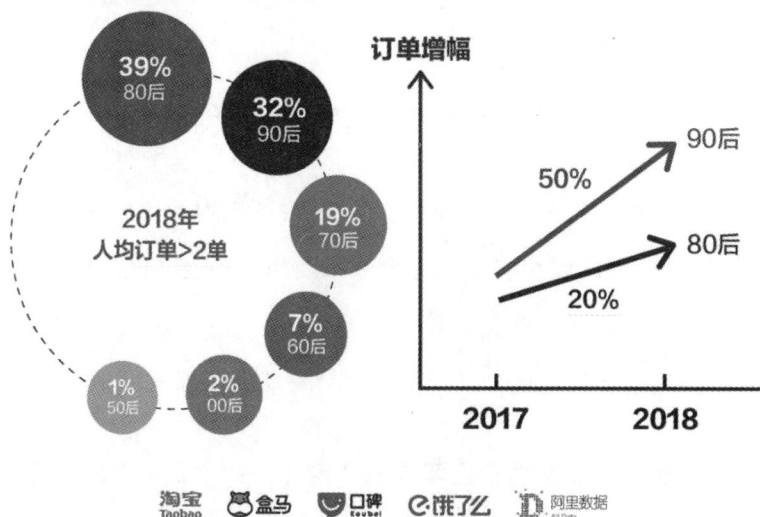

图 6-7 淘宝老字号非遗消费者画像[①]

[①]　2018 年淘宝非遗老字号成长报告 [R/OL]. 2019-04-19. http://www.baogaolaile.com/2108.html.

表 6-3　淘宝网上的中华老字号 [①]

内蒙古	河套等 4 家
天津	海鸥 / 狗不理 / 桂发祥十八街等 45 家
河北	衡水老白干 / 金凤 / 刘伶等 20 家
山西	杏花村 / 冠云 / 荣欣堂等 20 家
新疆	古城
陕西	西凤 / 白水杜康 / 老孙家等 17 家
甘肃	佛慈 / 滨河等 8 家
青海	互助
河南	王字义 / 宝丰牌 / 张弓等 12 家
四川	五粮液 / 泸州老窖 / 剑南春等 35 家
湖北	马应龙 / 建民 / 稻花香等 16 家
重庆	桥头 / 金角 / 大河张等 16 家
湖南	九芝堂 / 火宫殿 / 金彩霞等 10 家
贵州	茅台 / 同济堂 / 都匀毛尖等 8 家
云南	云南白药 / 大益牌 / 下关沱茶等 22 家
广西	双钱 / 三鹤 / 玉林等 8 家
黑龙江	马迭尔 / 秋林里道斯 / 北大仓等 25 家
吉林	通化 / 长白山 / 鼎丰镇等 13 家
辽宁	翠华 / 道光等 18 家
北京	同仁堂牌 / 稻香村 / 全聚德等 67 家
山东	东阿牌 / 张裕 / 青岛啤酒等 45 家
江苏	洋河 / 恒顺 / 雷允上等 65 家
上海	恒源祥 / 光明 / 冠生园等 120 家
浙江	五芳斋 / 知味观 / 古越龙山等 67 家
安徽	迎驾贡酒 / 谢正安 / 徽六等 18 家
福建	片仔癀 / 同利肉燕 / 黄金香等 22 家
江西	绿海 / 德福斋等 16 家
广东	广州酒家 / 皇上皇 / 王老吉等 43 家

---

① 2018 年淘宝非遗老字号成长报告 [R/OL]. 2019-04-19. http://www.baogaolaile.com/2108. html.

城市	口碑订单 (较上年)增幅	中华老字号排名
上海	↑70%	小绍兴 功德林 沧浪亭 立丰食品 凯司令
广州	↑120%	广州酒家 陶陶居 皇上皇 莲香楼 宝生园
北京	↑10%	东来顺 锦芳小吃 同春园 仿膳 壹条龙
成都	↑63%	陈麻婆豆腐 韩包子
天津	↑71%	狗不理 桂发祥 冯起顺 耳朵眼 炸糕
杭州	↑35%	山外山 楼外楼 知味观 五芳斋

淘宝 Taobao　盒马　口碑 koubei　饿了么　阿里数据 Ali Data

图6-8 淘宝网上的各城市中华老字号到店偏好度 ①

淘宝网 2018 年《非遗老字号成长报告》显示，从淘宝线上老字号非遗消费情况看，老字号及非遗产品消费已实现了从"情怀"到"日常"的转变。2018 年，淘宝消费者人均购买非遗、老字号商品超过 2 件，有 5 成消费者全年购买老字号、非遗商品超过 300 元，其中广州市老字号人均消费达到 208元，居各城市第一，其次是北京 183 元、成都 142 元。消费数据显示，80后、90 后群体是非遗、老字号购买群体的"中坚力量"，且 90 后群体正在以每年 50% 的增幅追赶 80 后。据报道，2018 年后近一年内，天猫平台老字号品牌被搜索的总次数超过 10 亿次，老字号的消费者超过 8600 万人，购买老字号产品的 90 后消费者，超过了 320 万人。②

----

① 2018 年淘宝非遗老字号成长报告 [R/OL]. 2019-04-19. http://www.baogaolaile.com/2108. html.

② 老字号品牌在天猫集体复兴 销售额增长最高超 800%. 光明网，2019-01-31. https://it.gmw. cn/2019-01/31/content_32448353.htm.

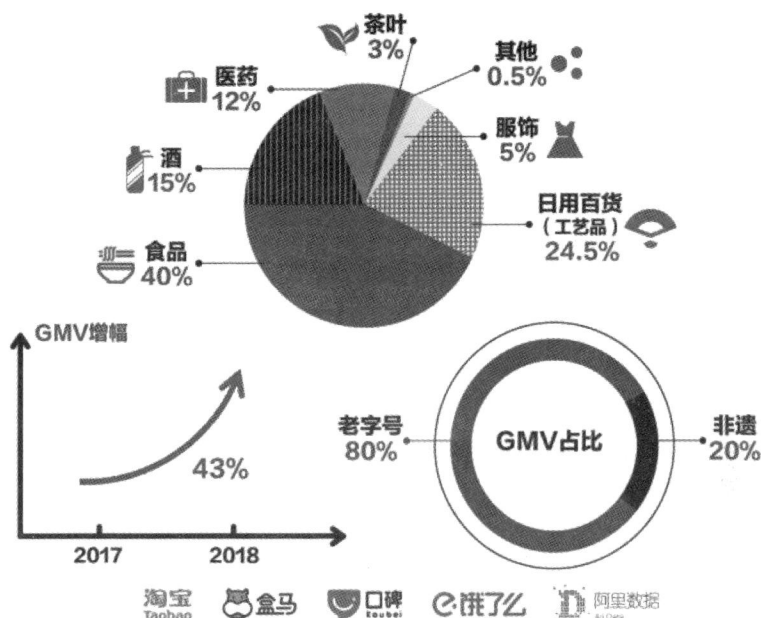

图 6-9 淘宝网老字号非遗商家经营情况[①]

淘宝老字号非遗商家所属行业门类中，食品类居第一位，占 40%；其次是日用百货（工艺品），占 24.5%；再其次是酒类，占据 15%，其中居前五名的是茅台、五粮液、洋河、泸州老窖、杏花村；同仁堂、云南白药、片仔癀等老字号医药占据 12%；再其次是服饰类，占据 5%；张一元、吴裕泰等茶叶类占据 3%，还有 0.5% 的其他门类。具有独特非遗技艺的老字号产品在淘宝平台销售中业绩出色，以具有国家级非遗项目"五芳斋裹粽技艺"的嘉兴老字号五芳斋为例，五芳斋粽子 2009 年上线淘宝商城，当年就实现销售额 800 多万元，9 年后的 2018 年端午期间，五芳斋粽子的天猫市场占有率达到 50%，端午高峰期天猫旗舰店单店单日销售额突破 1200 万元，连续 9 年名列粽子网络销售额第一品牌。[②] 拥有杭州知味观传统点心制作技艺的杭帮

---

① 2018 年淘宝非遗老字号成长报告 [R/OL]. 2019-04-19. http://www.baogaolaile.com/2108. html.

② 百年老字号转型 粽子大王五芳斋玩转"互联网+"[N]. 嘉兴：南湖晚报，2018-06-23.

菜名店知味观通过发力线上，年销售额突破 2 亿元，电商团队从 7 人发展到
70 人。北冰洋汽水在进入天猫平台两年内销量同比增长 33 倍。三元集团借
助天猫，线上线下全面铺开渠道，让生产基地从 1 个增长到 14 个，销量同
比增长了 60 倍。

二、线上平台成为非遗老字号聚合发展的生态场

基于强大的信息技术支持能力和品牌聚合能力、营销整合能力和海外市
场推广能力，天猫自 2017 年 9 月 19 日起启动"天字号计划"，以天猫超市
为阵地，借助天猫数据，陆续上线了大批北京、上海、广州、成都等区域老
字号产品，为老字号创新搭建平台。据天猫超市相关数据，上线仅一个月北
京老字号品牌销售额增长 68%。2018 年以本土化、全球化、数字化为战略
方向，再次升级"天字号计划"。近年阿里系不仅致力于在线上推广老字号
非遗，也将非遗文化带到线下，如阿里巴巴和杭州市非遗中心共同打造了淘
宝"108 匠"，不仅在线上带动非遗消费，也将老字号非遗文化传播到线下。
2018 年 11 月，他们把王星记扇、九曲红梅茶等部分淘宝"108 匠"杭州非
遗网店带到线下社区，线上线下联通联动、丰富多彩的非遗展示和体验活动
也代表了杭州这座电商之城在互联网时代非遗的传承与发展的"活"的模式。
目前淘宝天猫已成为非遗老字号聚合发展的生态场。①

表 6-4 2017 年天猫海外成交覆盖国家和地区较多的老字号及非遗项目

老字号	品牌归属地	非遗项目	覆盖国家和地区数量
恒源祥	上海	海派绒线编结技艺	188
云南白药	云南	云南白药制作技艺	175
桥头	重庆	桥头火锅底料传统熬制技艺	173

---

① 品叔 . 天猫联合 7 大老字号开了一家米其林级分子料理店，把月饼做出了逆天高度 . 首席品
牌官，2018-08-30. https://www.sohu.com/a/250817434_618348.

续表

张小泉	浙江	张小泉剪刀制作技艺	161
九芝堂	湖南	九芝堂传统中药文化	141
马应龙	湖北	马应龙眼药制作技艺	125
张一元	北京	张一元茉莉花茶制作技艺	112

除了淘宝天猫，百度、爱奇艺、新浪等互联网平台近年均积极致力于非遗文化传播，使老字号非遗文化通过网络媒介回归到千家万户的日常生活中。百度于 2018 年 8 月启动"百度 shǒu 艺人"非遗公益项目，选取非物质文化遗产传承人，用百度技术与产品，赋能非遗老手艺，让传统文化在互联网时代为更多人所了解。2017 年爱奇艺生活家工作室推出纪录片《讲究》，通过新的温暖的视角记录"匠人故事"，阐述"匠人精神"，"用今天的方式讲述着祖先的智慧"，该纪录片播放后获得豆瓣 8.4 分高评分，截至 2018 年 5 月，《讲究》第三季播放量总计 2943.3 万，获同期纪录片第一名，并登陆 CCTV-10《探索·发现》栏目播出。目前《讲究》已经播出四季，使众多古老的手工艺穿越时光重新回到大众视野。[①] 爱奇艺百集纪录片《非遗故事》也已经开播。新浪文化制作的《大国匠人·遇见非遗》短视频系列纪录片亦以老字号非遗文化为展示对象，在已播出的剧集中分别展示了荣宝斋木版水印技艺、聚元号弓箭制作技艺、五芳斋裹粽技艺、景泰蓝制作技艺等典型老字号非遗技艺。这些制作精良的专题纪录片的热播让更多的人感受到"用时光打磨品质，用岁月沉淀情怀"的中华非遗文化，并由此产生强烈的民族自豪感和传承发展中华民族文化的使命感、责任感。

三、"非遗 + 文化创意"使非遗文化无缝融入现代生活方式

"非遗 + 文化创意"是国际上非遗文化创新的主要形式。以日本为例，

---

① 李君娜.《讲究》第四季关注"非遗"，展示指尖上的非凡力量. 上海：上观新闻. 2018-06-23. https://web.shobserver.com/staticsg/res/html/web/newsDetail.html?id=94036.

日本朝日电机制作所旗下品牌"传统工艺王国"就一直致力于发掘企业所在地石川县的非遗工艺，并将其融入现代产品设计，使旧的技艺在新的产品中得到有机再生。如一款鲤鱼跃龙门图案手机壳，售价 100 美元左右，就是利用传统漆器元素，由著名的山中漆器工匠、采用漆器制作中描金工艺，绘制精细且质感出众的背壳图案，描金上又上了一层保护涂层以防磨损，这款手机壳颜值与实用并重，在网上持续热销。①

图 6-10 日本"传统工艺王国"品牌非遗技艺手机壳

近年在众多企业加速"非遗+互联网创新"的同时，"非遗+文化创意"也成为我国非遗文化创新的主流。"非遗+文化创意"使非遗文化无缝融合

---

① 将古代漆器描金融入现代审美，日本工匠设计出了这款手机壳 [EB/OL]. 西集全球购 .2019-04-09. https://www.sohu.com/a/306898239_813530.

现代审美、融入现代生活方式，诸多老字号非遗借此焕发了新的生命。

2016 年底，故宫文创部门与北京稻香村携手研发糕点，一个多月后这款两个老字号跨界联合的糕点在故宫淘宝店上市，限量生产 5000 盒，每盒售价 120 元，上线 48 小时内便告售罄。此后，北京稻香村与故宫又共同打造了端午粽子礼盒、中秋月饼礼盒、二十四节气礼盒，均广受欢迎，特别是获得了大量年轻消费者的肯定。线上销售的成功，加速了北京稻香村的线下文创升级店建设。2018 年，北京稻香村成立子品牌"稻田日记"，定位于"新中式糕点"，首家稻田日记已在爱琴海购物中心开业。除了稻香村，近年还有大批拥有非遗技艺和文化的老字号跨界"玩"文创，使新奇的老字号产品成为市场热销的新"网红"。如 56 岁的美加净与 59 岁的大白兔奶糖携手，研发推出美加净大白兔奶糖润唇膏。两支售价 78 元，第一批开卖的 920 支在天猫上线两分钟内就秒光。拥有 150 多年历史，具有国家级制扇技艺的王星记，不仅与《大圣归来》等中国动画跨界合作，还与 Dior、Kenzo 等欧美奢侈品牌联合设计推出限量系列，使扇子这种现代生活的小众产品开辟了新的高端精品市场。①

老字号非遗文创与天猫携手，同样也创造了新的"化学反应"。2018 年 6·18 期间，天猫联合六神打造六神花露水风味鸡尾酒，中秋前夕又联合七家老字号食品品牌（故宫食品、杏花楼、稻香村、知味观、五芳斋、嘉华、荣诚）举办了一场米其林质感的网红私宴，以月饼为主食材，搭配龙虾、西兰鲛鱼、火腿汁渍玫瑰、煎鹅肝、鱼子酱等食材，中西混搭，美味天成，形成"琉璃、芳菲、琼楼、朱阁、清影、望月、夕月"等一道道高颜值的菜品。除了创意菜品开发，天猫还邀请全息多媒体团队为这场私宴打造了声光电光影秀沉浸式氛围，将声音、氛围、味觉等感官融为一体，将中式传统民俗与

---

① 裴雪琼. 一成老字号焕新春，开淘宝店玩跨界，稻香村大白兔纷纷卖断货 [EB/OL]. AI 财经社，2019-01-23. http://www.ymcall.com/artinfo/244583842600824208.html.

美食文化中的意境美学融为一体，使人们熟悉的中秋月饼得到全新的艺术化升级，创造了非同凡响的美食体验。据了解，这场由天猫操盘，七家老字号食品品牌协作完成的网红私宴也创造了强大的销售气场，嘉华经典玫瑰饼礼盒 10 分钟售卖出 850 件；五芳斋单品礼盒 1 小时热卖 5 万盒，比前一天增长 225 倍。[①]

图 6-11 稻香村月饼变身法式美食

正如《文化部"十三五"时期文化发展改革规划》所倡导的，中华老字号非物质文化遗产传承应"以人的培养为核心，以融入现代生活为导向，切

[①] 7 大月饼品牌齐聚顶级网红私享宴，天猫国潮行动再为中华老字号赋能 [EB/OL]. 食品新闻资讯，2018-08-30 . http://www.spzs1.com/xinwen/view.aspx?id=15693.

实加强能力建设"。[①] 以传承人的培养为核心，以推动非遗融入现代生活为导向，凝练底蕴深厚的民族文化内涵，不拘一格，通过"非遗＋互联网创新""非遗＋文化创意"等创新模式，不断加强非遗传承能力建设，中华老字号非遗文化在新的时代正在创造新的辉煌。

---

① 中华人民共和国文化部．文化部"十三五"时期文化产业发展规划．2017.

第七章 中华老字号非遗价值的 开发与应用

第一节 中华老字号非遗价值的开发

中华老字号非遗被称为历史文化的"活化石"和"民族记忆的背影"。拥有历史文化价值、技术价值和市场价值，应在分析每项遗产的实际情况基础上，合理分类，积极地进行"保护"性开发。

一、历史文化价值保护与开发

从保护与开发历史文化价值的角度讲，老字号非遗作为历史文化记忆符号，应重视挖掘、陈列、展示，通过建立博物馆、陈列室、技艺表演、产品展示等形式，做好宣传推广。老字号企业可与产品销售、旅游结合起来，创造城市中的小而精的人文景观，这样，一方面展示历史文化，另一方面把历史文化价值转化为现实的市场价值。同仁堂、全聚德、张一元等不少老字号企业都做了企业文化展览，以此增强老字号的文化魅力和市场引力，其经验是值得借鉴的。北京商务局和老字号协会等也把老字号非遗项目集中起来，通过图片展进校园进社区及办网站等方式，进行整体宣传与推广，社会反响很大。山西有关晋商文化的很多小型的专业的博物馆办得很有特色，平遥古

214

城中的这类博物馆就很多。几年前我去看的绍兴酱文化博物馆，就很典型，比如北京的酱怎么回事、韩国的酱怎么回事等等。一个单纯的酱文化，就能开发出这么大的历史文化价值，可见，老字号"非遗"的历史文化价值开发具有巨大潜力。

由于老字号非遗多为技艺属性，是软文化遗产，因此，在开发老字号非遗历史文化价值方面，应特别重视其物质文化遗产保护。这种物质文化遗产，从大的方面讲是上述之"生态环境"，否则，就像一条胡同拆除了，胡同机理被破坏了，留一个四合院，留一个名人故居，其味道就变了。从小的方面讲，就是要保护老字号的建筑和店面，保护"三绝"的硬环境。皮之不存，毛将焉附？有些非遗与特有的物质文化遗产浑然一体，难以分割，分开后其历史价值就大打折扣。目前对老字号建筑和门面等硬环境的破坏较严重，应该马上立法，使老字号的历史风貌和遗存得以有效保护。

二、技术价值的保护与开发

对老字号非遗技术价值的保护与开发，要做具体分析。有三种情况：第一种是技艺非常独特、难以用现代科学技术原理清晰解释、也难以用现代技术方法替代，真正是一绝的非遗技艺，要原汁原味地有效地保护起来，传承下去，比如荣宝斋的木版水印技艺。第二种是技艺独特，但基本技术原理清晰，部分制作环节或生产工艺、工具能够用现代技术改造，并能提高产品质量的稳定性和生产效率与效益的"非遗"，应在保持其技艺的传统特性条件下，用现代技术改造与提升。如内联升的千层底布鞋制作技艺，有些工序可用新工艺替代。如果保持过去那种人们用手工一针一线纳鞋底，一天纳一只鞋底，几天制作一双鞋，那成本就太高了。这种工艺作为文化展示或作为特需，极少量生产是可以的，但满足较多的市场需求就不适应了。第三种是技艺"外壳"是独特的，内核也很神秘，但多数制作工艺技术，均可以现代化，即用现代制造技术、生物技术、信息技术、电子技术、仿真技术表现出来的非遗，就应更积极地采用新技术新工艺，提高原技艺的科技含量，促其更加标准化、规范化，高效化。比如全聚德，对烤鸭炉的技术改造和鸭坯制作的技术提升，就是成功的一例。

对非遗技术价值的保护与开发，重点是传承人的培养。对掌握传统绝活、绝技、绝艺的"大师"级人物，通过建立"大师工作室"等方式，一方面使其有较好的条件从事技艺的精研与创新，另一方面，使其有更好的条件带徒弟，传承技艺。技艺如何传承，可根据不同的条件建立有效的传承链。具备家族传承条件的最好实行家族传承，这种传承的动力较大，技艺的保密性和完整性较好。家族传承链中断的，要通过建立新型师徒制，建立师徒传承链。目前，在老字号非遗传承中，这种传承现象属多数。采取师徒传承方式，要有良好的制度和机制，尤其要解决师、徒两个方面的动力问题，现在有些技艺面临后继无人，问题的主要根源就是动力机制问题。对于传承方法，一方面口传心授，另一方面也要推广现代培养方式。北京市成立"非物质文化遗产高技能人才培养基地"，在这方面开始了一种有益的尝试。

老字号非遗技术价值的保护与开发，既要"封闭"又要"开放"。所谓封闭，就是通过建立"技术黑箱"，把一些绝技严格保护起来，保持它的神秘性；所谓"开放"，就是要通过建立研发中心，引进技术，加强国内外技术与文化交流和产品创新，保持非遗的活力。

三、市场价值的保护与开发

老字号非遗不是文物，它是一个活体，不能总是被动保护，应该主动保护。主动保护就是开发它的市场价值，把它注入品牌，让消费者认可，让社会认可。目前多数老字号非遗名声很大，但靠它生产的产品市场狭小，而且面对的消费者比较单一。没有市场，被动保护，这对老字号非遗的传承十分不利。

　　老字号非遗的历史文化价值和技术价值，多数应该在市场交换当中实现，在竞争当中体现。当然，从目前的体制和社会条件出发，保护老字号非遗还要有非市场的作用，用法制的力量、政府的力量、社会的力量、舆论的力量来保护，如给传承人更高的地位，提高他们的价值，比如保护他们的专利，给他们建工作室，使他们享受高级知识分子的一些待遇等等。但说回来，真正的保护是通过市场，把非遗变成可交换的人们生活所需要的东西。

　　在老字号非遗的市场价值开发方面，现在还需要做大量的文章。我的总体看法是，掌握非遗的老字号企业，要有民族意识和国际视野，或倚老卖老，或倚老卖新，实现经营上的根本转变，善于把历史文化价值和技术价值变成市场价值，把产品变成品牌，把老态龙钟的形象变成年轻而富有活力的形象。应用，除了老字号企业充分利用其科技价值，还要以其为基础，加强技术研发，开拓市场。

第二节　中华老字号非遗的应用

一、推进中华老字号非遗进课堂

　　从经济层面看，老字号非遗具有较大历史文化价值、技术价值和市场价值，老字号企业可以充分挖掘、利用其价值，开发技术，研发新产品，提高产品质量，拓展市场空间，增加品牌影响力和无形资产价值。从文化层面讲，老字号非遗是中国商业文化、商业智慧的重要载体，是中华民族文化多样性的重要组成部分。因此，推进中华老字号非遗进课堂，是弘扬中华民族文化的重要举措，也是老字号非遗应用的重要方面。

（一）北京财贸职业学院的实践

北京财贸职业学院在弘扬老字号非遗文化过程中，通过建设北京老字号研究基地，进行老字号非遗传承调研，研究老字号非遗课题，出版《老字号品牌价值》、《老字号品牌文化》等专著，多次开展老字号文化进校园、非遗大师进校园和各种相关学术交流活动，为同仁堂、全聚德、西单商场、六必居、王致和、张一元、北京饭店等十多家著名老字号提供战略规划和文化咨询，参与"中华老字号""北京老字号"的认定以及"中华传统技艺技能大师"的评定工作，形成了浓厚的老字号非遗文化研究、推广氛围。

特别是设立非遗大师工作室、邀请老字号非遗传承人为学生直接上课、现场表演、传授绝活绝艺绝技，收到了非常好的效果。这些经验是值得借鉴的。

（二）"北京非遗元素手工表达"

2018 年至今，由本研究团队成员冯午生团队承办的"北京非遗元素手工表达"主题活动，将北京中轴线长度 7.8 公里范围内、历经四个朝代 860 年的以历史建筑群为主的物质文化遗产及所支撑的老字号非物质文化遗产在 2018 年 3 月初带入北京 700 多所中小学非遗课堂，作为师生手工创作的素材来源和灵感来源。2018 年、2019 年项目团队在丰台区、东城区、西城区、朝阳区、海淀区、石景山区、大兴区、房山区、怀柔区、昌平区、平谷区、顺义区公益培训了劳技课、通用技术课、美术课、综合实践课老师 1300 多名；培训了小学生、中学生 1600 多名。传播传承非遗的同时，也提高了"北京中轴线申遗"的知晓率。

（三）创建"中华老字号文化"国家教学资源库

2013 年，北京财贸职业学院联合全国商业职业教育教学指导委员会、中国商业联合会中华老字号工作委员会、中国商业史学会、中国非遗保护协会、中国商业文化研究会、北京老字号协会、安徽财贸职业学院、山西省财政税务专科学校、重庆医药高等专科学校、广州番禺职业学院、四川财经职业学院、北京联合大学、宜宾学院、中国北京同仁堂（集团）有限责任公司、中国全聚德（集团）股份有限公司、中国贵州茅台酒厂有限责任公司、四川省宜宾五粮液集团有限公司、北京张一元茶叶有限责任公司、北京六必居食品有限公司、荣宝斋、高等教育出版社、中传笛声民俗文化（北京）有限公司等行业学术组织、高等院校、老字号企业和技术支持单位，在教育部成功立项"职业教育民族文化传承与创新专业教学资源库——中华老字号文化子库"建设项目，开启了老字号文化研究与传承推广的新征程。

中华老字号文化传承与创新专业教学资源库建设历时两年。项目组以深化职业教育综合改革、推进民族文化教育均衡化、促进中华老字号企业创新发展为宗旨，以商务部认定的 1128 家中华老字号为基础，选择百余家有代表性的中华老字号，对其历史文脉、传承人物、核心品牌、非遗技艺、经营谋略、诚信服务等内容进行了认真梳理、分析、研究、凝练，按照"系统化平台、结构化课程、组件化资源、碎片化素材"的建设思路，开发了以精益求精、诚信经营、礼让平和等优秀商业文化为内涵的中华老字号文化系列数字课程，建成了中华老字号文化史料库、数字馆、互动社区和教学实施方案，最终形成一个融历史性、知识性、技艺性、趣味性为一体的开放、共享、互动的中华老字号文化传承与创新专业教学资源库网上平台。2015 年 9 月，该项目正式通过了教育部的评审验收。

在中华老字号国家级教学资源库建设中，遵循学生认知规律和教育教学规律，构建老字号非遗课程体系和配套教材，开发老字号非遗在线开放课程，把中华老字号非遗全方位融入职业教育领域。面向北京财贸职业学院等 4 所职业学院在校学生，推出文化概论、酒文化、品牌文化、食品文化、茶文化、中药文化、民间工艺、餐饮文化等八大类，该课程引起了同学们的普遍关注，参与人数较多，其中通过学分互认获得学分的同学数量共计 1302 人。详情如表 7-1。

表 7-1 中华老字号非物质文化遗产课程线上人数统计表

学校	文化概论	酒文化	品牌文化	食品文化	茶文化	中药文化	民间工艺	餐饮文化	合计（人）
财贸学院	58	120	62	111	120	113	66	95	745
财会学校	62	0	0	62	0	0	0	0	124
经职院	0	14	6	4	13	13	1	11	62
首经贸密云分校	0	47	22	94	114	40	10	44	371
合计	120	181	90	271	247	166	77	150	1302

二、实施中华老字号非遗记录工程

丰富老字号非遗记录工作，对老字号非遗产项目的内容与表现形式、流变过程、核心技艺和传承实践情况进行全面、真实、系统的记录，特别是将创新的非遗产品进行全面的记录和保存。

北京财贸职业学院通过拍摄编辑以及采集加工老字号非遗资料，完成了关于 300 多个老字号非遗视频资料，详细记录了中华老字号非遗酒类、茶类、食品类、中药文化、民间工艺类老字号非遗的历史源流、文化内涵、传承创新、工艺流程等内容。

三、开展中华老字号非遗传承人培训

按照《中国非物质文化遗产传承人群研修研习培训计划（2016—2020）》及相关工作指南要求，北京财贸职业学院充分发挥北京市中华传统技艺高技能人才培养基地的作用，制定了老字号研修研习培训计划，开展一系列具体培训工作。

2017 年 12 月，承接了北京市 2017 年专业技术人才知识更新工程——"弘扬北京老字号文化"高级研修班的培训工作。研修班为期三天，按照高水平、小规模、重特色的要求，围绕着北京老字号文化与非遗技艺精心设置课程，邀请校内外知名专家授课，采用专题报告、现场教学等有效方式进行。来自学校、企业的专家及对"老字号文化"感兴趣的社会各界人士共六十余人参加学习。我校商业研究所研究员赖阳、科研处教授孙万军，北京市老字号协会会长刘小虹，中国艺术研究院研究员苑利在培训班上做专题讲座。赖阳研究员在北京老字号领域深耕多年，对老字号非遗如数家珍，娓娓道来，课堂互动不断，学员们对报告内容反响强烈。苑利研究员从非物质文化遗产的角度诠释和解读了老字号的传承密码，为老字号企业指出向奢侈品转型的发展方向。孙万军教授介绍了中国老字号文化教学资源库的网络学习平台和使用方法。研修班学员接受培训中，还前往北京珐琅厂、二商集团和全聚德集团进行现场教学，对老字号文化进行深入的学习和体验。研修班收到非常好的效果。

2019年6—7月，北京非物质文化遗产保护中心主办，北京老字号协会协办，清华大学美术学院承办了北京市非物质文化遗产传承人群研修班（北京老字号专题），来自北京15家老字号的20名学员参加研修。

此次研修班聘请了多名专家、教授现场教学指导，清华美术学院院长和北京老字号协会会长做了专题讲座。课程以工艺美术理论、设计思维与审美、案例研究与实践、产业管理与品牌营销、设计转化为教学内容，以现代设计激活传统工艺，围绕"非遗走进生活"为主题进行合作创作设计，通过政策解读、文化管理理论与方法、市场营销与策划等相关课程学习，提升传承人群的文化艺术修养，增强老字号非遗产品设计制作水平，强化品牌意识和市场意识。著名TTF高级珠宝品牌创始人吴峰华先生讲课分享了他在珠宝、首饰领域丰富的经验与思考。经过为期20天的紧张学习，通过老字号非遗知识的系统学习和广泛的交流，学员们收获满满，进一步增强了民族文化自信和弘扬中华老字号非遗技艺与文化的自觉性。

附　录

附录一　中华老字号国家级非遗名录

一、资料来源

1. "中华老字号"名单来源于商业部中华老字号信息管理网站（共1128个中华老字号企业）。

2. 国家级非物质文化遗产名录来源于中国非物质文化遗产网披露传统技艺类（Ⅷ）与传统医药类（Ⅸ）非遗名单。

二、整理方法

1. 初筛：按照非遗保护单位与"中华老字号"企业名单对应查找。

2. 补充：按照"中华老字号"企业关键信息如品牌名称、企业简称等与非遗名录匹配，并核对非遗保护单位与"中华老字号"企业名单关系（更名、母子公司等），补充名单资料。

3. 检查：按照部分城市相关新闻内容核对检查。

三、其他说明

1.第五批国家级非遗项目名单未公布。按照文化部通知，2019 年 12 月 31 日截止申报工作，暂时尚未公示。

2.样表（商务部披露的第三批国家级非物质文化遗产名录）中涉及"中华老字号"企业的项目名单中，缺少 4 个扩展项目（保护单位为都锦生、上海民族乐器一厂、大众医药、桐君阁等老字号），以及 3 个新增项目（亨生西服、罗蒙西服、周虎臣等品牌为保护单位）。在下表附 –3 中已经补充。

3.网上未查到关于非遗项目较全面的子项目资料，暂未统计。

四、第一至四批国家级非物质文化遗产名录

表附 –1　第一批国家级非物质文化遗产名录中涉及"中华老字号"

企业的项目名单

序号	编号	名称	类型	保护单位
1	Ⅷ –13	南京云锦木机妆花手工织造技艺	新增项目	南京云锦研究所有限公司
2	Ⅷ –38	张小泉剪刀锻制技艺	新增项目	杭州张小泉集团有限公司
3	Ⅷ –43	景泰蓝制作技艺	新增项目	北京市珐琅厂有限责任公司
4	Ⅷ –49	万安罗盘制作技艺	新增项目	休宁县万安吴鲁衡罗经老店有限公司
5	Ⅷ –52	扬州漆器髹饰技艺	新增项目	扬州漆器厂有限责任公司
6	Ⅷ –55	厦门漆线雕技艺	新增项目	厦门惟艺漆线雕艺术有限公司
7	Ⅷ –57	茅台酒酿制技艺	新增项目	中国贵州茅台酒厂（集团）有限责任公司
8	Ⅷ –58	泸州老窖酒酿制技艺	新增项目	泸州老窖股份有限公司
9	Ⅷ –59	杏花村汾酒酿制技艺	新增项目	山西杏花村汾酒集团有限责任公司
10	Ⅷ –62	镇江恒顺香醋酿制技艺	新增项目	江苏恒顺醋业股份有限公司

续表

序号	编号	名称	类型	保护单位
11	Ⅷ-73	徽墨制作技艺	新增项目	歙县老胡开文墨业有限公司
12	Ⅷ-73	徽墨制作技艺	新增项目	安徽省黄山市屯溪胡开文墨厂
13	Ⅷ-77	木版水印技艺	新增项目	荣宝斋
14	Ⅸ-7	同仁堂中医药文化	新增项目	中国北京同仁堂（集团）有限责任公司
15	Ⅸ-8	胡庆余堂中药文化	新增项目	杭州胡庆余堂国药号有限公司

表附 -2 第二批国家级非物质文化遗产名录中涉及
"中华老字号"企业的项目名单

序号	编号	名称	类型	保护单位
1	Ⅸ-4	中医传统制剂方法（雷允上六神丸制作技艺）	扩展项目	雷允上药业集团有限公司
2	Ⅸ-4	中医传统制剂方法（东阿阿胶制作技艺）	扩展项目	东阿阿胶股份有限公司
3	Ⅸ-4	中医传统制剂方法（东阿阿胶制作技艺）	扩展项目	山东福牌阿胶股份有限公司
4	Ⅸ-4	中医传统制剂方法（廖氏化风丹制作技艺）	扩展项目	遵义廖元和堂药业有限公司
5	Ⅸ-6	中医正骨疗法（平乐郭氏正骨法）	扩展项目	河南省洛阳正骨医院（河南省省骨科医院）
6	Ⅸ-10	中医养生（灵源万应茶）	新增项目	灵源药业有限公司
7	Ⅸ-11	传统中医药文化（鹤年堂中医药养生文化）	新增项目	北京鹤年堂医药有限责任公司
8	Ⅸ-11	传统中医药文化（九芝堂传统中药文化）	新增项目	九芝堂股份有限公司
9	Ⅸ-11	传统中医药文化（潘高寿传统中药文化）	新增项目	广州白云山潘高寿药业股份有限公司
10	Ⅸ-11	传统中医药文化（陈李济传统中药文化）	新增项目	广州白云山陈李济药厂有限公司

续表

序号	编号	名称	类型	保护单位
11	IX-11	传统中医药文化（同济堂传统中药文化）	新增项目	国药集团同济堂（贵州）制药有限公司
12	VIII-38	剪刀锻制技艺（王麻子剪刀锻制技艺）	扩展项目	北京栎昌王麻子工贸有限公司
13	VIII-45	家具制作技艺（京作硬木家具制作技艺）	扩展项目	北京市龙顺成中式家具有限公司
14	VIII-50	雕漆技艺	扩展项目	天水飞天雕漆工艺家具有限责任公司
15	VIII-61	老陈醋酿制技艺（美和居老陈醋酿制技艺）	扩展项目	山西老陈醋集团有限公司
16	VIII-77	木版水印技艺	扩展项目	上海朵云轩集团有限公司
17	VIII-81	制扇技艺（王星记扇）	扩展项目	杭州王星记扇业有限公司
18	VIII-81	制扇技艺（龚扇）	扩展项目	自贡市龚扇竹编工艺厂
19	VIII-113	盛锡福皮帽制作技艺	新增项目	北京盛锡福帽业有限责任公司
20	VIII-115	内联升千层底布鞋制作技艺	新增项目	北京内联升鞋业有限公司
21	VIII-117	金银细工制作技艺	新增项目	上海老凤祥有限公司
22	VIII-117	金银细工制作技艺	新增项目	江苏宝庆珠宝有限公司
23	VIII-134	印泥制作技艺（漳州八宝印泥）	新增项目	漳州市八宝印泥厂
24	VIII-136	装裱修复技艺（古字画装裱修复技艺）	新增项目	荣宝斋
25	VIII-144	蒸馏酒传统酿造技艺（北京二锅头酒传统酿造技艺）	新增项目	北京红星股份有限公司
26	VIII-144	蒸馏酒传统酿造技艺（北京二锅头酒传统酿造技艺）	新增项目	北京顺鑫农业股份有限公司牛栏山酒厂
27	VIII-144	蒸馏酒传统酿造技艺（衡水老白干传统酿造技艺）	新增项目	河北衡水老白干酒业股份有限公司
28	VIII-144	蒸馏酒传统酿造技艺（板城烧锅酒传统五甑酿造技艺）	新增项目	承德乾隆醉酒业有限责任公司
29	VIII-144	蒸馏酒传统酿造技艺（老龙口白酒传统酿造技艺）	新增项目	沈阳天江老龙口酿造有限公司

续表

序号	编号	名称	类型	保护单位
30	Ⅷ-144	蒸馏酒传统酿造技艺（大泉源酒传统酿造技艺）	新增项目	吉林省大泉源酒业有限公司
31	Ⅷ-144	蒸馏酒传统酿造技艺（宝丰酒传统酿造技艺）	新增项目	宝丰酒业有限公司
32	Ⅷ-144	蒸馏酒传统酿造技艺（五粮液酒传统酿造技艺）	新增项目	四川省宜宾五粮液集团有限公司
33	Ⅷ-144	蒸馏酒传统酿造技艺（剑南春酒传统酿造技艺）	新增项目	四川剑南春集团有限责任公司
34	Ⅷ-144	蒸馏酒传统酿造技艺（古蔺郎酒传统酿造技艺）	新增项目	四川省古蔺郎酒厂有限公司
35	Ⅷ-144	蒸馏酒传统酿造技艺（沱牌曲酒传统酿造技艺）	新增项目	舍得酒业股份有限公司
36	Ⅷ-146	配制酒传统酿造技艺（菊花白酒传统酿造技艺）	新增项目	北京仁和酒业有限责任公司
37	Ⅷ-147	花茶制作技艺（张一元茉莉花茶制作技艺）	新增项目	北京张一元茶叶有限责任公司
38	Ⅷ-148	绿茶制作技艺（黄山毛峰）	新增项目	谢裕大茶业股份有限公司
39	Ⅷ-151	普洱茶制作技艺（大益茶制作技艺）	新增项目	勐海茶厂（普通合伙）
40	Ⅷ-154	酱油酿造技艺（钱万隆酱油酿造技艺）	新增项目	上海钱万隆酿造厂
41	Ⅷ-156	豆豉酿制技艺（永川豆豉酿制技艺）	新增项目	重庆市永川豆豉食品有限公司
42	Ⅷ-157	腐乳酿造技艺（王致和腐乳酿造技艺）	新增项目	北京二商王致和食品有限公司
43	Ⅷ-158	酱菜制作技艺（六必居酱菜制作技艺）	新增项目	北京六必居食品有限公司
44	Ⅷ-161	茶点制作技艺（富春茶点制作技艺）	新增项目	扬州富春饮服集团有限公司富春茶社
45	Ⅷ-162	周村烧饼制作技艺	新增项目	山东周村烧饼有限公司
46	Ⅷ-163	月饼传统制作技艺（郭杜林晋式月饼制作技艺）	新增项目	太原双合成食品有限公司

续表

序号	编号	名称	类型	保护单位
47	Ⅷ-164	素食制作技艺（功德林素食制作技艺）	新增项目	上海功德林素食有限公司
48	Ⅷ-165	同盛祥牛羊肉泡馍制作技艺	新增项目	西安饮食股份有限公司同盛祥饭庄
49	Ⅷ-167	烤鸭技艺（全聚德挂炉烤鸭技艺）	新增项目	中国全聚德（集团）股份有限公司
50	Ⅷ-167	烤鸭技艺（便宜坊焖炉烤鸭技艺）	新增项目	北京便宜坊烤鸭集团有限公司
51	Ⅷ-168	牛羊肉烹制技艺（东来顺涮羊肉制作技艺）	新增项目	北京东来顺集团有限责任公司
52	Ⅷ-168	牛羊肉烹制技艺（鸿宾楼全羊席制作技艺）	新增项目	北京华天饮食集团公司
53	Ⅷ-168	牛羊肉烹制技艺（月盛斋酱烧牛羊肉制作技艺）	新增项目	北京月盛斋清真食品有限公司
54	Ⅷ-168	牛羊肉烹制技艺（冠云平遥牛肉传统加工技艺）	新增项目	山西省平遥牛肉集团有限公司
55	Ⅷ-169	天福号酱肘子制作技艺	新增项目	北京天福号食品有限公司
56	Ⅷ-170	六味斋酱肉传统制作技艺	新增项目	太原六味斋实业有限公司
57	Ⅷ-171	都一处烧麦制作技艺	新增项目	北京便宜坊烤鸭集团有限公司
58	Ⅷ-172	聚春园佛跳墙制作技艺	新增项目	福州聚春园集团有限公司
59	Ⅷ-173	真不同洛阳水席制作技艺	新增项目	洛阳酒家有限责任公司

表附-3 第三批国家级非物质文化遗产名录中涉及"中华老字号"
企业的项目名单

序号	编号	名称	类型	保护单位
1	Ⅷ-73	徽墨制作技艺（曹素功墨锭制作技艺）	扩展项目	上海周虎臣曹素功笔墨有限公司
2	Ⅷ-99	蚕丝织造技艺（杭州织锦技艺）	扩展项目	杭州都锦生实业有限公司

序号	编号	名称	类型	保护单位
3	Ⅷ–115	手工制鞋技艺（老美华手工制鞋技艺）	扩展项目	天津老美华鞋店有限责任公司
4	Ⅷ–124	民族乐器制作技艺（上海民族乐器制作技艺）	扩展项目	上海民族乐器一厂
5	Ⅷ–147	花茶制作技艺（吴裕泰茉莉花茶制作技艺）	扩展项目	北京吴裕泰茶业股份有限公司
6	Ⅷ–152	黑茶制作技艺（下关沱茶制作技艺）	扩展项目	云南下关沱茶（集团）股份有限公司
7	Ⅷ–160	传统面食制作技艺（天津"狗不理"包子制作技艺）	扩展项目	狗不理集团股份有限公司
8	Ⅷ–160	传统面食制作技艺（稷山传统面点制作技艺）	扩展项目	稷山赵氏四味坊传统面点传习中心
9	Ⅷ–193	中式服装制作技艺（龙凤旗袍手工制作技艺）	新增项目	上海龙凤中式服装有限公司
10	Ⅷ–193	中式服装制作技艺（亨生奉帮裁缝技艺）	新增项目	上海亨生西服有限公司
11	Ⅷ–193	中式服装制作技艺（培罗蒙奉帮裁缝技艺）	新增项目	上海培罗蒙西服公司
12	Ⅷ–200	毛笔制作技艺（周虎臣毛笔制作技艺）	新增项目	上海周虎臣曹素功笔墨有限公司
13	Ⅷ–204	仿膳（清廷御膳）制作技艺	新增项目	北京市仿膳饭庄有限责任公司
14	Ⅷ–207	五芳斋粽子制作技艺	新增项目	五芳斋集团股份有限公司
15	Ⅸ–4	中医传统制剂方法（达仁堂清宫寿桃丸传统制作技艺）	扩展项目	天津中新药业集团股份有限公司
16	Ⅸ–4	中医传统制剂方法（定坤丹制作技艺）	扩展项目	山西广誉远国药有限公司
17	Ⅸ–4	中医传统制剂方法（六神丸制作技艺）	扩展项目	上海雷允上药业有限公司
18	Ⅸ–4	中医传统制剂方法（致和堂膏滋药制作技艺）	扩展项目	江苏大众医药连锁有限公司

续表

序号	编号	名称	类型	保护单位
19	IX -4	中医传统制剂方法（朱养心传统膏药制作技艺）	扩展项目	杭州朱养心药业有限公司
20	IX -4	中医传统制剂方法（漳州片仔癀制作技艺）	扩展项目	漳州片仔癀药业股份有限公司
21	IX -4	中医传统制剂方法（马应龙眼药制作技艺）	扩展项目	马应龙药业集团股份有限公司
22	IX -4	中医传统制剂方法（桐君阁传统丸剂制作技艺）	扩展项目	太极集团重庆桐君阁药厂有限公司

表附 -4　第四批国家级非物质文化遗产名录中涉及"中华老字号"

企业的项目名单

序号	编号	名称	类型	保护单位
1	IX -3	中药炮制技艺（武义寿仙谷中药炮制技艺）	扩展项目	金华寿仙谷药业有限公司
2	IX -4	中医传统制剂方法（安宫牛黄丸制作技艺）	扩展项目	中国北京同仁堂（集团）有限责任公司
3	IX -4	中医传统制剂方法（隆顺榕卫药制作技艺）	扩展项目	天津中新药业集团股份有限公司
4	IX -4	中医传统制剂方法（京万红软膏组方与制作技艺）	扩展项目	天津达仁堂京万红药业有限公司
5	IX -4	中医传统制剂方法（金牛眼药制作技艺）	扩展项目	河北金牛原大药业科技有限公司
6	IX -4	中医传统制剂方法（安宫牛黄丸制作技艺）	扩展项目	山西广誉远国药有限公司
7	IX -4	中医传统制剂方法（鸿茅药酒配制技艺）	扩展项目	鸿茅药酒文化研究会
8	IX -4	中医传统制剂方法（老王麻子膏药制作技艺）	扩展项目	哈尔滨福庆堂医药保健用品有限公司
9	IX -4	中医传统制剂方法（方回春堂传统膏方制作技艺）	扩展项目	杭州方回春堂国药馆有限公司

续表

序号	编号	名称	类型	保护单位
10	Ⅸ-4	中医传统制剂方法（昆中药传统中药制剂）	扩展项目	昆明中药厂有限公司
11	Ⅸ-19	彝医药（拨云锭制作技艺）	扩展项目	楚雄老拨云堂药业有限公司
12	Ⅷ-148	绿茶制作技艺（都匀毛尖茶制作技艺）	扩展项目	都匀市非物质文化遗产中心
13	Ⅷ-149	红茶制作技艺（滇红茶制作技艺）	扩展项目	云南滇红集团股份有限公司
14	Ⅷ-152	黑茶制作技艺（赵李桥砖茶制作技艺）	扩展项目	湖北省赵李桥茶厂有限责任公司
15	Ⅷ-160	传统面食制作技艺（桂发祥十八街麻花制作技艺）	扩展项目	天津桂发祥十八街麻花食品股份有限公司
16	Ⅷ-225	一得阁墨汁制作技艺	新增项目	北京一得阁墨业有限责任公司
17	Ⅷ-227	辽菜传统烹饪技艺	新增项目	沈阳鹿鸣春饭店有限公司
18	Ⅷ-230	上海本帮菜肴传统烹饪技艺	新增项目	上海老饭店
19	Ⅷ-233	德州扒鸡制作技艺	新增项目	山东德州扒鸡股份有限公司

附录二　代表性中华老字号国家级非遗项目传承人

表附-5　代表性老字号国家级非遗项目传承人列表

老字号企业	项目名称	国家级非遗传承人
北京市珐琅厂有限责任公司	景泰蓝制作技艺	钱美华、张同禄、钟连盛
聚元号	聚元号弓箭制作技艺	杨福喜
北京市荣宝斋	木版水印技艺	崇德福、王丽菊、高文英、肖刚
北京市荣宝斋	装裱修复技艺（古字画装裱修复技艺）	王辛敬、李淑珍

续表

老字号企业	项目名称	国家级非遗传承人
北京栎昌王麻子工贸有限公司	剪刀锻制技艺 （王麻子剪刀锻制技艺）	史徐平
北京市龙顺成中式家具有限公司	家具制作技艺 （京作硬木家具制作技艺）	种桂友
北京盛锡福帽业有限责任公司	盛锡福皮帽制作技艺	李金善
北京内联升鞋业有限公司	内联升千层底布鞋制作技艺	何凯英
北京红星股份有限公司	蒸馏酒传统酿造技艺 （北京二锅头酒传统酿技艺）	高景炎
北京张一元茶叶有限责任公司	花茶制作技艺 （张一元茉莉花茶制作技艺）	王秀兰
北京六必居食品有限公司	酱菜制作技艺 （六必居酱菜制作技艺）	杨银喜
北京便宜坊烤鸭集团有限公司	烤鸭技艺 （便宜坊焖炉烤鸭技艺）	白永明
北京月盛斋清真食品有限公司	牛羊肉烹制技艺 （月盛斋酱烧牛羊肉制作技艺）	满运来
北京金漆镶嵌有限责任公司	金漆镶嵌髹饰技艺	柏德元、万紫
北京吴裕泰茶业股份有限公司	花茶制作技艺 （吴裕泰茉莉花茶制作技艺）	孙丹威
北京市东来顺集团有限责任公司	牛羊肉烹制技艺 （东来顺涮羊肉制作技艺）	陈立新
北京华天饮食集团（烤肉宛、烤肉季）	牛羊肉烹制技艺 （北京烤肉制作技艺）	万春生
桂发祥十八街麻花食品 股份有限公司	传统面食制作技艺 （桂发祥十八街麻花制作技艺）	李辉忠
上海朵云轩集团有限公司	木版水印技艺	蒋敏
上海老凤祥有限公司	金银细工制作技艺	张心一
扬州漆器厂有限责任公司	扬州漆器髹饰技艺	张宇、赵如柏
扬州广陵古籍刻印社有限公司	雕版印刷技艺	陈义时
杭州张小泉集团有限公司	张小泉剪刀锻制技艺	施金水、徐祖兴、张忠尧
杭州王星记扇业有限公司	制扇技艺（王星记扇）	孙亚青

续表

老字号企业	项目名称	国家级非遗传承人
中国贵州茅台酒厂（集团）有限责任公司	茅台酒酿制技艺	季克良、袁仁国
泸州老窖股份有限公司	泸州老窖酒酿制技艺	赖高淮、沈才洪、张良
山西杏花村汾酒集团有限责任公司	杏花村汾酒酿制技艺	郭双威
浙江古越龙山绍兴酒股份有限公司等	绍兴黄酒酿制技艺	王阿牛
水井坊股份有限公司	蒸馏酒传统酿造技艺（水井坊酒传统酿造技艺）	赖登燨
四川省宜宾五粮液集团有限公司	蒸馏酒传统酿造技艺（五粮液酒传统酿造技艺）	陈林
四川省古蔺郎酒厂有限公司	蒸馏酒传统酿造技艺（古蔺郎酒传统酿造技艺）	杨大金
舍得酒业股份有限公司（四川沱牌曲酒股份有限公司）	蒸馏酒传统酿造技艺（沱牌曲酒传统酿造技艺）	李家顺
山西水塔醋业股份有限公司	清徐老陈醋制技艺	武润威
山西老陈醋集团有限公司	老陈醋酿制技艺（美和居老陈醋酿制技艺）	郭俊陆
江苏恒顺醋业股份有限公司	镇江恒顺香醋酿制技艺	乔贵清
合江县先市酿造食品有限公司	酱油酿造技艺（先市酱油酿造技艺）	陈思维
山东周村烧饼有限公司	周村烧饼制作技艺	王春花
太原双合成食品有限公司	月饼传统制作技艺（郭杜林晋式月饼制作技艺）	赵光晋
西安饮食股份有限公司同盛祥饭庄	同盛祥牛羊肉泡馍制作技艺	乌平
山西省冠云平遥牛肉集团有限公司	牛羊肉烹制技艺（冠云平遥牛肉传统加工技艺）	王天明
湖州市善琏湖笔厂	湖笔制作技艺	邱昌明
上海周虎臣曹素功笔墨有限公司	毛笔制作技艺（周虎臣毛笔制作技艺）	吴庆春
歙县老胡开文墨业有限公司	徽墨制作技艺	周美洪

老字号企业	项目名称	国家级非遗传承人
安徽省绩溪胡开文墨业有限公司	徽墨制作技艺	汪爱军
安徽省黄山市屯溪胡开文墨厂	徽墨制作技艺	汪培坤
上海周虎臣曹素功笔墨有限公司	徽墨制作技艺（曹素功墨锭制作技艺）	鲁建庆
中国宣纸股份有限公司	宣纸制作技艺	邢春荣、曹光华
安徽省歙县工艺厂	歙砚制作技艺	曹阶铭、郑寒王祖伟、蔡永江
河北易水砚有限公司	砚台制作技艺（易水砚制作技艺）	邹洪利
扬州玉器厂有限责任公司	扬州玉雕	江春源、顾永骏、薛春梅、高毅进
北京同仁堂（集团）有限责任公司	同仁堂中医药文化	卢广荣、关庆维、金霭英、田瑞华
杭州胡庆余堂国药号有限公司	胡庆余堂中药文化	冯根生
北京鹤年堂医药有限责任公司	鹤年堂中医药养生文化	雷雨霖
广州潘高寿药业股份有限公司	潘高寿传统中药文化	区欲想
山西广誉远国药有限公司	龟龄集传统制作技艺	杨巨奎
山西广誉远国药有限公司	定坤丹制作技艺	柳惠武
江苏雷允上药业有限公司	雷允上六神丸制作技艺	李英杰
东阿阿胶股份有限公司、山东福胶集团东阿镇阿胶有限公司	东阿阿胶制作技艺	秦玉峰、杨福安
天津中新药业集团股份有限公司达仁堂制药厂	达仁堂清宫寿桃丸传统制作技艺	郭玉凤
上海雷允上药业有限公司	六神丸制作技艺	劳三申
江苏致和堂药业有限公司	致和堂膏滋药制作技艺	刘柏生
湖北省京山县夏小中医院	夏氏丹药制作技艺	夏小中
广东罗浮山药业有限公司	罗浮山百草油制作技艺	廖志钟
重庆桐君阁股份有限公司	桐君阁传统丸剂制作技艺	殷树荣
同仁堂（集团）有限责任公司	安宫牛黄丸制作技艺	李燕钰

老字号企业	项目名称	国家级非遗传承人
益德成（天津）闻药文化发展有限公司	益德成闻药制作技艺	马卫东
天津达仁堂京万红药业有限公司	京万红软膏组方与制作技艺	刘文伟
哈药集团世一堂制药厂	枇杷露传统制剂	穆滨
哈尔滨福庆堂医药保健用品有限公司	老王麻子膏药制作技艺	王燕铭
杭州方回春堂国药馆有限公司	方回春堂传统膏方制作技艺	俞柏堂
广东太安堂药业股份有限公司	太安堂麒麟丸制作技艺	柯树泉
云南省昆明中药厂有限公司	中医传统制剂方法（昆中药传统中药制剂）	张元昆
西安明仁医药保健品有限责任公司	马明仁膏药制作技艺	马绪斌

附录三　中华老字号非遗技艺传承与发展情况典型案例

一、便宜坊焖炉烤鸭技艺

北京烤鸭分焖炉烤鸭和挂炉烤鸭两大技术流派，其代表字号分别为全聚德和便宜坊，烤鸭技艺（便宜坊焖炉烤鸭技艺）于 2008 年和全聚德挂炉烤鸭技艺共同列入第二批国家级非物质文化遗产，项目编号为Ⅷ–167，目前传承企业是北京便宜坊烤鸭集团有限公司。焖炉烤鸭技艺是便宜坊的起家、传家功夫，至今已有六百年历史。焖炉烤鸭因烤制过程中"鸭子不见明火"，因此被称之为"环保型""健康型"烤鸭。

（一）焖炉烤鸭技艺有"三绝"之称

便宜坊焖炉烤鸭在传承前人技艺基础上，久经历史锤炼，经过多少代烤鸭技师的改良，融合社会主流口味需求，形成今天的便宜坊焖炉烤鸭。其传统技艺谓之"三绝"：

一绝：焖炉特制技艺。便宜坊焖炉烤鸭技艺以焖炉为核心，其砖特制，尺寸、厚度、大小均有严格的标准。炉温高的时候吸收部分热量，炉温低的时候释放部分热量，保持炉内的恒温。另外配三种泥：外挂泥，保温不裂不炸，黏合性好；内挂泥，细致，光滑，利于热循环；粘连泥，恒温功能好。其炉门也是铁加保温层组成，厚度、大小、宽高按特殊要求完成。

二绝：选鸭制坯技艺。精选北京填鸭，制坯经过九大环节，缺一不可。

三绝：烤制片鸭技艺。焖炉烤鸭的烤制过程是焖炉烤鸭技艺的关键环节。"焖炉烤鸭"由炉内炭火和烧热的炉壁焖烤而成，因需用暗火，所以要求具有很高的技术，掌炉人必须掌好炉内的温度。烤好的焖炉烤鸭呈枣红色，外皮油亮酥脆，肉质洁白、细嫩，口味鲜美。片鸭要求片出的鸭肉呈杏叶状，形状、大小、厚度均一致，在 6 分钟内片出 108 片左右[①]。

具有以上"三绝"特征的便宜坊焖炉烤鸭技艺，作为我国唯一的焖炉烤鸭技艺代表，于 2008 年和全聚德挂炉烤鸭技艺同时入选第二批国家级非物质文化遗产名录。

（二）便宜坊焖炉烤鸭制作的主要流程

便宜坊焖炉烤鸭制作执行选鸭、制坯、烤制、片鸭四大步骤，每一步都有明确的标准要求。

1. 选鸭

便宜坊烤鸭只选生长地点在四面环山、冬暖夏凉、填食过程占生长期 1/4、生长期为 39 至 42 天、体重 6—6.2 斤的北京填鸭，以便宜坊独特配置的固化天然饲料为填食物。宰杀前喂专用植物，使之膘肥肉嫩，皮下脂肪必

---

① 　参见便宜坊集团申遗材料。

须符合烤制要求。宰杀后，体型均匀，不带毛，不淤血。

2. 制坯

制坯过程包括九大环节：开刀净膛—打撑 —涮膛—打钩—烫坯—着色—排酸前晾制—排酸—排酸后烤制前的晾晒。

一是"开刀净膛"，于脖子处开一个 0.5 厘米的刀口，取舌后皮下充气；切断直肠，在右侧翅膀处开一 6 厘米的口子净膛。

二是"打撑"，在三叉骨之间做一个支撑。

三是"涮膛"，用清水将鸭膛涮净。

四是"打钩"，在鸭脖子上打钩。

五是"烫坯"，用开水均匀浇在鸭皮身上，使皮下气体充分膨胀，皮下的蛋白质固定，美观并利于着色、烤制。

六是"着色"，将秘制汁均匀浇在鸭坯身上。

七是"排酸前晾制"，在特制的晾鸭间晾制数十小时，达到排水的作用，排除自有水和结合水，晾干后使鸭坯在烤制后达到皮层膨化酥脆之效果。

八是"排酸"，将鸭坯在 0—5 摄氏度以下存放数小时排酸。

九是"排酸后烤制前的晾晒"，通过这个过程，使鸭坯从低温到自然温度过渡

3. 烤制

鸭坯的烤制最见功夫，通常烤制时间，依经验值决定。在烤制过程中，烤鸭技师要根据时间调节温度，并适时开关鸭炉上的散热孔，调节炉温，直至成品出炉。

4. 片鸭

要求片出的鸭肉呈杏叶状，形状、大小、厚度均一致，计片出 108 片左右，片后鸭架干净，皮肉一体须占总量的80%。片制过程一般在 6 分钟内完成。

（三）便宜坊近现代传承谱系

数百年来便宜坊焖炉烤鸭从砌炉、选鸭、制坯、烤制到片鸭上桌，手工制作技艺师徒相承，代代相传。便宜坊烤鸭师傅的精湛技艺造就了"口味鲜美、外酥里嫩"的便宜坊焖炉烤鸭的特有风味。目前，便宜坊焖炉烤鸭技艺可以追溯的传承关系有：孙子久—梁得泰、汪炳文—李文芳、李维琢—唐春兹—白永明等。

表附 -6　便宜坊焖炉烤鸭技艺传承谱系

代别	姓名	出生	传承方式	学艺时间
1416—1837 年	不详	不详	不详	不详
第一代	孙子久	不详	师传	1837 年
第二代	梁德泰	不详	师传	清末
	汪炳文	不详	师传	民初
第三代	李文芳	1919	师传	1932 年
	李维琢	1928	师传	1943 年
第四代	唐春滋	1923	师传	1948 年
第五代	白永明	1958	师传	1978 年

（四）便宜坊焖炉烤鸭技艺的传承和创新

21 世纪便宜坊集团成立后，花大力气开发新产品，不断推进焖炉烤鸭技艺的传承与创新。集团建立了焖炉技艺传承保护、菜品研发推广两个工作室，在秉承焖炉烤鸭传统工艺基础上，通过大师集体研发，成功开发出"花香酥"系列烤鸭（茶香、枣香，莲香）和"蔬香酥"专利烤鸭，形成"1416"经典烤鸭，"花香酥""蔬香酥""傲韵"烤鸭系列，结束了北京烤鸭在工艺和口味上数百年品种单一的历史，成为京城餐饮界一大亮点。其中"蔬香酥"烤鸭在继承传统烤鸭技术的基础上，融入现代营养学中的"酸碱平衡"原理，通过特殊工艺用 10 种蔬菜将鸭坯脱油、入味，降低了烤鸭的脂肪含量。"蔬香酥"烤鸭在净膛净油净脂之后的泡水环节，坚持只用弱碱性的纯净水，而不用价格便宜但具有酸性的自来水。鸭坯通过与菜汁融合，不仅去除了烤鸭的禽腥味，且提高了蛋白质含量，凉后食之，效果更佳。同时，食烤鸭时配以香椿苗、萝卜苗、薄荷叶、花叶生菜，也满足了人们对多种绿色蔬菜的口味需求。在 2005 年第 6 届国际美食节上，便宜坊焖炉烤鸭获餐饮最高奖项"金鼎奖"。为了适应门店"店中店"的经营模式，节约并利用绿色能源、提高烤鸭效率，以白永明大师为代表的技术团队经过多年研发，不断调整创新鸭炉建造技术和工艺，改进燃料，成功研发出轻型鸭炉，在保证烤制效果的前提下，将鸭炉重量由 10 吨缩减为 0.8 吨，实现鸭炉能源多样化。"DIY"鸭炉可建造在包房内，小巧美观实用，可为客人提供私人订制式烤鸭服务，客人也可以尝试自己烤制烤鸭带来的乐趣，零距离感受 600 年焖炉烤鸭的文化魅力与深厚底蕴。在焖炉烤鸭产品创新基础上，便宜坊集团还重新挖掘整理推出了盐水鸭肝、水晶鸭舌、芥末鸭掌、葱烧海参、酒香鸭心、干烧四宝、肉丝拉皮、酥香鲫鱼、醋熘鱼片、浓汁鱼肚、乌鱼蛋汤等招牌菜，深受顾客欢迎。目前，便宜坊已形成以便宜坊焖炉烤鸭为龙头，以精品鲁菜为基础，引进粤菜技术，尝试中菜西做，拥有众多自主知识产权的"便宜坊菜系"。

二、王麻子剪刀锻制技艺

王麻子剪刀是我国北方地区家喻户晓的传统手工艺产品，在民间有着绝佳的声誉和普及率。1956 年 3 月 4 日，毛泽东主席在《加快手工业的社会主义改造》一文中指出"手工业中不少好东西，不要搞掉了。王麻子、张小泉的刀剪一万年也不要搞掉，我们民族的好东西搞掉了的一定要来个恢复，而且恢复得更好一些……"[①]12 月 7 日，又进一步向全国工商联、民建中央负

---

① 毛泽东 . 毛泽东文集 . 第五卷 . 加快手工业的社会主义改造（一九五六年三月五日）[M]. 北京：人民出版社 ,1944.

责人强调:"王麻子、东来顺、全聚德要永远保存下去……"①

历史上王麻子形成了严谨的相对标准化的剪刀锻制技艺,是我国剪刀锻制技艺的代表。2007年"王麻子剪刀锻制工艺"名列北京市非物质文化遗产名录,2008年剪刀锻制技艺(王麻子剪刀锻制技艺)被列入第二批国家级非物质文化遗产名录,项目编号为Ⅷ–38,传承企业是北京栎昌王麻子工贸有限公司。

(一)历史上王麻子剪刀得名的由来

1. 粗工细活质量第一

历史上王麻子刀剪铺严格生产标准,坚持出高质量产品,有"人叫人千声不语,货叫人点头就来"的老话。为了保证质量,手工作坊进料,均由师傅亲自挑选。他们推崇粗工细活,一般行活砸一趟锤,他们要砸10趟锤。一般行活只是硬火烧红,他们使用软蘸火的方法,讲究水温,铺在炉上的煤要厚,火要烧的均匀,慢慢将剪股熏黑。行活一天蘸100个,他们蘸20个,为了保证质量,他们对热活提出"五不行"标准:"钢没在刀刃上不行;裂伤不行;钢铁没粘好不行;崩口断刃不行;不整齐,不均匀不行。"对热活又提出"五要"准则:"刃要宽而薄;底口要宽而平;蘸火要均匀;剪刃要直;轴要粗,帽要大,保证结实。并要求剪软的能剪丝绒绸缎,一剪即断且不挂丝;剪硬的能一剪剪开40层布;细铁丝一剪即断,且剪刃不锈。"正因为始终坚持以质量求生存,把王麻子剪刀工艺质量推向极致,致使正宗的王麻子刀剪铺在同业竞争中始终立于不败之地,买卖久盛不衰。

2. 核算成本统一标准

王麻子注重成本核算,在剪刀的设计方面钢铁比例适度,钢的厚度占剪头厚度的1/5,真正实现了好钢用到刀刃上。剪股各个部分该粗的粗,该细

---

① 毛泽东.毛泽东文集.第七卷.同民建和工商联负责人的谈话(一九五六年十二月七日)[M].北京:人民出版社,1944.

的细，分配合理，绝不浪费。各个手工作坊都懂得变废为宝，他们把马掌、门合页等废铁碎铁集中打包，锻打粘合成材，边角废料尽量不浪费。传统王麻子剪刀制作师傅炉头上都放一杆秤，严格控制重量，防止浪费材料。打出的传统王麻子剪刀重约四两，轻重和手，使用灵活，标准统一。

3. 广开渠道扩大销路

历史上王麻子在销售上想了很多点子，不限于单一的门市渠道。除了门市售货，王麻子剪刀铺还经常派人走街串巷、赴庙会、下农村，以扩大销路。1916 年之后，以王麻子品牌标准生产的王麻子剪刀，在北京的经营批发零售商有：北京四条的德盛永发货庄，打磨厂"隆兴云""恒泰""永泰"，东四牌楼猪市大街的"杨大个"，花市"天祥和"等，通过代理、代销，进一步打开了市场销路，让更多消费者能方便地买到高标准、高质量的王麻子剪刀。

4. 售后服务赢得信誉

王麻子不仅坚持卖最好的产品，也坚持做好售后服务。历史上王麻子从不卖次品，只卖定点收购的上等剪刀产品，王麻子剪刀铺卖出的剪刀都装在一个印有"王麻子"字样的纸袋里，上边印着如在一年之内，发生某种损坏情况，包换包退的字样。甚至有超过一年损坏而要求退换的也照样办理。对于用旧的剪刀，商家还可以旧换新，或者保修。王麻子历史上还开办过给剪刀加钢，代客户磨剪刀免费修理等业务。这些服务不仅帮顾客节省了钱，也让顾客更加信赖王麻子，为字号赢得了声誉。

（二）传统王麻子剪刀的生产和技艺特征

1. 传统王麻子剪刀的生产特点

（1）由一些分散独立的小手工作坊进行生产，由商店按统一价格质量进行选购包销。

（2）原始的纯手工制作，规模小，设备简单。作坊规模一般 1～3 人，大的 5～9 人。生产设备简陋：红炉、风箱、砧子、手锤、板锉为主。为纯手工操作，平均每人每日生产 8 把左右。

（3）基本工艺：手锤粘钢成型，窝心钻打眼，锢，挫磨出刃，涂药〔马蹄或驴蹄子加上盐）水淬。经过抹药蘸火处理，使剪刀钢线分明，硬度高，剪体乌黑发亮。

2. 传统王麻子剪刀的制作流程

传统王麻子剪刀执行 2 大步骤（炉上、炉下）、26 道工序。

炉上工序（热作）：选料—扁铁—截钢—打泡—贴钢—开坯—熟火—锻打复合—锻打成形—砍槽—捻股—切边整形——平活。

炉下工序 (冷作)：开刃—粗锉—细锉—抢槽—铆眼—粗磨午刃—打眼—抹药—蘸火—细磨午刃—圈剪股—打印机—盘活。

制作过程一般一个炉子两个人，一个师傅做热活，一个师傅做冷活。

3. 传统王麻子剪刀的工艺技术特点

传统王麻子剪刀表面乌黑油亮，刀口锋利、被北京百姓誉为"黑老虎"。这种剪刀的特点是：轴粗有力，剪尖灵巧，槽口易磨，不崩不倦，刃薄锋利，头长把宽，轻松口顺，经久耐用。

（1）剪切有力

传统王麻子剪刀"黑老虎"把宽剪苗长，刃宽而薄，刃口平直，厚度均匀，适用于剪布料、羊毛、皮革等。

"黑老虎"为槽口剪，剪头咬合而有槽，增强了剪体强度，减少了剪口摩擦阻力。

"黑老虎"为死活轴，即剪轴一端固定在剪股上，另一端为活轴，支点稳固，轴粗有劲，剪切果断有力，具有剪切 40 多层棉布不敢布的特点。

"黑老虎"剪轴垫圈为拱形，富有弹力，保持剪刀咬合的灵活度，也便于调整剪刀咬合的松紧度。

裁衣剪使用铜轴，不生锈。

剪苗微曲，在剪东西时，使剪刀咬合处始终紧密咬合在一起。剪东西轻松方便。

（2）钢铁复合

传统王麻子剪刀"黑老虎"为熟铁贴钢，钢的厚度占剪刀厚度的五分之一。把好钢用在刀刃上，使钢铁配置达到最佳点，成本压到最低处。钢贴着铁，铁护着钢，用久了还可以磨好。

（3）锻打复合技术独特

王麻子拥有一项独特的锻打复合技术。这项技术贯穿于炉上工序全过程。锻打的目的不仅在于成形，更重要的是使钢铁黏合牢固，均匀平整，内无夹灰和断裂。钢铁熔化全凭炉中炭火温度，炉上师傅一边观察炉中钢铁的变化，一边利用风箱控制火力大小。火急了钢铁着热不均匀，火软了钢铁烧不透。欠火候钢铁黏和不好，过火了钢铁会融化。要使之恰到好处，全凭炉上工观察钢铁颜色变化。王麻子的老师傅说："等到炉中钢铁一冒汗，拿出来锻打正合适。"锻打的过程也是排除杂质的过程，除了通过磕、甩动作排除一小部分杂质外，大部分杂质赶出，全凭下锤技法（增强产品强度，提高韧性）。

（4）蘸火技术特殊

传统王麻子剪刀蘸火技术有特殊性。"黑老虎"蘸火，在剪刀头上涂牲口蹄粉和盐，行内称"抹药"。经过抹药蘸火处理，剪刀钢线分明，硬度高，剪体发亮。

三、红螺北京果脯传统制作技艺

北京果脯又称京味果脯，其传统制作技艺历经北方果脯制作上千年的演化与发展，在明、清两朝经过宫廷御膳的改良与提升，制作技艺被固定、传承下来。其做工细腻、风味绝佳，制成的北京果脯鲜亮清透、酸甜适中、爽口滑润、回甘芳香、果味浓郁，是北京宫廷与民间食文化有机融合形成的、独具北京特色的地域特产。2015年"北京果脯传统制作技艺"入选北京市级非物质文化遗产，2020年果脯蜜饯制作技艺（北京果脯传统制作技艺）列入第五批国家级非物质文化遗产代表性项目。目前传承非遗项目北京果脯传统制作技艺的企业是北京红螺食品有限公司。

（一）北京果脯非遗技艺代表企业传承情况

北京果脯制作发源自北京地区，经过明清宫廷的改良与提升，在清末流传至民间。光绪末年，北京最具盛名的果脯制作与销售铺号是聚顺和，其为前店后厂模式，传统技艺由厂店模式传承下来。

聚顺和创立于清末，档案有记载的最早开业时间为1909年，东家是祖籍山西文水的任百川，幼年到京城谋生，一直在果脯行当学徒。光绪末年，任百川和同乡共同出资开设聚顺和号，自己生产果脯，在1915年举行的"巴拿马太平洋万国博览会"上，凭借其制作的"北京果脯"一举夺得了大会金质优胜奖章。新中国成立后聚顺和由其子任兴继承铺号，并传承"北京果脯"传统制作技艺。

1955年底，果脯全行业实现合营，成立公私合营北京市果脯厂，简称北京市果脯厂。当时北京市现存的果脯生产厂全部合营，其中三顺与天合规模最大，厂址设在三顺果脯厂旧址，西直门内葱店胡同。

1958年北京市果脯厂扩大生产规模，在水果主产地怀柔县建立新厂。怀柔县（现为怀柔区）位于东经116°17'—116°53'北纬40°14'—40°04'之间，北依群山、南偎平原，山区面积占总面积的88.7%，果树资源丰富，根据康熙《怀柔县志》记载，当时出产的果类就有十几种之多，包括：杏、李、沙果、樱桃、郁李、苹婆果、槟子、桃、柿、梨、核桃、枣、酸枣、瓶儿枣、栗、葡萄、琐琐葡萄、杜梨子、榛。其中杏、苹果质量上乘，是制作果脯的最佳原料。新中国成立后，县各级政府把恢复与发展果树作为山区生产的重点，怀柔果品资源丰富，为果脯制作提供了得天独厚的产地条件，因此，北京果脯的生产制作重心转移至怀柔。

1985年，北京市果脯厂注册"红螺山"品牌商标，以红螺山为品牌的"北京果脯"誉满全国。1996年5月，为打破旧有体制束缚，在原北京市果脯厂基础上组建北京红螺食品集团。2006年，红螺实行改制，成立了北京红螺食品有限公司。

（二）北京果脯传统制作技艺

1.制作工艺

北京红螺食品有限公司所传承的"北京果脯"制作工艺严谨，技艺精湛，确保产品保持鲜亮清透、酸甜适中、爽口滑润、回甘芳香、果味浓郁的特色。

整个技艺分为"选料、原料初加工、清洗护色、酵香、制作饴糖、糖制、烘制、整形成品"8大步骤，每一步骤又分若干工序，共29道工序，具体包括选料→去皮→切分→去籽巢→去花、把→清洗、护色→配制糖水→入缸发酵→化糖液→煮制→一次打入凉糖液→二次打入凉糖液→三次打入凉糖液→出锅→移果、掏缸→浸泡→捞缸→烘烤→倒屉→翻屉→出房→抠屉→去除杂质→分级→整形→包装→检验出厂等工序。其中果脯酵香过程中采用的浸泡液"果浆"、糖制过程中的"糖液"均为特殊秘方配制；生产技艺精湛，化糖讲究"勺提一条线，勺舀不粘连"，制作好的果脯要"不流糖、不定糖"。

2.技艺特点

"红螺果脯"在制作技艺上保持了"北京果脯"原汁原味的工艺特点，主要体现在以下四方面：

（1）选料严格精细

红螺果脯选料严格精细，如苹果脯特选着色鲜艳，无斑点、无水锈、无虫害、含糖量高，口感脆鲜的怀柔特产国光苹果，选用"4个头"（一斤4个）大小的原料；青梅果脯特选农历小满后的青杏，这时的青杏果肉细腻、口感爽脆、外形美观，加工时易脱核。

（2）工艺配方独特

经百年实践探索，红螺果脯加工过程中形成了独特的工艺配方，如清洗护色规定用 0.5% 的盐水清洗 1—2 分钟，用此浓度的盐水配合清洗时间，既能防止果品氧化达到护色目的，同时又不会破坏果品的天然风味；糖水配置规定用煮制果料剩下的糖液勾兑成 15% 浓度的糖水，此时糖水经过煮制环节，糖水中混入果汁，酸碱度适宜，有利于果品的发酵；糖液熬制时间以及火候由富有经验的老技师掌握，熬制好的糖液讲究"勺提一条线，勺舀不粘连"，此时能够保证还原糖比例占到总糖比例的 50% 以上，易于浸入到果脯中且被人体吸收；此外，对于不同品种、不同季节的果脯制作，在发酵、煮制、浸泡、烘制等方面都有严格的时序和时间要求，以保持产品质量标准恒定。

（3）加工工具特殊

红螺果脯在加工过程中，在不同工艺环节采用独特的缸、灶、锅、刀、勺、铲等加工工具，不同工艺流程和工序搭配不同工具，以保障独特的使用效果。如在煮制过程中采用红铜整体铸造的大铜锅，目的是防止果坯褐变。炉灶采用专门的"抽风灶"，具有高效对流、节能环保、泄渣简便的特点，煮制火候全凭经验丰富的老师傅掌握。

（4）加工工艺严谨

红螺果脯严格遵循传统工艺要求，工艺一丝不苟，如去皮讲究"去净外皮不带肉"。打入凉糖液要求分三次打入，第一次在整锅均匀沸腾 15 分钟后打入，目的一是通过"热胀冷缩"的原理使果坯充分吃糖，二是起到冷却作用，避免翻锅时果坯破碎。二次打入凉糖液使甜酸适度，果坯完整。三次打入凉糖液，使糖色均匀，外形饱满。又如在移果过程中，严格要求每出一锅一"掏缸"，既排除热气，又避免果坯在浸泡过程中窝气变褐，影响外观。对果脯制成品，按照完整度、吃糖饱满程度进行严格分级，一级果脯要求块型完整，色泽鲜艳，果料润泽、不黏不干。

四、六安瓜片绿茶制作技艺

六安瓜片，简称片茶，产于安徽省西部大别山地区，尤以六安、金寨和霍山三县所产为最佳。这种著名的绿茶片茶品种是中国十大名茶之一。它最先源于金寨县的齐云山，现在也以齐云山蝙蝠洞所产的品质最佳，故又名"齐云瓜片"。六安瓜片早在唐代就已闻名，李白有"扬子江中水，齐山顶上茶"之赞语。宋代有茶中"精品"之誉。明代以前已为贡茶。明代闻龙在《茶笺》中称，六安茶入药最有功效。因其产于六安、外形似瓜子、单片叶无芽无梗，故得名六安瓜片。绿茶制作技艺（六安瓜片）于 2008 年与西湖龙井、婺州举岩、黄山毛峰、太平猴魁五种绿茶名茶共同列入第二批国家级非物质文化遗产，项目编号为Ⅷ–148，目前传承企业是安徽省六安瓜片茶业股份有限公司。"六安瓜片"驰名中外，得益其独特的产地、工艺和品质。

（一）六安瓜片是国家地理标志产品

六安瓜片产量以六安最多，品质以金寨齐山村最优。瓜片原产地齐头山一带，旧时为六安管辖，现属金寨县。齐头山所产"齐山云雾"为六安瓜片之极品。齐头山是大别山的余脉，海拔 804 米，位于大别山区的西北边缘，与江淮丘陵相连，几十里外就能看到她巍然兀立，如天然画屏。全山为花岗岩构成，林木葱翠，怪石峥嵘，溪流飞瀑，烟雾笼罩。靠齐山村南坡上有一石洞，处于人迹罕到的悬崖峭壁之上，因大量蝙蝠栖居，故称为蝙蝠洞。

六安瓜片获得国家质检总局"地理标志产品认证"。根据国家质量监督检验检疫总局公告【2007】第 222 号批准范围，六安瓜片地理标志产品保护范围以安徽省六安市人民政府《关于界定六安瓜片茶国家地理标志产品保护范围的函》（六政秘〔2007〕121 号）提出的范围为准：即六安市裕安区石婆店镇，石板冲乡、独山镇、西河口乡、青山乡，金寨县麻埠镇、青山镇、燕子河镇、响齐办、天堂寨镇、古碑镇、张冲乡、油坊店乡、长岭乡、槐树湾乡、张畈乡，霍山县佛子岭镇、黑石渡镇、诸佛庵镇、磨子潭镇、漫水河镇、太阳乡、大化坪镇，金安区毛坦厂镇、东河口镇、舒城县晓天镇。5 个区县 26 个乡镇现辖行政区域，全市介于东经 115° 20'—117° 14'，北纬 31° 01'—32° 40' 之间，是六安瓜片地理标志产品保护范围。

（二）六安瓜片绿茶制作技艺的主要流程

目前六安瓜片制作主要分采摘、杀青、烘焙三大步骤，每项都有特别讲究和数道工序。按照正常的瓜片生产周期，从采摘到成品需要一个星期。由于干燥彻底，6% 的含水率低于其他茶叶，瓜片的出茶率也比较低，平均 4.5 斤鲜叶出 1 斤干茶。瓜片采摘只能手工一片一片摘，杀青、毛火、小火、老火等工序也必须依赖于人工操作和经验判断。

1. 采摘

在采摘技术上，瓜片茶是唯一每片叶子单独采摘的茶叶。每年 3 月底茶树经过越冬期开始萌发新芽；4 月初，一芽一叶初展，即第一个叶片长出；4 月上旬第二个叶片长出；4 月中旬第三个叶片长出；第四个叶片长出时应该在 4 月 20 日谷雨前后。当第四片叶子长出时，采茶人开始轻轻摘下第二片叶子。第一叶是不要的，因为长时间包着芽头，长出时就老了；而此时第二叶刚刚展开，页面长度在 3 厘米左右，既积累了丰富的营养物质，又保证叶片的嫩度，正好采摘。同时，茶树经过一年的积累，新叶独具精华。

第二叶采摘后，隔 1 ~ 2 天后第三叶则叶形初展，即可采摘，以此类推。随着气温的升高，叶片的老化程度越来越快。所以，在众多鲜叶中，以第二片为极品，最为华贵，传统上才称其为"瓜片"。第一片叶称为"提片"，第三和第四片叶称为"梅片"，芽头称为银针。

瓜片的黄金采摘期在谷雨前后的十余天内，一旦过了 5 月 5 日立夏，气温上升快，叶片迅速变老，之后已无瓜片。采茶时期的天气也很重要，不能下雨，否则叶片含水过多，容易发酵。如果天气热得太快，新叶加速老化，采摘时间就会大大缩短。

2. 杀青

杀青，即对茶业鲜叶进行初步干燥。与其他绿茶不同，六安瓜片杀青分为生锅和熟锅，两锅连用，先炒生锅后炒熟锅。炒茶锅的直径为80厘米，锅台是一个大约25～35度的斜面。炒茶的工具是一个细竹丝或者高粱穗编成的"茶把子"，像一个扁扁的小扫帚。灶台用木柴加热，生锅的锅温为100～120摄氏度。

投下鲜叶约2两，要每一片叶子能都接触到锅底。鲜叶落锅有炸芝麻的噼啪声则温度合适，若温度过高叶子就焦糊了。炒生锅时，炒把手心向上，托住把柄推动叶子在锅内不停地旋转，边旋转边挑抛。

炒生锅大概1～2分钟，叶片开始发软变暗，叶片的含水率降到60%左右。于是将生锅中的叶片直接扫入并排的熟锅。熟锅的温度要低一些，约为70～80摄氏度。

炒熟锅的技术含量极高，作用在于给叶片雕琢形态，整理形状，通过茶把子的拍打使叶片两侧边缘向后折叠起来，形成瓜子形状，如同用手折纸飞机。不过所有的工作都是在一口炒锅内用茶把子完成的，需要炒茶师有非常丰富的经验。瓜片之所以叫瓜片，就是取其形状之意，如果熟锅定型不成功，茶叶品级就会大大降低。

炒茶师边炒边拍，使叶子成片，嫩片拍打用力小，老片用力稍大，使叶片边缘向后折叠。炒熟锅不仅要定型，还起到了"揉捻"的作用，使茶叶香味更浓。这个过程大概需要5分钟，茶叶已变为暗绿色，含水率进一步降到35%左右。

3. 烘焙

两道杀青完成后，开始进入茶叶的干燥烘焙阶段，这将直接决定茶叶的口感、香气。瓜片烘焙分为三道工序——毛火、小火和老火。

　　一般情况下，茶农在熟锅杀青后马上就要"拉毛火"。烘焙的燃料要选择最好的栗炭，不能有一点烟气，否则茶中就会有烟火味道。拉毛火需要竹条编制的小烘笼，形似一个宽檐礼帽，下有圆柱形的笼裙拢住火苗。每笼约铺放 3 斤熟锅茶叶，烘顶的温度约 100 摄氏度，每 2 ～ 3 分钟翻一次，八成干后可以出笼。拉过毛火后，叶片已经比较干燥，含水量不超过 20%，颜色由暗绿转为翠绿，叶片两侧边缘向后折起，形似细长的瓜子。

　　拉完毛火的茶称为"毛茶"。茶农白天采茶，当晚就要经过杀青和毛火，常常要忙到半夜，如果不及时加工，茶叶就可能发酵。毛茶制好后放到大竹筐箩里，去掉形状不规整、颜色不好的叶片。挑拣完成后，毛茶就可以卖给茶厂，按级定价。到了茶季，各村镇都有茶叶夜市，即使半夜农民也可以挑着毛茶去交易。

　　后面的两道工序——小火和老火，则由茶厂完成。

　　火在毛火后一天进行。每个小烘笼上摊放 5 ～ 6 斤毛茶，下面由炭火烘烤，烘顶温度则比拉毛火时上升了 20 摄氏度，最高到 120 摄氏度。由一名茶师不停地翻摊，直到茶叶飘出清香味，此时茶叶含水率降到 10% 左右。

　　小火后，把茶叶放入竹篓中停放 3 ～ 5 天，按照制茶的术语称为"吐绿"或"回疲"。由于鲜叶中叶脉的含水量高于叶片，经过几重炒制、烘焙后，叶片已基本干燥，而叶脉仍有水分。经过三五天的停放，使叶脉将水分吐出，整片茶叶的含水量分布比较均匀，有利于下一步继续烘焙。

　　拉老火是瓜片加工的最后一道工序，也是极为关键的一步，它直接决定茶叶的香气、色泽、定型、断碎度和上霜度。拉老火要用大号烘笼，直径 1.5 米左右，每笼上可摊放茶叶 6 ～ 8 斤。烘笼顶端的温度继续上升，要达到 160 ～ 180 摄氏度，80 斤木炭排齐挤紧，形成一个大大的炭火堆，火苗有一尺多高，火势猛烈均匀。

参考文献

[1] 江晓原. 中国古代技术文化 [M]. 北京：中华书局，2017.

[2] 中华人民共和国商务部. "中华老字号"认定规范（试行）（商改发〔2006〕171 号）[S].2006.

[3] 联合国教科文组织. 保护非物质文化遗产公约（the Convention for the Safeguarding of Intangible Cultural Heritage）.2003.4.

[4] 王明珂. 华夏边缘——历史记忆与族群认同 [M]. 北京：社会科学文献出版社,2006.

[5] 李泽厚. 实用理性与乐感文化 [M]. 上海：上海三联书店，2005.

[6] 华觉明. 中国手工技艺 [M]. 郑州：大象出版社，2013.

[7] 潘兴祥. 绍兴黄酒酿制技艺诠释 [J]. 北京：中国酒,2017(9).

[8] 傅建伟. 黄酒中的"道法自然"[J]. 北京：中国酒,2019(6).

[9] [英] 迈克尔·波兰尼著，许泽民译. 个人知识——迈向后批判哲学 [M]. 贵阳：贵州人民出版社，2000.

[10] [日] 竹内弘高，野中郁次郎著，李萌等译. 知识创造的螺旋 [M]. 北京：知识产权出版社，2006.

[11] 汪小洋. 中国百神图文志 [M]. 上海：东方出版中心，2009.

[12] 邓庆平，王崇锐. 中国的行业神崇拜：民间信仰、行业组织与区域社会 [J]. 济南：民俗研究,2018(6).

[13] 李和承. 明代传统商人与职业神 [J]. 厦门：中国社会经济史研

究 ,2002(1).

[14] 王涛 . 民间技艺口诀研究 [D]. 济南：山东大学，2009.

[15] 路玉章 . 传统古家具制作技艺 [M]. 北京：中国建筑工业出版社，2007.

[16] 梁直 . 六堡茶之韵 [M]. 桂林：漓江出版社，2015.

[17] [美] 理查德．桑内特 . 匠人 [M]. 上海：上海译文出版书，2015.

[18] 张阳 . 手指力量的神经肌肉调节机制初步研究 [D]. 重庆：重庆大学，2011.

[19] [美] 小阿尔弗雷德•钱德勒，重武译 . 看得见的手：美国企业的管理革命 [M].1987

[20] [德] 薛凤著 . 吴秀杰，白岚玲译 . 开工万物：17 世纪中国的知识与技术 [M]. 南京：江苏人民出版社，2015.

[21] 龙隆，冯苏宝 . 茅台密钥——茅台酱香型白酒价值建构 [M]. 北京：中国大百科全书出版书，2014.

[22] 杨素梅 . 每天一堂非遗文化课：传统工艺卷 [M]. 北京：中国华侨出版社，2012.

[23] 唐小山 . 繁华精妙三百年——从《韩熙载夜宴图》品荣宝斋木版水印技艺 [J]. 北京：文化月刊 .2015(31).

[24] 吴新雷，黄进德 . 江宁织造府与红学 [J]. 北京：红楼梦学刊 .2009(3).

[25] [美] 布莱恩•阿瑟 . 技术的本质 [M]. 杭州：浙江人民出版社，2018.

[26] [英] 卡尔•波普尔 . 猜想与反驳 [M] . 上海：上海译文出版社，1986.

[27] 杨柳，张小溪 . 传统物质科学知识的筛选：来自青蒿素与古新星表的启示 [J]. 北京：自然辩证法研究，2016(1).

[28] [苏联] 根里奇·阿奇舒勒.创新算法 -TRIZ、系统创新和技术创造力 [J].武汉：华中科技大学出版社，2008.

[29] 李强，李斌，杨小明.中国古代造纸印刷工艺中的纺织考 [J]，杭州：丝绸，2010(3).

[30] 谢广发.古代黄酒制曲与酿造技术 [J].贵阳：酿酒科技，2008（6）.

[31] 王肇，王成荣（通讯作者）.老字号企业研发创新与品牌成长关系研究 [J].北京：管理评论，2020（11）.

[32] 北京市档案馆.北京档案史料 [M].北京：新华出版社，1988.1989合订本。

[33]《辉煌五十年·北京》编委会.辉煌 50 年·北京 [M].北京：北京科学技术出版社，1999.

[34] 韩凝春.中华老字号非物质文化遗产基本传承能力初探 [J].北京：时代经贸 ,2020(4).

[35] 郭建宇.中秋更思"聚庆斋"——访北京市聚庆斋食品厂 [J].北京：中国食品，1994(8).

[36] 范煜昊.黄浦老字号：老凤祥新概念金饰登场 [N].上海：上海黄浦，2019-05-07.

[37] 中华人民共和国国务院办公厅.关于加强我国非物质文化遗产保护工作的意见.国办发 [2005]18 号。

[38] 胡昊.浙江多措并举精心守护非物质文化遗产：让非遗项目灿若繁星.杭州：浙江在线，2017-09-23.

[39] 罗微，张勃倩.2017 年度中国非物质文化遗产保护发展研究报告 [R].北京：中国非物质文化遗产保护中心 .2018-09-05.

[40] 诸葛漪.上海市级非遗保护专项资金 5 年投入 3807.6 万元.上海：上观新闻 .2017-05-16.

[41] 中华人民共和国财政部.关于提前下达 2018 年非物质文化遗产保护专项资金的通知.财文〔2017〕158 号.2017.10.30.

[42] 周敏.高职校非遗技能大师工作室建设的实践研究——以苏扇为例 [J].上海：科技视界 2015(8).

[43] 2018 年淘宝非遗老字号成长报告 [R/OL].2019.

[44] 中华人民共和国文化部.文化部"十三五"时期文化产业发展规划.2017.

[45] 韩凝春,王成荣.老字号非物质文化遗产的生存机理 [J].北京：时代经贸，2021(5).

[46] 韩凝春,李馥佳,王兰顺.谦祥益历史文化溯源研究 [J].北京：时代经贸，2019(28).

[47] 韩凝春.京商老字号研究述论 [J].北京：北京财贸职业学院学报，2017(3).

[48] 韩凝春.在传承与创新中提升老字号品牌文化价值 [J].北京：时代经贸，2015(20).

[49] 韩凝春.中华老字号管理制度的地域文化特征 [J].北京：时代经贸，2015(16).

[50] 韩凝春.中华老字号管理制度的家族文化特征 [J].北京：时代经贸，2015(12).

[51] 韩凝春,李馥佳.京商老字号研究 [M].北京：中国商务出版社，2017.

[52] 赖阳,韩凝春.生态场·传承链：北京商业非物质文化遗产传承研究 [M].北京：中国经济出版社，2012.

[53] 张姣姣,王剑.基于扎根理论的燕京八绝"多维互动传承模式"研究 [J].北京：民族教育研究，2020(2).

[54] 王成荣，韩凝春 . 节日文化与京派老字号发展创新 [J]. 北京：商业时代，2013(23).

[55] 于继超，侯雪玮 . 中华老字号非遗技艺基本特征 [J]. 北京：时代经贸，2020(4).

[56] 王成荣，王玉军 . 老字号品牌价值评价模型 [J]. 北京：管理评论，2014(6).

[57] 王成荣 . 老字号"非遗"的特点与保护 [J]. 北京：时代经贸 ,2009(8).

[58] 王成荣 . 老字号的历史传承与品牌创新 [J]. 北京：北京市财贸管理干部学院学报，2005(3).

[59] 王成荣 . "老字号"呼唤年轻化工程 [J]. 东方企业文化 ,2006(Z1).

[60] 王成荣 . "京派老字号"的文化特点与魅力 [J]. 北京：北京财贸职业学院学报，2009(4).

[61] 王成荣 . 论道老字号 [M]. 北京：高等教育出版社，2017.

[62] 王成荣 . 老字号品牌文化 [M]. 北京：高等教育出版社，2018.

[63] 王成荣 . 老字号品牌价值 [M]. 北京：中国经济出版社，2012.

[64] 冯午生 . 非遗进校园：为中国非遗传承与创新打好基础 [N]. 北京：人民政协报，2016-09-12.

[65] 冯午生 . 重视非遗教育应用 让非遗服务民生 [N]. 北京：人民政协报，2019-12-23.